Klaus Mertes
Verlorenes Vertrauen

Inhalt

Zu diesem Buch 9

TEIL I
Die Vertrauenskrise 11

I. Vorbemerkung 13
II. Mein Weg 19
    1. Vorerfahrungen 19
    2. Die Veröffentlichung des Briefes 25
    2.1 Lob und Tadel 27
    2.2 Ausweichmanöver 30
    2.3 Wir 34
    3. Begegnungen mit Opfern 36
    4. Kirche 42
    4.1 Der katholische Geschmack 42
    4.2 Kirche der Opfer 44
    4.3 Neuentdeckung der Kirche 46
    5. Mitwissen und Verantwortung 47

TEIL II
Das Problem mit der Macht 53

I. Krisensymptome 55
    1. Thematische Erweiterung 55
    2. Gesamtkirchliche Dimension 57
    3. Hasssprache 60
    4. Denunziation 63
    5. Taubheit 68

Inhalt

II. Machtstrukturen ... 73
  1. Vorbemerkung: Mithörende Opferperspektive ... 73
  2. Macht in der Kirche ... 75
  3. Anmerkungen zum katholischen Zentralismus ... 78
  4. Priestertum ... 82
  4.1 Die besondere Fallhöhe ... 82
  4.2 Priesterliche Vollmacht ... 85
  5. Eliten und Sekten ... 87
  5.1 Elitebewusstsein und das selbstverständlich Christliche ... 93
  5.2 Exkurs: Die Eliten des Evangeliums ... 95
  6. Gehorsam ... 98
  6.1 Der Begriff „Glaubensgehorsam" ... 99
  6.2 Notwendige Asymmetrien ... 100
  6.3 Willens- und Verstandesgehorsam ... 101
  6.4 Ultimative Gehorsamsforderungen ... 103
  7. Zentralismus abbauen ... 105
  8. Subsidiäre Strukturen stärken ... 107

III. Macht und Sexualität ... 113
  1. Herzlosigkeit ... 113
  2. Unkeuschheit ... 115
  2.1 Exkurs 1: „Reinheit" ... 119
  2.2 Exkurs 2: Sexualität und Nächstenliebe ... 124
  3. Frauenfeindlichkeit ... 125
  4. Homophobie ... 131
  5. Sprachlosigkeit ... 136

TEIL III
Vertrauensressourcen ... 141

I. Theologische Vergewisserung ... 143

   1. Was ist katholisch? ... 146
   1.1 Der Begriff „katholisch" ... 147
   1.2 „Katholisch" als Konfessionsbegriff ... 149
   1.3 Kirchliches Lehramt ... 153
   2. Kirche und Inkarnation ... 158
   2.1 Illibration und Inkarnation ... 159
   2.2 Exkurs: Geist und Text, Altes und Neues ... 166
   3. Reich Gottes ... 174
   3.1 Die Armen und die Sünder ... 175
   3.2 Frauen und Kinder ... 177
   3.3 Überwindung der Gewalt ... 181

II. Persönliche Vergewisserung ... 185

   1. Dankbarkeit ... 185
   2. Sehnsucht ... 187
   3. Glauben ... 190
   4. Eucharistie ... 193

III. Neue Bewegungen ... 197

   1. Reformbewegungen ... 197
   2. Stolpersteine ... 200
   3. Überraschungen aus Rom ... 202

Anhang ... 205

Der Brief vom 20. Januar 2010 ... 207
Anmerkungen ... 210
Zum Autor ... 223

Zu diesem Buch

Dieses Buch ist in den drei Jahren nach dem Januar 2010 entstanden, als der Missbrauchsskandal in der katholischen Kirche in Deutschland aufbrach und eine schon vorhandene Vertrauenskrise in der Kirche um eine zusätzliche Dimension steigerte. Mit dem Rücktritt von Papst Benedikt XVI. und der Wahl von Papst Franziskus eröffnen sich seit dem Frühjahr 2013 neue Perspektiven. Vor diesem Hintergrund merke ich mit Dankbarkeit, dass manches von dem, was ich in diesem Buch über das verlorene Vertrauen in der Kirche geschrieben habe, zwar nicht falsch, aber doch – erfreulicherweise – unvollständig ist, weil Vertrauen neu zu wachsen beginnt. So hoffe ich auch, dass einiges, was in diesem Buch noch im Präsens steht, bald zur Vergangenheit gehören wird; und dass die Kritik am „theologischen Narzissmus", die Kardinal Bergoglio vor seiner Wahl zum Papst formulierte, tatsächlich zu einer Umkehr zu den Armen, auch zu den Armen in der Kirche führt.

Die Sorge der Kirche um sich selbst, um ihren guten Ruf, um ihr Erscheinungsbild, um ihre „Reinheit" und um ihren eigenen Fortbestand entfremdet die Kirche schließlich auch von sich selbst. Wenn die Kirche diesen Institutions-Narzissmus nur überwinden wollen würde, um sich selbst aus der gegenwärtigen Glaubwürdigkeitskrise zu retten, würde sie scheitern. Kein Münchhausen kann sich am eigenen Schopf aus dem Sumpf ziehen. Deswegen ist der Hinweis des neuen Papstes auf Franziskus von Assisi – der übrigens auch mit am Anfang des Bekehrungsweges von Ignatius von Loyola stand – wegweisend. Papst Franziskus deutet damit letztlich auf Jesus hin, dessen Begegnung mit den Armen und Sündern den Ursprung der Kirche ausmacht und der der Kirche seine Gegenwart zunächst

Zu diesem Buch

und zuerst in der Begegnung mit den Armen und Sündern verheißen hat.

Ich danke den vielen Menschen, die sich seit 2010 bei mir gemeldet haben, um mir ihre Geschichten in der Kirche und mit der Kirche zu erzählen – angefangen bei den drei ehemaligen Schülern des Canisius-Kollegs, die mich im Januar 2010 aufsuchten. Ich danke den vielen Gesprächspartnern, die mir insbesondere in den letzten drei Jahren geholfen haben, mit den gehörten Geschichten zu leben, sie zu reflektieren und aus ihnen neue Erkenntnisse zu schöpfen. Ich danke Bernd Ulrich und Rüdiger Merz für die kritische Gegenlektüre des Manuskripts und weiterführende Anregungen. Schließlich bin ich dankbar für die vielen Geschenke von Freundschaft und Ermutigung, die ich in den letzten drei Jahren empfangen habe. Das, wofür ich noch nicht dankbar sein kann, vertraue ich getrost – entsprechend dem schönen Wort von Søren Kierkegaard – einem späteren geistlichen Rückblick an: „Das Leben wird vorwärts gelebt und rückwärts verstanden."

Ostern 2013

P. Klaus Mertes SJ

TEIL I
Die Vertrauenskrise

I. Vorbemerkung

Das Vertrauen ist weg. Das ist bis in innerste Kreise hinein die Lage in der katholischen Kirche. Bei einigen ist es ganz weg, andere ringen darum, es nicht endgültig zu verlieren. Mit dem überraschenden Rücktritt von Papst Benedikt und der ebenso überraschenden Wahl eines neuen Papstes, der sich nach Franziskus von Assisi nennt, keimt zwar auch neue Hoffnung auf. Doch umso mehr wird die Dimension der Aufgabe deutlich, um die es in der Kirche geht: Es geht um den Aufbau von neuem Vertrauen. Der Weg dahin wird aller Wahrscheinlichkeit nach lang und sicherlich nicht konfliktfrei sein.

Vertrauenskrise – damit meine ich nicht nur, dass Menschen außerhalb der Kirche der Kirche nicht mehr trauen, ihr nichts oder doch immer weniger zutrauen. Diesen Aspekt des Vertrauensverlustes gibt es natürlich auch.[1] Es geht mir aber genauso um das Vertrauen innerhalb der Kirche, der Katholiken untereinander. Der Vertrauensverlust innerhalb der Kirche und die Vertrauens- oder auch Glaubwürdigkeitskrise der Kirche für Außenstehende hängen zusammen. Zerstrittene Parteien sind nicht attraktiv. Genauso wenig ist eine Kirche attraktiv, in der die Gläubigen einander nicht mehr vertrauen, sondern zerstritten sind. „Seht, wie sie einander lieben" – das war in den Anfangszeiten das Erscheinungsbild der Christenheit vor den Augen der Welt, mit dem sie für sich werben konnte.[2] In der katholischen Kirche geschieht seit längerer Zeit das Gegenteil – ganz zu schweigen von der Zerstrittenheit der christlichen Konfessionen untereinander.

Indiz für die Vertrauenskrise in der Kirche ist die Zunahme von Misstrauen untereinander, das Lagerdenken, die Reduzierungen strittiger Fragen auf Machtfragen. Die Leitung

Die Vertrauenskrise

der Kirche ist von dieser Vertrauenskrise nicht ausgenommen, im Gegenteil: Je deutlicher die Vertrauenskrise wird, desto mehr entpuppt sie sich auch als eine Leitungskrise. Die *Vatileaks*-Enthüllungen sowie die offen ausgetragenen Gegensätze im Kardinalskollegium nach dem Rücktritt von Papst Benedikt haben vor den Augen der Welt sichtbar gemacht, dass die Kirchenleitung in Rom von der Vertrauenskrise nicht ausgenommen ist: statt Vertrauen Intrigen und Machtkämpfe nach innen und verzweifelte Imagepflege nach außen.[3]

Vertrauen ist keine Einbahnstraße. Auch im Verhältnis von Kirchenvolk und Kirchenleitung fließt Vertrauen nicht nur von unten nach oben, sondern auch von oben nach unten. Vertrauenskrise der Leitung bedeutet daher nicht nur, dass die Herde den Hirten zu wenig vertraut, sondern auch umgekehrt, dass die Hirten der Herde mit Misstrauen begegnen. Erfahrungen dieser Art haben viele Katholiken und Ortskirchen in den letzten Jahren gemacht, nicht zuletzt auch im Zusammenhang mit Bischofsernennungen.[4] Vertrauen der Leitung zum Kirchenvolk ist aber unverzichtbar für die Möglichkeit vertrauensvoller Beziehungen innerhalb des gesamten Systems Kirche. Gerade von der christlichen Lehre her müsste dies einsichtig sein, die man ja auch in den Satz übersetzen kann: Gott schenkt Vertrauen – und zwar als Erster. Leitung muss mit Vertrauen beginnen. Deswegen beeindruckt die Geste von Papst Franziskus zu Beginn seines Pontifikates, wenn er sich vor dem Kirchenvolk verneigt und um dessen Segensgebet bittet, bevor er selbst es segnet. In der Logik dieser Geste liegt die Hoffnung auf eine Kirchenleitung, die sich selbst neu mit Vertrauen riskiert, statt sich oben zu verschanzen, sich Informationen über die Basis aus informellen Kanälen zu besorgen und Leitungspositionen untereinander nach Loyalitäts- statt nach Qualifikationskriterien zu verteilen.

Vorbemerkung

Durch den Missbrauchsskandal ist das Vertrauen in der Kirche nachhaltig um eine weitere Dimension erschüttert worden. Alois Glück, der Vorsitzende des Zentralkomitees der deutschen Katholiken, formulierte im November 2010: „Ausgehend von der Aufdeckung zahlreicher Fälle sexuellen Missbrauchs aus den vergangenen Jahrzehnten hat die Kirche einen beispiellosen Vertrauensverlust erlitten, der bis in ihre Mitte reicht."[5] Der Blick über den deutschen Tellerrand nach Irland, Holland, Österreich, Belgien und in die USA zeigt, dass es hier um ein flächendeckendes Thema geht, das noch weitere Länder betreffen wird, in denen die kirchliche und gesellschaftliche Schweigemauer noch nicht durchbrochen ist. Was entscheidend zum Vertrauensverlust in der Kirche beigetragen hat, ist das Versagen von Vertretern kirchlicher Institutionen gegenüber den Opfern – indem sie ihnen seinerzeit den Schutz versagten, den sie brauchten, und stattdessen die Täter schützten, insbesondere dann, wenn diese zum Klerus gehörten. Durch das Aufdecken der Missbräuche wurde auch dieses Versagen aufgedeckt, nicht nur die Taten der Täter. Seitdem stehen beträchtliche Teile der Kirchenleitung vor den Augen der Welt und vor den Augen der eigenen Leute nackt und unansehnlich da.

Die Scham in der Kirche über die eigene Leitung gehört zum Vertrauensverlust, der „bis in ihre Mitte reicht". Der innere Kern der Gläubigen ist durch das Vertuschen und Verdecken der Missbräuche getroffen: treue Kirchenbesucher, einfache Leute, engagierte Gläubige, die das gebrochene Verhältnis von Bischöfen und Personalverantwortlichen zur Wahrheit nicht fassen können, wie es im Zusammenhang mit den Missbrauchsskandalen sichtbar wurde. Sie fühlen sich belogen, und zwar rückblickend manchmal über Jahrzehnte hinweg. Die ganze eigene Geschichte mit der Kirche und mit der kirchlichen Hierarchie erscheint plötzlich in einem anderen Licht. Was soll man auch sagen, wenn man sich selbst bereitwillig in die kirchliche Disziplin gefügt hat – im Vertrauen auf die Autoritäten, die diese Disziplin festlegen und nötigenfalls auch disziplinarisch einfordern –, und dann entdeckt, dass die Autoritäten sich selbst Ermessensspielräume gestatten, die weit über das Erlaubte hinausgehen, und dies im Interesse des eigenen Ansehens beziehungsweise des Ansehens der Institution? Papst Benedikt XVI. räumte bei seinem Deutschlandbesuch im September 2011 ein, dass solche Erfahrungen zu tiefen Entfremdungen gegenüber der eigenen Kirche führen: „Ich kann verstehen, dass jemand im Licht solcher Informationen – vor allem wenn sie einen nahestehenden Menschen betreffen – sagt: Das ist nicht mehr meine Kirche."[6] Kein Wunder, dass das Aufdecken der Missbräuche bei fast allen Gläubigen tiefes Nachdenken über die eigene Geschichte mit der Kirche auslöste, mit einer neuen und größeren inneren Freiheit gegenüber den Autoritäten.

Der Umgang der Kirchenleitung mit der seit 2010 aufgedeckten Wahrheit ist ein aktuell weiter wirkender Faktor, der Vertrauen in der Kirche beschädigt. Sichtbar wurde dies erneut im Januar 2013, als die Deutsche Bischofskonferenz den Vertrag mit dem Kriminologischen Forschungsinstitut Niedersachsen aufkündigte, ihrerseits mit dem Hinweis auf das zerbrochene Vertrauensverhältnis zu dessen Leiter. Was immer die Gründe für das Zerwürfnis gewesen sein mögen, es zeigt sich jedenfalls, dass auch gut gemeinte Projekte zur Wiedergewinnung von Vertrauen das Gegenteil von dem bewirken können, was sie beabsichtigen.

Glaubwürdigkeit entscheidet sich am Verhältnis zur Wahrheit, gerade auch dann, wenn sie bitter schmeckt. Der Feind der Wahrheit ist das Imagedenken. Schon im Evangelium beklagt Jesus die Heuchelei, das Festhalten am Schein und das Verstecken des Seins. Je mehr sich die Leitung in der Vertrauenskrise damit befasst, die Fassade zu reparieren, desto tiefer manövriert sie sich in die Entfremdung gegenüber den eigenen

Leuten hinein. Ich sehe drei destruktive Weisen, mit der Differenz von Sein und Schein umzugehen: Die jämmerliche Weise ist die, die Differenz zwar wahrzunehmen und über sie zu klagen, aber nicht die Kraft zur Konsequenz aus dieser Einsicht aufzubringen. Die zynische Variante besteht darin, die Differenz wahrzunehmen und sie zu bejahen, also am Vorrang des Images vor der Wahrheit festzuhalten. Die sektiererische Weise schließlich besteht darin, die Differenz nicht mehr wahrzunehmen, sondern den Schein tatsächlich für das Sein zu halten. Das ist das Gefühl der kleinen Gruppe, die sich als verfolgte Minderheit begreift, obwohl sie gar nicht verfolgt wird. Es besteht durchaus die geistliche Gefahr, den Vertrauensverlust der Kirche bei vielen Menschen als Angriff auf die Kirche zu erleben, wenn man den Schein für das Sein hält. Wenn sich Gruppierungen, die so empfinden, auf der Leitungsebene durchsetzen würden, dann wäre verstärkt damit zu rechnen, dass Bischöfe ernannt würden, die in einer Sonderwelt fernab von der Lebenswirklichkeit der „Herde" leben und ihr mit Misstrauen begegnen.

Durch die Vertrauenskrise gerät für viele Katholiken ihr Katholisch-sein in die Krise. Ich schlage vor, den Spieß umzudrehen und zu fragen: Was bedeutet Katholisch-sein in der Krise? Anders gefragt: Wie hilft gerade in der Vertrauenskrise das Katholisch-sein – das katholische Kirchenverständnis, die katholisch geprägte Frömmigkeit, das in der Kirche immer neu auszulegende Evangelium –, den Vertrauensverlust auszuhalten, Schritte nach vorne zu machen, die Mitchristen in der katholischen Kirche und darüber hinaus in der ökumenischen Christenheit neu zu entdecken und mit ihnen in das größere Gottvertrauen einzutreten? Den Jammerern, Zynikern oder Sektierern soll die Kirche jedenfalls nicht überlassen werden. Vielleicht verhält es sich ja sogar folgendermaßen: Dass die Kirche mit ihrer Vertrauenskrise vor den Augen der Welt derzeit so unattraktiv dasteht, könnte ein Auftrag Gottes an die Kirche sein – ein „Zeichen der Zeit", eine Gelegenheit, der Welt zu zeigen, wie Vertrauen neu werden kann. Diese Orientierung braucht die Welt tatsächlich auch für ihre eigenen Probleme, die sie belasten und zerreißen.

II. Mein Weg

Als ich am 20. Januar 2010 einen Brief an circa 600 Personen schrieb (vgl. den Anhang dieses Buches), von denen ich annehmen musste, dass sie als Jugendliche in den 70er- und 80er-Jahren potenziell Opfer von sexualisierter Gewalt am Berliner Canisius-Kolleg geworden waren, ahnte ich nicht, was für eine Lawine dieser Brief auslösen würde. Meine Perspektive beschränkte sich auf den Verantwortungsbereich meines Rektorates am Canisius-Kolleg in Berlin. Durch den Brief wollte ich, veranlasst durch ein Gespräch am 14. Januar 2010 mit drei ehemaligen Schülern, die mir die Augen für die Dimension der Missbräuche eröffnet hatten, Ansprechbarkeit signalisieren.

1. Vorerfahrungen

Vor meinem Eintritt in den Jesuitenorden hatte ich Gelegenheiten zu sehen, welche Macht über das Denken und Fühlen von Menschen durch Manipulation von religiöser Sehnsucht und jugendlicher Großherzigkeit ausgeübt werden kann. In den 70er-Jahren agierten sektiererische Gruppen auf dem religiösen Markt („Children of God", „Vereinigungskirche Mun" u. a.), die junge Menschen einer Gehirnwäsche unterzogen, an deren Ende sie bereit waren, sich sexuell und finanziell ausbeuten zu lassen. Dass das die eigene unmittelbare Umgebung treffen kann und wie das konkret funktioniert, erlebte ich, als ein Bruder eines Schulfreundes in eine solche Gruppe hineingezogen wurde. Nach seiner Befreiung schrieb er einen aufschlussreichen Bericht, der die Mechanismen des Vertrauens- und Machtmissbrauches in der Sekte reflektierte.[7] Später entdeckte ich, dass es vergleichbare Manipulationsmuster auch in kirchlichen Gruppen gibt. Ich verdanke dieser Zeit ein Grundmisstrauen gegenüber autoritären Formen von Religion und ein Unverständnis für die Blindheit gegenüber Missbrauch von geistlicher Macht in den eigenen Reihen, vor allem dann, wenn die Symptome dafür deutlich bis überdeutlich geworden sind. So konnte ich jedenfalls den Bericht der Missbrauchsopfer aus den 70er- und 80er-Jahren am Canisius-Kolleg besser nachvollziehen – den sektiererischen Charakter des Schweigens in einer Gruppe sowie den Missbrauch in seinem zweiten Aspekt, dem Wegschauen des familiären, sozialen und institutionellen Umfelds einschließlich der Verantwortlichen. Im Falle des Missbrauchs am Canisius-Kolleg war dieses Weghören nachweisbar: Schüler hatten 1980 in einem Protestbrief versucht, sich bei den Autoritäten zu beschweren. Der Brief wurde nie beantwortet. Später wurden die Täter an andere Schulen versetzt. Die Opfer blieben zurück und wurden vergessen. Für die Betroffenen gehört Wegschauen und Weghören des Umfelds zum bleibenden Schmerz der Missbrauchserfahrung. Das machte sie einsam und schutzlos.

Eine Erfahrung mit familiärem Missbrauch stammt aus meiner Referendarszeit Ende der 80er-Jahre in Frankfurt. Ich wurde damals Zeuge, als ein Junge aus seiner Großfamilie verstoßen wurde, da er begonnen hatte, sich gegen die Gewalt in seiner Familie zu wehren. Damals verfügte ich noch nicht über das Wort „sexueller Missbrauch". Ich empfand nur ein Entsetzen über das, was ich hörte, als der junge Mensch sich mir anvertraute. Ich erlebte, wie es mitten in einer kirchlich und bürgerlich geordneten Welt geschehen kann, dass ein Jugendlicher in den Abgrund gestürzt wird. Alle schauen zu, alle finden es in Ordnung oder sind so gelähmt, dass sie selbst nichts dagegen tun.

Warum erfährt ein Jugendlicher oder auch ein Kind, das sich gegen die Gewalt wehrt, so viel Gewalt? Die Antwort lautet: aus Angst vor dem Opfer. Das Opfer hat eine Geschichte zu erzählen, die das Selbstverständnis von Gruppen, von Familien, Schulen und Gesellschaften erschüttert. Einem Opfer zuzuhören – nicht aus der beobachtenden, begleitenden oder therapeutischen Perspektive, sondern aus der beteiligten, sich selbst dem System zurechnenden Perspektive – bedeutet, sich einem anderen Blick auf sich selbst zu öffnen, Mythen des Selbstverständnisses loszulassen, den Stolz aufgrund von Zugehörigkeit zurückzustellen. Das tut weh. Um den Schmerz zu vermeiden, bietet sich als Alternative an, das Opfer zum Schweigen zu bringen.

Im Canisius-Kolleg begegnete ich auch einem Mythos. Da ich von außen in das Kolleg kam, hatte ich den Vorteil, nicht aus der Identifikation mit diesem Mythos zu leben: „Eliteschule", „große Familie", das besondere „Wir-Gefühl", „letzte freie Schule vor Wladiwostok". Auch im Orden begegnete ich einem Mythos: „Eliteorden", „schlaue Jungs" und so weiter. Mythen werden nicht von Einzelpersonen erfunden, sondern entstehen aus mehreren Komponenten. Sie werden auch von außen angetragen. Alle sind der Ansicht, dass das Kolleg eine Eliteschule ist – egal, ob sie das positiv oder negativ finden – und dass der Jesuitenorden nur die Besten der Besten in sich versammelt. Am Ende glauben die Jesuiten selbst, was andere über sie denken, und im Kolleg beginnt man stolz darauf zu sein, einer Elite zuzugehören. Je mehr man diesen Mythos ausstrahlt, desto mehr zieht man Menschen an, die genau von diesem Mythos fasziniert sind. Wenn man drinsteckt, merkt man es nicht. Die Chance, dies zu merken, besteht, wenn das Opfer beginnt zu sprechen – nicht irgendein Opfer, sondern das Opfer, das in der mythisch überhöhten Schule oder Familie Missbrauch erleben musste von einem Repräsentanten ebendieses Systems.

Einen Mythos zu brechen hat politische Aspekte. Ich lernte diese in zwei weiteren Auseinandersetzungen kennen, die ich rückblickend auch mit dem Thema Machtmissbrauch in Zusammenhang bringe. Die eine Auseinandersetzung betrifft die homosexuellen Mitbrüder im katholischen Klerus. Auch sie sind Opfer eines ihnen auferlegten Schweigens, weil sie nicht ohne Selbstgefährdung in der Ich-Form über ihre Sexualität sprechen können. Dahinter steckt ein kirchenpolitisches Thema. Wer das anspricht, muss mit Diffamierung, Wut und Druck rechnen. Das habe ich bei betroffenen Mitbrüdern erlebt.

Die andere Auseinandersetzung stammt aus der Begegnung mit Flüchtlingen. Familien, Menschen ohne Papiere oder mit prekärem Aufenthaltsstatus sind in einen täglichen Überlebenskampf gestellt. Sie sind angewiesen darauf, dass man ihnen glaubt. In vielen Fällen erlebte ich, wie die Asylgerichte gegenüber den Asyl Beantragenden eher vom Verdacht ausgingen, belogen zu werden, als vertrauensvoll hinzuhören. Vertrauen galt und gilt als naiv. Damit nahmen die Gerichte aber zugleich das Risiko in Kauf, dass ein Mensch, der kein Verbrechen begangen hat, trotzdem wie ein Schwerverbrecher in der Abschiebehaft eingekerkert oder gar in eine lebensgefährliche Situation in seiner Heimat zurückgeschoben wurde. Nicht zu vertrauen ist auch eine Entscheidung.

Die Gesellschaft begegnet Flüchtlingen jedenfalls mit Misstrauen. Hier ist die Parallele zur Erfahrung von Missbrauchsopfern: Die Institution begegnete ihnen mit Misstrauen. „Woher soll ich wissen, dass das stimmt, was du mir sagst?" Deswegen war ich auch nicht sonderlich überrascht, als mir sehr bald nach der Veröffentlichung meines Briefes vom 20. Januar 2010 der Vorwurf gemacht wurde, ich würde, indem ich den Opfern glaube, die Unschuldsvermutung aussetzen und damit ein rechtsstaatliches Prinzip über Bord werfen. Das war und ist natürlich nicht der Fall. Der Hinweis auf die Unschuldsvermutung konnte nur nicht dafür herhalten, mich von der Verantwortung für die Entscheidung zu dispensieren, ob ich in diesem oder jenem Falle einem Menschen vertraue und glaube, der sich mir als Pädagogen oder Seelsorger, als Schulleiter oder Vertreter des Ordens anvertraut. Ich kann mich auch entscheiden, nicht zu vertrauen. Das habe ich später in einigen Fällen auch getan, wenn ich zum Beispiel den Eindruck hatte, es mit einem Trittbrettfahrer zu tun zu haben. Es gibt aber auch Opfermeldungen, die ich bis heute für wahr halte, obwohl die entsprechenden Anzeigen von der Staatsanwaltschaft wegen Mangel an Beweisen aufgrund der Unschuldsvermutung zurückgewiesen wurden. Andere Opfer, deren Berichte ich für glaubwürdig halte, wurden durch erfolgreiche Verleumdungsklagen erneut zum Schweigen gebracht. Juristisch lassen sich alle diese (für den Juristen „mutmaßlichen") Täter nicht mehr belangen. Doch das Leiden der Opfer bleibt. Das ist ja gerade die Erkenntnis, die den Rechtsstaat ausmacht: dass der Staat keine vollkommene Gerechtigkeit schaffen kann. Es bleibt eine Dimension der Begegnung zwischen Opfern und Vertretern der Institution, die tiefer geht als das, was mit den Mitteln des Rechtsstaates geklärt werden kann. Diese Dimension schwingt von Anfang an mit, wenn sich Opfer und Institution begegnen.

Missbrauchsopfer berichteten der Presse schon bald nach der Veröffentlichung meines Briefes am 28. Januar 2010,[8] durch welche die Aufklärungs-Lawine losgetreten wurde, dass der damalige Schulleiter am Canisius-Kolleg sie aus seinem Büro hinausgeworfen hatte, als sie versuchten, ihre Geschichte zu erzählen: „Du lügst", rief er dabei. Er hatte ihnen nicht geglaubt. Ich erinnere mich an diesen Mitbruder, der in den 70er- und 80er-Jahren Direktor war und inzwischen verstorben ist. Ich habe ihn sehr geschätzt. Er war ein beliebter Schulleiter, ein anständiger, gebildeter und frommer Mann. Vermutlich befanden sich die Übergriffe, von denen die Opfer zu berichten versuchten, jenseits seiner Vorstellungskraft. Vielleicht dachte er: „So etwas tut ein Mitbruder von mir oder ein Lehrer an meiner Schule nicht." Er konnte es einfach nicht glauben. Es zu glauben hätte sein Grundvertrauen in die Mitbrüder und Kollegen zu tief erschüttert; also ließ er die Information erst gar nicht an sich heran – vielleicht sogar so sehr nicht, dass er sich heute, wenn er leben würde, nicht mehr an die Szene erinnern würde, wenn man ihn darauf anspräche. Oder vielleicht war er, als er es dann doch wahrhaben musste, so entsetzt, dass er in der Abwehr steckenblieb und sich darauf beschränkte, den Täter möglichst schnell aus dem eigenen Verantwortungsbereich zu entfernen, um dann wieder zum *business as usual* zurückzukehren.

Ich zögere sehr, das Problem des Weghörens oder Nichthörens bloß als moralisches Problem zu begreifen. Jemandem seine Geschichte zu glauben ist ein Akt geschenkten Vertrauens. Es ist schwer, so etwas in hochmoralischem Ton zu fordern. „Glauben" ist ein vieldeutiges Wort. Der Akt des Glaubens, von dem das Evangelium spricht, ist (nicht nur, aber auch) Glaube an etwas Unglaubliches. Nicht alles Unglaubliche ist glaubwürdig, aber es gibt Unglaubliches, das ich glauben kann, ja vielleicht sogar muss, wenn ich dem Charakter einer Beziehung gerecht werden will. Zur Offenheit für Glauben als Grundhaltung gehört wohl auch dies: darauf gefasst zu sein, dass etwas Unglaubliches vielleicht doch wahr sein könnte. Jedenfalls kann keiner, der eine Opfermeldung hört, die Entscheidung vermeiden: Entweder ich glaube der Person oder ich glaube ihr nicht. Für den Fall, dass ich nicht glaube, bleibt immer noch die Möglichkeit der wohlwollenden Vermutung, dass das Kind oder der Jugendliche einen Grund für seine Behauptung hat, um mich auf die Suche nach diesem Grund zu begeben, anstatt dem ersten Impuls zu folgen, die Behauptung entrüstet abzuwehren. Kinder und Jugendliche haben dieses Grundvertrauen seitens ihrer Eltern und ihrer Pädagogen nötig.

Vertrauen, jemandem seine Geschichte glauben, ist kein bloß irrationaler Akt. Es war für mich nicht schwer, den Missbrauchsopfern, die sich im Januar bei mir meldeten, zu glauben, denn es gab Gründe, ihnen zu glauben. Zum einen halfen mir die Hartnäckigkeit der Gerüchte, die ich in den Jahren zuvor schon gehört hatte, sowie zwei einzelne Wortmeldungen, die mich 2006 und 2008 schon erreicht hatten und die von den Meldungen im Januar 2010 unabhängig waren. Aus den Übereinstimmungen mit den Aussagen der drei Männer im Gespräch am 14. Januar 2010 ergaben sich Argumente für die Entscheidung, den Betroffenen zu glauben. Damit war aber das andere, für mich Neue klar: Aus dem, was ich am 14. Januar 2010 hörte, ergab sich, dass die Übergriffe nicht nur Einzelfälle gewesen waren, sondern dass mit mehr als 100 Opfern zu rechnen sei, die in den 70er- und 80er-Jahren von den Tätern seinerzeit systematisch in Fallen gelockt worden waren. Diese Zahlen bestätigten sich später.

2. Die Veröffentlichung des Briefes

Nach dem Abschicken des Briefes am 20. Januar 2010 informierte ich das Kollegium über den Brief und bot ein Gespräch dazu an. Es kamen drei Kollegen. Ich erzähle das nicht, um das Kollegium nachträglich bloßzustellen – es hat in den Monaten nach Januar 2010 Großartiges geleistet –, sondern um deutlich zu machen, wie tief das Schweigen zum Thema Missbrauch im Regelfall über einer Institution liegt. Am 28. Januar 2010 erschien dann mein Brief in der *Berliner Morgenpost*. Er war von einem der Adressaten, den ich bis heute nicht kenne, an die Redaktion weitergereicht worden.[9] Der Journalist, der mich am Vorabend anrief, um sich bestätigen zu lassen, dass der Brief tatsächlich von mir war, beendete das Gespräch mit dem Satz: „Ziehen Sie sich morgen warm an."

Als ich am Morgen des 28. Januar 2010 – es war ein Donnerstag – mein Büro betrat, standen schon die ersten Journalisten dort. Von den auf mich gerichteten Mikrofonen riss mich die Schulleiterin Gabriele Hüdepohl weg, indem sie in mein Büro kam und sagte: „Du musst jetzt nicht mit Journalisten sprechen, du musst mit den Schülern und mit den Lehrern sprechen." Erst da begriff ich, dass die Lehrer und Schüler morgens früh bereits durch die Stadt gefahren waren und jetzt unter dem Schock der Schlagzeilen über ihre Schule standen, die ihnen aus den Läden und Kiosken entgegenschlugen. Ich selbst wohnte zusammen mit der Kommunität der Jesuiten auf dem Gelände der Schule und hatte deswegen keinen morgendlichen Schulweg hinter mir. Wir versammelten also alle Schüler und Schülerinnen in der Turnhalle und sprachen mit ihnen. Anschließend protokollierte ich, was ich den Schülern gesagt hatte, um es den Eltern per Mail zuzusenden. Inzwischen hatte sich die Tiergartenstraße vor dem Eingang der Schule mit wartenden Journalisten und Übertragungswagen gefüllt. Das Berliner erzbischöfliche Ordinariat rief an, um mich zu einer Pressekonferenz zu bitten, weil es selbst den Andrang der Öffentlichkeit und der Fragen nicht mehr bewältigen konnte. Es fügte sich, dass ich um 13.30 Uhr in das Taxi stieg, um zur Pressekonferenz zu fahren. Der Pressetross fuhr hinter mir her, so dass die Schülerinnen und Schüler relativ unbehelligt um 14.00 Uhr das Gelände der Schule verlassen und nach Hause gehen konnten. Als ich den Presseandrang im Saal des erzbischöflichen Ordinariates erblickte, wurde mir endgültig klar, dass mein Brief mehr ausgelöst hatte, als ich mir vorher jemals hätte vorstellen können.

Oft bin ich gefragt worden, warum gerade mein Brief dieses Erdbeben ausgelöst hat. Als zehn Jahre zuvor ein Missbrauchsbericht über die Odenwaldschule in der *Frankfurter Rundschau* erschien, gab es keine nennenswerten Reaktionen in der Öffentlichkeit. Ich habe keine Antwort auf diese Frage, sondern kann höchstens spekulieren: Das Canisius-Kolleg liegt im Zentrum der Hauptstadt und wird dort zumal als katholisches Gymnasium besonders aufmerksam beobachtet. Der Missbrauch in einer kirchlichen Institution erschreckt die Öffentlichkeit mehr als zum Beispiel der Missbrauch im Berliner Freizeitzentrum Wuhlheide,[10] der sogar in Berlin nur ein lokales Ereignis bleibt – weil die Kirche eben im Unterschied zum Freizeitzentrum Wuhlheide weltweit hohe moralische Grundsätze formuliert. Mir scheint aber auch, dass es einen entscheidenden, allerdings unberechenbaren Faktor gibt: Eine Gesellschaft braucht als Ganze ihre Zeit, um das Thema „Missbrauch" überhaupt anzunehmen. In Deutschland war es eben 2010 so weit. In Polen zum Beispiel sind bereits einige Missbrauchsfälle in kirchlichen und anderen Institutionen bekannt geworden. Dennoch reagiert die Öffentlichkeit noch nicht. Wann eine Zeit reif ist, lässt sich nicht planen.

2.1 Lob und Tadel

In den ersten Tagen nach der Veröffentlichung meines Briefes erlebte ich ein verwirrendes Neben- und Gegeneinander von Lob und Vorwurf. Zunächst zum Lob: Ich erhielt eine Fülle von ermutigenden, unterstützenden und hochachtungsvollen Zuschriften, die mich sehr berührten und manchmal auch beschämten, für die ich vor allem aber dankbar bin. Manchmal nahm ich mir in schweren Stunden solche Mails und Briefe wieder vor, um mich an ihnen aufzurichten. Die Zustimmung kam aus allen Ecken der Gesellschaft, sie verlief nicht entlang der üblichen Linien von konservativ und progressiv, links oder rechts. Offensichtlich erreicht das Missbrauchsthema viele Menschen in einer Tiefe, die das Lagerdenken in Kirche und Gesellschaft hinter sich lässt.

Anerkennung kam auch von Missbrauchsopfern aus Kirche und Gesellschaft über den Kreis der Betroffenen am Kolleg hinaus. Es gab Tage, an denen es schien, als seien im ganzen Land Stumme zum Reden gebracht worden, ohne dass ich jemals die strategische Absicht dazu gehabt hätte. In der Presse meldeten sich Opfer aus anderen Schulen und Institutionen zu Wort, die nach dem Motto „Wenn nicht jetzt, wann dann?" zu sprechen begannen. Schulleiter anderer Schulen schrieben mir, dass sie nun ermutigt seien, auch ihrerseits Übergriffe an ihrer Schule anzusprechen. Aus Vereinen und Initiativen gegen Gewalt und sexuellen Missbrauch an Kindern und Jugendlichen, an Jungen und Mädchen erhielt ich ebenfalls Zuspruch.

Immer wieder kam in den positiven Rückmeldungen die Bemerkung vor, ich hätte einen „mutigen" Schritt gemacht und sei ein „mutiger" Mann. Das befremdete mich, da ich zum Zeitpunkt der Entscheidung wenig Angst vor den Folgen des Schreibens gespürt hatte. Ich hielt meinen Schritt für eine Selbstverständlichkeit – und halte ihn auch heute noch dafür. Aber die Folgen bekam ich nun zu spüren, auch die schmerzlichen. Da war zunächst der Ansturm der Presse. Es folgten die anstrengenden Begleiterscheinungen, die Prominenz mit sich bringt – eine Prominenz, die man sich nur wünschen kann, wenn man sie selbst nicht erlebt hat. Prominenz kann auch dazu führen, dass man abhebt. Aber der begrenzte, konkrete Bereich, in dem ich Verantwortung trug, musste im Blick bleiben. Schließlich stand nicht nur ich, sondern die ganze Schule im Zentrum der Aufmerksamkeit. Der Vorgang hatte für die aktuellen Schüler, Eltern und Lehrer ebenfalls gravierende Folgen. Als am 29. Januar 2010 die ersten Presseartikel mit Titeln wie „Schule des Grauens" erschienen, begann ich die Furcht in der Schule vor Stigmatisierung zu verstehen. Die ganze Institution war von den Missbräuchen aktuell betroffen, obwohl diese 30 Jahre zurücklagen. Umso dankbarer bin ich bis heute für die Unterstützung aus Schülerschaft, Elternschaft und Kollegium. Keine einzige Stimme vernahm ich, die ernsthaft der Meinung war, dass der Ruf der Schule und die Vermeidung der Stigmatisierung Vorrang hätte haben sollen vor dem Interesse an der Aufdeckung und Aufarbeitung zurückliegender Missbräuche. Solche Solidarität ist umso mehr wert, als sie einen Preis kostet, nämlich den, sich mit in den Schatten zu stellen, der nun von der Vergangenheit her auf der ganzen Institution lag.

So viel zum „Lob". Schwerer ist es, von den Vorwürfen zu sprechen, an denen tiefe Spaltungen sichtbar wurden, sowohl in der Schule wie in Orden und Kirche. Vorwürfe wurden in der Anfangsphase meist nicht laut geäußert – was die Sache nicht weniger schmerzlich macht. Man erfährt sie ja meistens hintenherum. Da niemand ernstlich behaupten wollte, die Institutionsperspektive solle doch besser Vorrang vor der Aufklärung haben, äußerte sich die Missbilligung über den Brief vom 20. Januar 2010 verdeckt. Gespräche verstummten, bisher heiße Drähte wurden merklich kühler. Anfeindungen wurden mir von wohlmeinenden Zuträgern berichtet, denen ich dann oft erwiderte: „Musstest du mir das erzählen?" Gelegentlich kam die Wut auf mich auch in offener Anfeindung und in Verleumdungen zum Ausdruck. Der inhaltliche Kern der Vorwürfe lässt sich leicht reduzieren auf: Nestbeschmutzung, Eitelkeit, Illoyalität. Es gab auch „Fachleute", die versuchten, mich als Unkundigen darzustellen, der besser die Finger von der komplizierten Materie Missbrauch lassen sollte.

Immerhin bezeichnete mich ein Leitartikler einer überregionalen Zeitung schon sehr früh ganz offen als Verräter an der Sache der Kirche. Heute wird der Vorwurf auch schamfrei in anderen Blättern erhoben. Was mir half und hilft, mit dieser Art von Vorwürfen umzugehen, ist ihre hermetische Struktur. Der Instrumentalisierungsvorwurf zum Beispiel funktioniert wie ein Totschlagargument: Man kann es beliebig anwenden.

Die einen sagen: Er instrumentalisiert die Opferperspektive für eine kirchenkritische Agenda, die anderen sagen genau das Gegenteil: Er verteidigt die Kirche, indem er aus Image-Gründen die Opferperspektive vor die Image-Interessen der Institution stellt. Es reicht, wenn man weiß, dass beides falsch ist.

2.2 Ausweichmanöver

Ich bleibe noch etwas bei den ersten Wochen nach dem 28. Januar 2010: Ein befreundeter Priester berichtete mir, dass er längere Zeit brauchte, um aus dem Ärger in ein tieferes Verstehen darüber hineinzukommen, dass es da doch offensichtlich ein ernstes Problem gibt. Sein Bericht passt zu Erfahrungen, die ich selbst gemacht habe. Zum einen ist da das Gefühl, dass man „die Sache" diskreter hätte handhaben können, um die Institution Schule, Orden oder Kirche weniger zu beschädigen. Zum anderen fühlt man sich selbst als Opfer und verliert so den Blick auf die Opfer. Selbstmitleid stellt sich ein: „Wir sind Opfer einer Pressekampagne, einer Hetzkampagne der Kirchenfeinde." So kam und kommt es zu verunglückten Wortmeldungen. Es taten sich da in den ersten Monaten auch einige Bischöfe hervor und stürzten damit Katholiken in Schamgefühle über ihre Kirche. Sie kosteten die Hierarchie viel innerkirchliches Vertrauen. Manche öffentlichen Äußerungen in den ersten Wochen nach dem 28. Januar 2010 folgten dem Schema: Interview geben, nachdenken, sich entschuldigen. Auch drei Jahre später sind manche aus dem falschen Opfergefühl und dem Selbstmitleid immer noch nicht herausgekommen, sondern haben sich darin eher sogar eingemauert.

Man kann sich die Opferperspektive auch vom Leibe halten, indem man auf den zeitlichen Abstand hinweist, nach dem Motto: „Das war doch vor 30 Jahren. Was habe ich heute damit zu tun?" Schüler haben ein Anrecht auf Schulalltag. Aber aus den genannten Gründen dürfen die Vertreter der Institution dem Thema nicht ausweichen. Es gehört zu der Zwickmühle, in der sich jeder Rektor oder jede Schulleiterin befindet, in deren Institution Missbrauch aufgedeckt wurde: einerseits das Thema annehmen und nicht ausweichen, auch dem öffentlichen Interesse nicht ausweichen, andererseits dem Missbrauch nicht die Macht zugestehen, heute den in der Schule lernenden Jugendlichen die Themen zu diktieren. Ohnehin würde Letzteres ja, wie Pädagogen wissen, nur kontraproduktiv dazu führen, dass die Jugendlichen das Thema am Ende ablehnen. Auch im Sommer 2010 hatten die Schüler ein Anrecht auf einen ordentlichen Schulbetrieb und ein ordentliches Abitur samt Abi-Abschlussparty. Die Spannung, die aus dieser Konstellation entstand, führte manchmal an die Grenzen der Belastbarkeit.

Bleiben wir noch etwas bei den Abwehrmechanismen: Auch mit Ungeduld kommt man nicht weiter, nach dem Motto: „Jetzt ist aber gut. Zwei Wochen reichen." In der Tat erreichten mich solche Aufforderungen schon zwei Wochen nach dem 28. Januar 2010. Auch nach drei Jahren sind Kirche, Orden und Schulen noch nicht am Ende mit dem Thema. Mit den Mitbrüdern und Mitarbeitern, die Verantwortung zu tragen hatten, standen wir in einem Prozess, in dem wir sehr schnell alle Ungeduld fahren lassen mussten. Das Thema geht viel zu tief, weil es an die Beziehungen im System und an das Grundvertrauen der Beteiligten rührt. Forderungen nach „Versachlichung" der Debatte klangen angesichts der hochschlagenden Emotionen plausibel, konnten aber genauso gut mit Ausweichen zu tun haben. Meistens halten sich ja diejenigen, die Versachlichung fordern, selbst für die Sachlichen; doch die hohe Emotionalität, mit der sie „Versachlichung" fordern, stimmt skeptisch. Auch Hinweise auf all das, was an Schule, Orden und Kirche gut ist, nützen nichts. Der Arzt will die Wunde sehen, nicht die gesunden Körperteile. Genauso wenig hilft es, wenn man innerhalb der Institution beginnt, nach innen und außen „Gegenpropaganda" zu machen mit all den schönen und gelungenen Dingen, welche die Schul-, Ordens- oder Kirchengeschichte natürlich auch zu bieten hat. All dies wurde uns dringend nahegelegt. Im *Kairós*[11] des Aufklärungssturmes aber waren das alles Ablenkungsmanöver zur Vermeidung der Opferperspektive. Gute Geschichten zum falschen Zeitpunkt zu erzählen schafft kein Vertrauen, sondern beschädigt die Geschichten und das Vertrauen in deren Erzähler gleichermaßen.

„Was tun Sie für Prävention?" Auch diese frühzeitig gestellte Frage empfand ich als Ausweichmanöver – nicht die Frage als solche, sondern die Art, wie sie auftrat. Schon bei der ersten Pressekonferenz am 28. Januar 2011 wurde sie mir mit großer Dringlichkeit gestellt. In einem Fall gab sich eine Berliner Zeitung dazu her, anonyme Beschwerden von Eltern darüber entgegenzunehmen und zu verbreiten, dass wir „immer noch" kein Präventionskonzept hätten; da befanden wir uns im März 2010: Schul-Bashing von Eltern – auch ein Trittbrettfahrer-Phänomen im Zusammenhang mit der Aufklärung von Missbrauch. Die Präventionsfrage stieß im Kollegium zunächst auf Abwehr, weil sie gerade durch die Dringlichkeit und Panik, in der sie auftrat, den Eindruck erweckte, als seien die Lehrer und Lehrerinnen potenzielle Missbrauchstäter und als sei an der Schule höchste Gefahr im Verzug. Der Missbrauchstäter erschien als Prototyp des Lehrers. Unter den Bedingungen von Generalverdächtigung lassen sich Präventionskonzepte aber nur schwer entwickeln – zumal die Lehrer diese Konzepte ja auch eines Tages mittragen und umsetzen sollen.

Zur Dramatik der ersten Monate im Jahr 2010 zählte darüber hinaus, dass Jugendliche anfingen, in der Schule über außerschulische Missbrauchserfahrungen zu sprechen. Die Jugendlichen selbst waren durch das neue öffentliche Wort

„Missbrauch" sensibilisiert und suchten in der Schule das vertrauliche Gespräch, um ihre Erfahrungen einordnen zu können. Es war nicht immer ganz leicht, darauf zu verzichten, solche Erlebnisse zu instrumentalisieren, um darauf hinzuweisen, dass niemand bei der Frage nach der Prävention immer nur an die anderen denken kann – die Eltern, die Lehrer, die Erzieher, die Nonnen, die Mönche, die Reformpädagogen, die Trainer, die Jugendhelfer. Wer die Präventionsfrage mit dem Zeigefinger auf andere stellt, ist unfähig, ein Präventionskonzept zu erstellen, das den Namen verdient. Prävention beginnt mit Selbstkritik.

Panik ist ein schlechter Ratgeber. Einerseits ist die Wucht der Panik ein Zeichen für das Ausmaß des Vertrauensverlustes, andererseits führt sie in die falsche Richtung. Mit Panik kann man kein neues Vertrauen aufbauen. Panik schadet auf der sachlichen Ebene einem gut durchdachten Präventionskonzept, das seine Zeit braucht, um zu reifen, und letztlich immer in ein Gesamtkonzept von Gewaltprävention integriert sein muss. Schnell beschriebenes Papier ist nichts wert, wenn es nicht mühsam und Punkt für Punkt in der Institution auch real umgesetzt wird – sonst ist es nur Teil einer Image-Kampagne. Der Ausweichcharakter eines übereilten Präventionsaktivismus wurde mir zudem deutlich im Gespräch mit einem Schülervater, der mir zurief, die Opfer von damals würden ihn nicht interessieren, sondern nur die Jugendlichen heute. Ganz abgesehen davon, dass das natürlich eine falsche Alternative ist, wurde mir mit dieser Bemerkung deutlich, dass die Präventionsfrage emotional mit einer Abwendung von den Opfern verbunden werden kann. So haben es übrigens auch einige Opfer selbst empfunden, als die Präventionsdebatte schon eine Woche nach dem 28. Januar 2010 in den Talkshows gelandet war. Deswegen entschied ich mich, gerade in den ersten Monaten nicht die Präventionsfrage in den Mittelpunkt zu stellen, sondern das Hinhören auf die Berichte der Opfer. Viele Betroffene begründeten im Übrigen ihr Sprechen auch damit, dass sie einen Beitrag zur Prävention leisten wollten, damit sich so etwas nicht wiederhole. Das Sprechen der Opfer war also der erste Beitrag zur Prävention. Der zweite musste zunächst das Hören auf die Opfer sein. Auch war mir klar: Wir können erst an die Präventionsfrage herangehen, wenn wir begriffen haben, was Missbrauch von Schutzbefohlenen ist. Missbrauch ist kein gewöhnliches Verbrechen, weil der Missbrauch der Priester, Lehrer- oder Elternmacht in der intimen Vertrauensbeziehung stattfindet. Wer meint, schon verstanden zu haben, was da geschieht, wenn er das Wort „Missbrauch" in der Mund nimmt, ist vermutlich ungeeignet, Präventionskonzepte zu entwickeln. Um ein Beispiel zu nennen: Die Politik in Berlin reagierte auf die Missbrauchsdebatte, indem sie im Frühjahr 2010 das Stundendeputat der Vertrauenslehrer erhöhte – eine hilflose Aktion, da ja der Missbrauch seine besondere Dramatik gerade daher hat, dass er durch einen Lehrer oder einen Onkel geschieht, dem man besonders vertraut.

2.3 Wir

Bisher habe ich nur von mir gesprochen. Aber der Brief vom 20. Januar 2010 und auch die Bewältigung der Herausforderungen nach dem 28. Januar 2010 – soweit sie überhaupt zu „bewältigen" waren – waren eine Gemeinschaftsleistung der Schulleitung, des Kollegiums, der Jesuitenkommunität am Canisius-Kolleg, der Wohngemeinschaft in der Naunynstraße, der Leitung der Jesuiten in Deutschland und der Zusammenarbeit mit den Leitungen anderer Jesuitenschulen. Da die beiden Haupttäter des Canisius-Kollegs auch nach Hamburg an die Sankt-Ansgar-Schule und an das Kolleg Sankt Blasien versetzt worden waren, ergab sich eine besonders intensive Zusammenarbeit mit deren Leitern Friedrich Stolze und Pater Johannes Siebner.

In den ersten Tagen nach dem 28. Januar 2010 kamen auf meinem Rechner täglich Hunderte von Mails an. Zwei Mitbrüder besetzten den Rechner, druckten die Eingänge aus und sortierten sie nach Themen: Opfermeldungen, Unterstützung, Beschimpfungen, Presseanfragen, schulische Korrespondenzen, private Korrespondenz. Zwei weitere Mitbrüder werteten die Presseberichte aus. Ich erhielt von ihnen zunächst nur die Hinweise darauf, welche Texte ich sofort lesen sollte. Die Herausforderungen an die Sekretärinnen der Schule waren in den darauffolgenden Wochen und Monaten unglaublich hoch. Sie beschützten das Haus vor Trittbrettfahrern aller Art, federten Beschimpfungen und übergriffige Annäherungsversuche ab und erledigten nebenbei den nicht unerheblichen Tagesbetrieb.

Für die Woche nach Ostern 2010 stand das jährliche „Provinzsymposion" der Jesuiten in Vierzehnheiligen an. Im Blick auf dieses Treffen hatte ich zunächst Angst vor den Konflikten im Orden. Heute schäme ich mich ein wenig dieser Angst. Denn es kam anders als befürchtet, sicherlich auch deswegen, weil der Provinzial der deutschen Jesuiten, Stefan Dartmann, Führungskraft zeigte und Position bezog. Schließlich war ja „mein" Brief auch „unser" Brief gewesen. Das Gespräch der Mitbrüder untereinander auf dem Symposion zeigte, wie tief das Aufdecken der Missbräuche die Ordensgemeinschaft getroffen hatte und was für innere Wege viele Mitbrüder von einer ersten Abwehr bis hin zur Akzeptanz der Wahrheit gegangen waren.

3. Begegnungen mit Opfern

Im Blick auf die betroffenen ehemaligen Schüler empfinde ich zunächst Dankbarkeit. Ich bin bis heute bewegt von dem Vertrauen, das mir in dem Gespräch am 14. Januar 2010 und in vielen Begegnungen nach dem 28. Januar 2010 entgegengebracht wurde. Das schließt Auffassungsunterschiede und Konflikte nicht aus. Ich habe in diesem Vertrauen – neben der Trauer, der Enttäuschung und dem Zorn – auch eine große, angesichts des zurückliegenden Versagens mich beschämende Zuneigung zum Canisius-Kolleg und zu uns Jesuiten entdecken dürfen. Das gilt mutatis mutandis auch von vielen anderen Gesprächen, in denen von kirchlicher Gewalt Betroffene sich mir gegenüber öffneten. Das alles tut ja den Betroffenen auch deswegen so besonders weh, weil ihnen die Kirche oder die ehemalige Schule nicht egal sind.

Stefan Dartmann sagte auf der Pressekonferenz vom 1. Februar 2010: „Wir danken den Opfern dafür, dass sie gesprochen haben." Diese Dankbarkeit gilt auch den Geschwistern, Kindern und Eltern von Opfern, denen ich in vielen Gesprächen begegnen durfte. Zentnerlasten wurden abgeladen, Lebensgeschichten wurden neu entschlüsselt, Vertrauen begegnete Vertrauen, Heilung und Versöhnung in viele Richtungen fanden statt – manchmal erst Wochen oder Monate später zurückgemeldet. Ich begegnete Opfern, die sich bei mir sogar für ihre Schulzeit bedankten, nicht etwa, weil sie etwas von dem Schlimmen, das sie damals erlebt hatten, verdrängen oder kleinreden wollten, sondern weil sie im Aussprechen des Missbrauchs frei geworden waren, auch das andere auszusprechen.

Es gibt Schmerzliches, für das ich dankbar bin, und es gibt Schmerzliches, für das ich vielleicht eines Tages noch dankbar sein werde. Jedenfalls ist auch nach drei Jahren der Prozess mit den Opfern nicht abgeschlossen. Jede öffentliche Äußerung der

Beteiligten zu diesem Thema hat immer eine Rückwirkung auf den Prozess selbst. Auch der Bericht über die gerade genannten bewegenden Erfahrungen könnte ja dahingehend missverstanden werden, dass jetzt ein Happy End konstruiert wird, um einen Punkt hinter das Ganze zu setzen. Der Prozess ist aber eben gerade nicht abgeschlossen. Er kann von Seiten der Institution auch gar nicht einseitig abgeschlossen werden.

In den 70er- und 80er-Jahren lebte ich nicht in Berlin und kannte das Canisius-Kolleg nicht. Die Aufdeckung des Missbrauchs ereignete sich 30 Jahre später, in einer Zeit, in der zufällig ich Rektor des Kollegs und damit der institutionell vorgegebene Ansprechpartner war. In meinem Innern musste ich mich gelegentlich vergewissern: Ich stehe für die Institution, aber ich bin kein Täter. Das wurde nötig, wenn ich in Briefen und auch in der Öffentlichkeit mit einer Sprache angesprochen wurde, die den Unterschied zwischen mir und der verantwortlichen Institution (bzw. gar dem Täter) nicht wahrte. Es gab Gesprächssituationen, in denen ich das auch aussprechen musste, um mich gegenüber grenzenlosen Schuldzuweisungen abzugrenzen.

Schon am ersten Tag nach dem 28. Januar 2010 startete eine Kampagne gegen mich, die versuchte, mir doch eine persönliche Verantwortung für den Missbrauch zuzuschieben, und zwar durch die Behauptung, ich selbst hätte jahrelang vertuscht und erst im letzten Augenblick unter dem Druck der Opfer die Flucht nach vorn ergriffen. Dies behaupteten einerseits – auch öffentlich – Opfer, etwa auf dem Ökumenischen Kirchentag 2010 in München, andererseits Journalisten. Ein politisches Interesse daran, meine Glaubwürdigkeit zu demontieren, konnte ich bei denen entdecken, die das Projekt der Schließung von katholischen Schulen in Berlin schon seit längerer Zeit verfolgen. Ich kannte manche von ihnen aus den Berliner Debatten um Pro-Reli.[12] Eine Fernsehmoderatorin insistierte in einer Talkshow mit dem ehemaligen Jesuitenschüler Heiner Geißler sehr dezidiert auf dem Vorwurf gegen mich, ich hätte ja nur unter dem Druck und den Drohungen der Betroffenen und ihrer Anwälte im letzten Augenblick meinen Kopf aus der Schlinge zu ziehen versucht. Daraufhin legte ich eine eidesstattliche Erklärung zu diesem Thema ab, und sie musste alles zurücknehmen. Besonders ist mir auch ein Artikel in einer Berliner Zeitung in Erinnerung. Ich hatte im Frühjahr 2009 einen Vortrag über „Schweigen" gehalten und in diesem Zusammenhang auch das Verschweigen von Missbrauch als Beispiel für systemisches Schweigen angesprochen. Dieser Vortrag wurde nun als Nachweis für mein Vertuschen herangezogen.

Wer einem anderen misstraut, traut ihm Schlimmes zu. Das Misstrauen, das mir schon am Tag nach dem 28. Januar 2010 von Opferseite und von Teilen der Öffentlichkeit entgegenschlug, überraschte mich sehr und bedrückte mich weit mehr als die anderen Themen, die ich bisher angesprochen habe. Ich konnte durch die Unterscheidung von Amt und Person für mich im Kopf einiges klären – „du bist nicht persönlich gemeint, sondern dich trifft es jetzt, weil du zufällig jetzt in diesem Amt stehst" –, aber es bleibt bis heute auch ein Rest, der mich persönlich getroffen hat. Die Unterscheidung von Amt und Person lässt sich nicht so weit treiben, dass man als Rektor, als Jesuit und als Priester gar nicht mehr Person ist und deswegen persönlich unberührt bleibt. Das gilt auch umgekehrt: Die Person hat trotz aller notwendigen Unterscheidungen ein existenzielles Verhältnis zu der Institution Schule, Jesuitenorden, Kirche. Es war und ist mir nicht egal, wie über Kirche, Orden oder Kolleg gesprochen wird.

Bei den Opfern finden im Moment des möglich gewordenen Sprechens stachelige Gefühle ihren Raum – und richten sich gegen die erreichbaren Repräsentanten des Systems. Damit hatte ich zwar theoretisch gerechnet, aber die Heftigkeit insbesondere des Misstrauens verwirrte mich. Ich war mir sicherer vorgekommen, als ich tatsächlich war. Im Schlüsselgespräch vom 14. Januar 2010 hatte ich gegenüber den ehemaligen Schülern, die unter anderem mit einem Vorschlag zum gemeinsamen Vorgehen zu mir gekommen waren, spontan signalisiert, dass ich zunächst eher ein Gegenüber von Opferseite und Täterseite sehe als ein Miteinander. „Es gibt kein Wir zwischen mir und Ihnen"[13] – sie seien Opfer, ich hingegen repräsentierte die Täterseite, und deswegen könnte ich sie nicht in eine Mitverantwortung für Entscheidungen hineinnehmen, die ich nach dem Gehörten als Vertreter der Institution nun zu treffen hätte. Systemisch gesehen war es vollkommen logisch, dass die „Täterseite" auch Objekt von Misstrauen und Hassgefühlen der „Opferseite" wurde. Und doch überraschte und verwirrte mich die Heftigkeit der Gefühle, auch das Ausmaß des Misstrauens gegenüber meiner Person und die mit dem Misstrauen verbundenen Phantasien.

Es kommt das Gefühl der umgekehrten Ohnmacht hinzu. Missbrauch ist für die Betroffenen eine Erfahrung von Ohnmacht und Schutzlosigkeit. Der Täter und die Institution hatten einst Vertrauen, weil sie als „Mächtige" dafür zuständig waren, zu schützen und Ohnmacht abzubauen. Das Gegenteil geschah. Das Aufbegehren gegen den Missbrauch ist für die betrogenen Schutzbefohlenen schwer, weil es ja auch als Aufstand der Ohnmächtigen gegen die Mächtigen und gegen ein übermächtiges System erlebt wird. Dieses Gefühl der Ohnmacht kam mir in der Begegnung mit den Opfern auch entgegen. Aus ihrer Perspektive war ich – jedenfalls für einige – als Jesuit der Mächtige, der alles zum Guten (oder zum Bösen) wenden kann: „Erlösen sie mich und meine Familie von unserem Leiden", so oder ähnlich lautete die dringliche Forderung in vielen Gesprächen und Briefen.

Dem stand auf meiner Seite das Gefühl der umgekehrten Ohnmacht entgegen. Das Gefühl, durch solche Bitten überfordert zu sein. Das Gefühl, auf der Anklagebank zu sitzen und deswegen zunächst nicht einmal wagen zu können, die Augen zu erheben (vgl. Lk 18,13). Der Asymmetrie, in der Opfer gegenüber der Institution stehen, entsprach und entspricht eine Asymmetrie, in der sich die Vertreter der Institution gegenüber den Opfern vorfinden. Die Sache wird noch komplizierter dadurch, dass andere Asymmetrien bleiben: Die Institution ist gegenüber dem Opfer zur Diskretion verpflichtet, das Opfer umgekehrt nicht. Die Vertreter der Institution sind gegenüber den Opfern zu empathischem Zuhören verpflichtet, nicht umgekehrt. Das alles macht die Begegnung zwischen den beiden Seiten sehr komplex. Sie findet von beiden Seiten her (zunächst) nicht auf Augenhöhe statt. Die gegenseitige Augenhöhe muss erst erarbeitet werden. Ich fühlte mich auf der Täterseite oft überfordert. Das galt schließlich auch ganz konkret für die beträchtlichen finanziellen Entschädigungsforderungen, die schon zwei Tage nach dem 28. Januar 2010 gegen uns erhoben wurden.

Es gibt ein natürliches Bündnis von Opfern und Presse. (Es gibt auch das Bündnis von Institution und Presse – Blätter, die von Anfang an nur die Verteidigung des Institutions-Images betreiben.) Ich beschreibe das, ich kritisiere das nicht. Ich versuche nur, eine weitere schmerzliche Erfahrung zu beschreiben, die wohl unvermeidlich ist, wenn Missbrauch innerhalb einer Institution aufgedeckt wird. Opfer haben ein nachvollziehbares existenzielles Misstrauen gegenüber der Institution. Journalisten haben die Pflicht zu einem methodischen Misstrauen gegenüber den Institutionen, über die sie berichten. Daraus ergibt sich quasi automatisch ein Bündnis zwischen Opfer und Presse, dem ich unmittelbar nach dem 28. Januar 2010 begegnete, etwa wenn Journalisten mich mit Aussagen von Opfern konfrontierten und eine Reaktion erwarteten; oder wenn ich Aussagen, die ich in Einzelgesprächen gegenüber Opfern gemacht hatte (oder angeblich gemacht hatte), in der Presse zitiert fand, oft sinnentstellt; oder wenn Opfer, die sich mir namentlich nicht zu erkennen gaben, über die Presse politische Forderungen an mich stellten.

Ich verstehe, dass das Bündnis von Opfern mit der Presse vor dem Hintergrund der Ohnmachtserfahrung der Opfer wichtig ist. Es ist mir auch klar, dass es ein unglaublich schwieriger Schritt für Opfer ist, sich öffentlich als Betroffene zu erkennen zu geben. Ich weiß, welch hohen Preis sie in manchen Fällen in ihrem eigenen sozialen und familiären Umfeld zahlen müssen für den Schritt an die Öffentlichkeit. Ich beschreibe das nur, um anzudeuten, dass zu meinen persönlichen Erfahrungen dieses Bündnis zwischen Opfer und Presse dazugehört. Es gehörte zur Wucht der ersten Wochen und Monate, dass es dieses Bündnis des Misstrauens gab. Methodisches Misstrauen und existenzielles Misstrauen können aber nur für eine bestimmte Phase ein Bündnis eingehen. Am Ende liegt der Schlüssel für den Prozess in der Begegnung zwischen Opfer und Institution. Die Presse hilft „nur", diesen Prozess voranzubringen.

Rückblickend glaube ich, dass der Weg ins Gegenüber der richtige war: einerseits der Brief vom 20. Januar 2010, den ich als Vertreter der „Täterseite" schrieb, ohne jemanden von der „Opferseite" in die Mitverantwortung für den Brief zu nehmen, andererseits der „Eckige Tisch", den Missbrauchs-Betroffene an Jesuitenschulen in Deutschland im Frühjahr 2010 gründeten. Ein eckiger Tisch ist eben kein runder Tisch. Ich habe die Gründung des „Eckigen Tischs" auch als Ja von der Opferseite zu dem „Gegenüber" zwischen Opfer und Institution verstanden. Das schloss und schließt nicht aus, dass Opfer sich in dieser Konstellation unterschiedlich positionieren – öffentlich oder diskret. Aber der Prozess begann mit einem Gegenüber, nicht mit einem Miteinander von Institution und Opfer. Das Miteinander muss erst noch gefunden werden. Wenn Vertrauen missbraucht worden ist, kann man vertrauensvolles

Miteinander nicht einfach voraussetzen und weitermachen. Es muss neu wachsen.

4. Kirche

4.1 Der katholische Geschmack

Mit den Berichten über den Missbrauch, die mich erreichten, stand die Frage nach der Kirche ebenfalls auf der Tagesordnung. Mehrere Opferberichte formulierten sinngemäß: „Für mich tragen auch die Kirche, die kirchliche Lehre, die kirchlichen Strukturen eine Mitschuld am Missbrauch." Die Berichte enthielten genügend erschütterndes Anschauungsmaterial, um dieses Urteil nachvollziehbar zu machen. Spätestens in der zweiten Pressekonferenz am 29. Januar 2010 war ich mit den entsprechend naheliegenden Fragen konfrontiert, auf die ich nicht antworten konnte, ohne zugleich in innerkirchliche Konflikte zu geraten. Um verständlich zu machen, was ich aus den Berichten der Missbrauchsopfer gehört hatte, wählte ich den Begriff des „katholischen Geschmacks": Missbrauch in der Familie Müller schmeckt nach Familie Müller, Missbrauch in einer reformpädagogischen Institution schmeckt nach Reformpädagogik, Missbrauch in einer katholischen Institution schmeckt katholisch. Die Metapher vom „Geschmack" steht für den überpersönlichen, systemischen Aspekt des Missbrauchs.

Was ist dieser katholische Geschmack? In den Berichten der Opfer kommt er mir entgegen, wenn etwa Eltern ihren Kindern, die versuchen zu sprechen, antworten: „So redet man nicht über einen Priester." Oder wenn ein überzogenes Reinheitsideal dazu führt, dass die Befleckung durch die Missbrauchstat als schlimmer erlebt wird als die Missbrauchstat selbst. Oder wenn sexuelle Erregung beim Missbrauch so scham- und schuldbesetzt ist, dass die Opfer nicht darüber sprechen können, nicht einmal mit sich selbst. Einer der Haupttäter am Canisius-Kolleg war darauf fixiert, Jugendliche zur Masturbation aufzufordern: Der katholische Geschmack dieses Missbrauchs wird deutlich, wenn man die masturbations-fixierte sexualpädagogische Unterweisungsliteratur aus dem katholischen Milieu bis in die 80er-Jahre hinein liest,[14] die ihren tieferen Grund in der Lehre der Kirche über Masturbation selbst hatte und hat, und zwar so, dass man die Verengungen nicht einfach bloß auf ein Missverständnis der Lehre zurückführen kann. Für andere Opfer war der Missbrauch verbunden mit dem Coming-out homosexueller Gefühle, was immer das für die sexuelle Identität im Einzelnen aussagen mag. Der katholische Geschmack wird jedenfalls an der Schuldangst deutlich, mit der sich die Opfer jahre- oder jahrzehntelang quälen. Die Liste der Beispiele ließe sich beliebig verlängern.

Beim Thema Kirche kam es für mich ebenfalls nicht in Frage, den Opfern das Gegenüber zu verweigern, indem ich mit dem Finger auf die Kirche zeige. Das können Außenstehende vielleicht tun. Ich gehöre zur Kirche und repräsentiere sie als Getaufter und speziell auch als kirchlicher Amtsträger. Die auf die Kirche ausgestreckten Finger zeigen auch auf mich. Aus demselben Grund kann ich mich auch den Opferberichten, in denen mir ein schmerzliches Bild von Kirche entgegentritt, nicht entziehen, als hörte ich Geschichten, mit denen ich nichts zu tun hätte; als hörte ich als „good guy" die Geschichten über die „bad guys" im eigenen Laden an. Die Unterscheidung zwischen „good guys" und „bad guys" in der Kirche übersieht, dass sie eine Einladung ist, sich aus der eigenen Entscheidungssituation für oder gegen das Ja zur Kirche herauszuschleichen.

4.2 Kirche der Opfer

Sehr schnell entbrannte intern ein Streit um den Begriff „Täterseite", wie ich ihn für die Begegnung mit den Opfern gebraucht hatte: Als Rektor, Jesuit und Priester stehe ich auf der „Täterseite", weil ich die Institution repräsentiere, die unangemessen reagierte, als sie zum Schutz der Opfer hätte reagieren können. Den Begriff der „Täterinstitution" für die Kirche, den Orden oder das Kolleg lehnte ich ab. Ich kann nachvollziehen, welche Funktion dieser Begriff in der juristischen Sprache hat, wenn eine Institution unter gerichtlicher Anklage steht – und das standen wir ja auch. Aber die juristische Sprache erfasst nicht die ganze Wirklichkeit, auch nicht die der Kirche. Die Mafia ist eine „Täterinstitution". Sie existiert, um Verbrechen zu begehen. Verbrechen in der Kirche oder auch im Namen der Kirche widersprechen hingegen ihrem Existenzgrund – weswegen sie für die Kirche eine Katastrophe sind, während die Mafia bloß Angst davor haben muss, erwischt zu werden.

Als noch gewichtiger aber stellte sich für mich bald heraus, dass es neben der „Kirche der Täter" auch die „Kirche der Opfer" gibt. Es gibt die Unterscheidung von Täter und Opfer auch innerhalb der Kirche. Ein Jesuit, der selbst Opfer von familiärem Missbrauch ist, berichtete mir, wie schwer es für ihn war, sich als Ordensmitglied zugleich zur Zugehörigkeit zur „Täterseite" zu bekennen und sich darin den Opfern als Repräsentant des Ordens nicht zu entziehen. Opfer von Missbrauch durch Priester berichteten, wie ihnen Seelsorge und Glaube Kraft gegeben hätten, mit dem Schmerz zu leben.

Die platte Gegenüberstellung von Kirche und Opfer verdeckt, dass es auch eine Kirche der Opfer gibt. Die Unterscheidung zwischen „Täterseite" und „Opferseite" hilft zwar, den Prozess zwischen Opfern und Institution in Gang zu bringen. Aber die Geschichten der einzelnen Personen sind damit nicht erfasst. Im Gegenteil: Wenn die Gegenüberstellung von institutioneller „Täterseite" einerseits und Opferverbänden andererseits bruchlos auf die jeweils beteiligten Einzelpersonen übertragen wird, dann beginnt neue Gewalt und neues Verschweigen.

Missbrauch grenzt aus. Aber Zugehörigkeit wird durch Missbrauch nicht aufgehoben. Wenn ein Kind in seiner Familie missbraucht worden ist, so gehört es doch immer noch und auch weiterhin zur Familie. Selbst die Ausgrenzung eines Opfers aus seiner Gruppe hebt dessen Zugehörigkeit nicht auf. Dasselbe gilt mutatis mutandis für die Kirche. Es gibt Opfer, die aus der Kirche ausgetreten sind und nie mehr etwas mit ihr zu tun haben wollen. Das ist natürlich zu respektieren. Zu den befremdlichsten Interventionen, die mich zu meinem Brief vom 20. Januar 2010 erreichten, gehörten Stimmen, die mir vorwarfen, mich am Seelenheil der Betroffenen zu versündigen, wenn ich ihren Bruch mit der Kirche respektiere und sie nicht mehr anspreche in der Absicht, sie „zurückzuholen". So schied sich an der Frage des Verhältnisses von Kirche und Opfern auch ganz nebenbei ein übergriffiges von einem respektvollen Missionsverständnis.

Aber es gibt auch die Opfer, die zur Kirche gehören und weiterhin gehören wollen – oder entsprechend zum Kolleg, zum Kreis der Altschüler. Das darf ihnen nicht abgesprochen werden. Eine Sprache über die Kirche, die nur auf ihre „Kriminalgeschichte" abhebt, grenzt die Opfer in der Kirche aus, ihren Glauben, ihre Liebe zu Jesus, ihre Verbundenheit mit der Kirche, ihre Orientierung am Evangelium. Es gibt ja sogar die Fälle, in denen offizielle Repräsentanten der „Täterseite" selbst Missbrauchsopfer waren; das bekannteste Beispiel ist der australische Bischof Geoffrey Robinson, der viele Jahre lang Missbrauchsbeauftragter der australischen Bischofskonferenz war und zugleich selbst Missbrauchsopfer.[15] Grenzlose Anklagesprache, die den Unterschied zwischen Institutionen und Personen nicht mehr wahrt, führte auch in den letzten Jahren bei einigen Missbrauchsopfern zu doppelten Ausgrenzungen: Zum einen wurden Opfer von innen her aus der Kirche ausgegrenzt, weil sie den Missbrauch benannten. Ein zweites Mal wurden sie durch äußeren Druck ausgegrenzt, indem man ihnen einen Vorwurf daraus machte, dass sie in der Kirche blieben.

Zugehörigkeit zur Kirche reicht tief in die eigene Identität hinein. Gerade weil man sich der Kirche so nahe fühlt, ist die Verletzung durch den Machtmissbrauch in der Kirche so bitter. Aber das führt auch zu einer weiteren Entdeckung: In den Geschichten der Opfer von kirchlicher Gewalt treten nicht nur hässliche Seiten der Kirche hervor, sondern in vielen Fällen auch die durch diese Gewalt vielleicht verschüttete, aber nicht erloschene Liebe zur Kirche – und damit auch ein anderes Bild der Kirche. Die Kirche der Opfer ist in diesem Sinne eine Kirche der Armen, insofern der Begriff der „Armen" in der Bibel die Opfer von Gewalt und Ungerechtigkeit bezeichnet. Das weist die Kirche darauf hin, dass sie an ihrem Ursprung eine Kirche der Armen ist, und zwar gerade nicht nur im fürsorglichen Sinne einer „Kirche für die Armen".

4.3 Neuentdeckung der Kirche

So stand und steht paradoxerweise angesichts des Missbrauchsskandals schließlich ein überraschendes Thema an: die Neuentdeckung der Kirche; ich könnte auch sagen: die Entdeckung der unsichtbaren Kirche. Nicht unsichtbar, weil „geistig", sondern unsichtbar, weil verdeckt, übersehen, unscheinbar, an den Rand gedrängt. Die Entdeckung ereignet sich nicht ohne den kritischen, reuigen Blick auf die sichtbare Gestalt der Kirche – die Gestalt jener Kirche, die sich vor die Kameras drängt und vor die sich die Kameras drängen. Die Verstrickung der Kirche in das Imagedenken[16] hat auch diesen kontraproduktiven Aspekt: Die Kirche bekommt sich selbst gar nicht in den Blick und verliert so ihr Subjektsein, ihr Selbst-Bewusstsein. Institutioneller Narzissmus ist das Gegenteil von Selbsterkenntnis (in) der Institution. Selbsterkenntnis macht frei, verborgene Wirklichkeiten, verborgenen Glauben bei anderen zu sehen. Das kirchliche Jammern über Glaubensverdunstung würde schlagartig aufhören, wenn die Kirche sich selbst besser erkennen würde – und darin auch erkennen würde, wie wenig sie von dem gelebten Glauben der unsichtbaren oder kaum sichtbaren Opfer in der Kirche gesehen hat und sieht. Es ist ein besonderer Trick des Institutions-Narzissmus, die Suche nach Selbsterkenntnis der Kirche und in der Kirche als „Nabelschau" zu desavouieren. Das Gegenteil geschieht, wenn der Schmerz über den Machtmissbrauch in den eigenen Reihen dazu führt, neu über sich selbst auch als Kirche nachzudenken. Ein Blick nach vorn wird allerdings nicht möglich sein ohne den kritischen, prüfenden Blick auf sich selbst.

5. Mitwissen und Verantwortung

Eine hartnäckige Gerüchte-Struktur über einen der beiden Haupttäter begleitete mich schon bald nach meiner Ankunft am Canisius-Kolleg 1994. Zwei Einzelmeldungen von Betroffenen, die mir unter dem Siegel der Verschwiegenheit anvertraut wurden, waren mir ebenfalls vor dem Gespräch im Januar 2010 bekannt. Das kann und wurde zum Vorwurf gebündelt: „Sie haben selbst jahrelang alles gewusst und vertuscht." Man muss darauf nicht defensiv reagieren, auch dann nicht, wenn der Vorwurf ungerecht ist. In die Defensive gerät man nur, wenn man den im Vorwurf banalisiert daherkommenden Begriff des „Mitwissens" übernimmt.

Von außerhalb eines Systems erscheint es naheliegend, den Vorwurf des Mitwissens an das System zu erheben, wenn der Missbrauch ans Tageslicht gekommen ist. Aber der Missbrauch kommt in der Regel nur dann ans Tageslicht, wenn er zunächst von Betroffenen her aufgedeckt wird. Eine Schweigespirale kann allein von außen nicht geöffnet werden; die Aufklärung von außen kann erst beginnen, wenn die Schweigespirale von innen her geöffnet wurde. Diese Öffnung von innen her geschieht aber nie ohne eine Vorgeschichte des „Mitwissens". Sie ist ja in den allermeisten Fällen Ergebnis eines Prozesses. Vielleicht kann man sogar verallgemeinern: Die Aufdeckung von Missbrauch schließt grundsätzlich die nachträgliche Erkenntnis ein, dass man die Symptome nicht als Symptome erkannte, obwohl man sie kannte – wie immer man dann auch von Fall zu Fall differenzieren darf und muss. Der Fall von Klaus Kinski[17] macht diesen Zusammenhang überdeutlich: Kinski inszenierte seinen Hang zur Gewalt öffentlich, und gerade die Öffentlichkeit der Symptomatik war sein bester Schutz. Niemand wollte die Inszenierung als Symptom sehen. Das bedeutet im Umkehrschluss, dass sich die meisten Mitwisser erst im Moment des Sichtbarwerdens des Missbrauchs als Mitwisser begreifen. Nachträglich ist man immer schlauer.

Noch einmal zu den Opfern: Der Sondercharakter des Verbrechens sexualisierter Gewalt besteht darin, dass es im Vertrauensraum stattfindet. In diesem Raum gelingt es dem Täter, die Gewalttat als Liebesakt, als pädagogische Maßnahme, als gerechte Strafe oder als was auch immer zu verkaufen. Das Opfer „weiß" dann zwar um alle Details der Missbrauchstat, kann sie aber oft noch gar nicht mit eindeutiger Klarheit als Missbrauchstat deuten. Es bedarf eines Selbsterkenntnisprozesses, um sich als Opfer zu erkennen. Dieser Prozess kann unterschiedlich lange dauern. In den meisten Opfergeschichten, die ich gehört habe, gibt es jedenfalls den Moment, in dem der

Groschen fällt. Plötzlich ergeben die Fakten, die ich immer schon kannte, einen Sinn, entschlüsseln sich, offenbaren ihren symptomatischen, hinweisenden Charakter auf den Missbrauch. Vergleichbares geschieht im systemischen Umfeld des Missbrauchs – Familie, Schule, Gemeinde, BBC, Zirkus, Heim. Man müsste für das Wort „Mitwissen" mehrere Wörter erfinden, um hier differenzieren zu können. Die Aufdeckung von Missbrauch führt innerhalb des Systems dazu, dass viele Personen, nicht nur die Opfer, sich zugleich als Mitwisser entdecken. Darin liegen Chancen, sowohl für die Aufklärung als auch für die notwendigen Veränderungen im System.

Im Canisius-Kolleg sprach der eine der beiden Haupttäter gern penetrant und öffentlich in angeblich pädagogischer, aufklärerischer Absicht das Thema Masturbation an. Der andere Täter, der exzessiv sadistische Prügelstrafen ausführte, trug unter den Mitschülern den Spitznamen jener Affenart, die ein rotes Hinterteil hat. Im Bonner Aloisiuskolleg, meiner alten Schule (1966–1973), wurden Porträtfotos von Mitschülern im ganzen Internatsbereich ausgehängt. Wir Schüler und später wir Jesuiten feixten darüber, zumal wir beim Anblick der Fotos intuitiv nicht ausschlossen – und die Intuition doch nicht ganz zuließen, weil sie uns zu undenkbar erschien –, dass manche von unseren Mitschülern auch nackt vor der Kamera des Paters posiert haben könnten. Gerüchte über sadistische Strafpraktiken machten auch bald die Runde in Schülerkreisen. Ich füge hinzu: Meine eigene Zeit am Aloisiuskolleg war eine glückliche Zeit. Ohne das Aloisiuskolleg wäre ich wohl nicht Jesuit geworden. Ich bin meiner Schule bis heute dankbar. Und dennoch lässt sich nach den Enthüllungen von 2010 nicht von der Hand weisen, dass ich schon als Mitschüler und auch später als Jesuit ein „Mitwisser" war, eine Ahnung hatte, der ich nicht weiter nachging. Je öffentlicher die Symptomatik, desto mehr ist das

Milieu in den Missbrauch mit einbezogen, ohne es zu merken, oder besser gesagt: ohne zu merken, dass es etwas merkt. Denn irgendwo und irgendwie spürt man ja etwas.

An dieser Stelle kommt die Verantwortung ins Spiel: Solange ich nicht weiß, dass ich weiß, bin ich noch nicht in der Verantwortung. Sobald ich aber mein Mitwissen entdecke, und sei es auch nur rückblickend, stehe ich in der Verantwortung. Ich kann mich dann nicht auf den Satz zurückziehen: „Ich habe nichts gewusst", außer wenn er wirklich wahr ist. So hat das Jahr 2010 für viele eine Blickwende auf die Systeme gebracht, in denen sie leben – weil es eben für die Beteiligten auch eine Blickwende auf sich selbst mitgebracht hat.

Dasselbe Prinzip gilt auch für das Verhältnis des einzelnen Gläubigen zur Kirche, wenn in ihr Machtmissbrauch aufgedeckt wird. In dem Moment, in dem es geschieht, entdecke ich nicht nur etwas über die anderen in der Kirche, sondern auch über mich in der Kirche, über mein Mitwissen. Genau daraus entsteht das Mandat, Mitverantwortung zu übernehmen für die Kirche, ohne dabei mit selbstgerechtem Gestus bloß und immer auf die anderen in der Kirche zeigen zu müssen. Es ist die Gelegenheit zur *Metanoia* (Mk 1,14), zur Umkehr, wie der christliche Glaube sie versteht. Die Umkehr des Einzelnen und die Umkehr des Ganzen hängen zusammen, sie ergänzen einander wie kommunizierende Röhren. Wissen um Mitwissen ist nichts, was man defensiv abwehren muss, wenn es einem vorgeworfen wird. Im Gegenteil: Der Vorwurf ist, auch wenn er einem im Ton der Selbstgerechtigkeit, der Übertreibung oder Unterstellung entgegenschlägt, die Gelegenheit zur Selbstprüfung. Christlich ausgedrückt: Vor Gott kann ich mich nicht verstecken, und ich brauche es auch nicht zu tun, denn er nimmt mich auch als Sünder an.

Man könnte hier einwenden, das sei ein überzogenes Verantwortungsgefühl, verbunden mit einer Tendenz zur Selbststeinigung. Die christliche Rede von der „Erbsünde" bringt da eine hilfreiche Unterscheidung: Es gibt eine Verstrickung in Zusammenhänge, an der man nicht im persönlich-moralischen Sinne schuld ist, die einen aber doch mit hineinnimmt in die Verantwortungsgemeinschaft für das Ganze. Und eine andere tröstliche Wahrheit kennt der christliche Glaube ebenfalls: Für das Heil des Ganzen ist nur Gott voll verantwortlich. Für die einzelne Person geht es nur darum, auf dem Posten zu stehen, der ihr zugewiesen ist. Wie sich das Ganze zusammenfügt zu einer Geschichte der Heilung und Versöhnung, muss man dabei nicht schon wissen. Das genau ist die Stelle, an der Gott zum Vertrauen einlädt.

TEIL II
Das Problem mit der Macht

I. Krisensymptome

1. Thematische Erweiterung

Machtmissbrauch durch sexualisierte Gewalt gegenüber Schutzbefohlenen ist der monströse Fall, der zwei Themen unübersehbar auf die Tagesordnung setzt, die schon vorher aufgrund anderer Erfahrungen in der Kirche für viele Katholiken belastet waren und sind: Macht und Sexualität. Da es auch bei sexualisierter Gewalt im Kern um den Missbrauch von Macht geht, kann man sogar zuspitzen: Die Schlüsselfrage ist die nach dem Umgang mit Macht in der Kirche. Das Vertrauen in der Kirche gegenüber ihren Leitungs- und Entscheidungsstrukturen ist erschüttert – die Erschütterung ist durch das Aufdecken der Missbräuche nur noch deutlicher geworden. Das wirkt sich auf die Akzeptanz von Äußerungen des Lehramtes aus, insbesondere wenn es um Fragen der Sexualität geht. Wenn sich inzwischen immer mehr Katholiken, auch Kleriker, offen zu einer von der offiziellen Disziplin abweichenden Praxis bekennen – etwa die Zulassung wiederverheirateter Geschiedener zur Kommunion –, dann wird hier auch eine Krise der Macht in der Kirche deutlich.

Der Präsident des Zentralkomitees der deutschen Katholiken, Alois Glück, sagte am 16. April 2010: „Für mich war eine wichtige Erfahrung aus vielen Gesprächen der letzten Monate, wie viele engagierte Laien ich im Gespräch erlebt habe, die gleichzeitig verletzt sind, auf dem Weg der Resignation sind. Und ich habe das auch immer wieder in meinen Gesprächen mit mehreren Bischöfen zum Ausdruck gebracht. Es sind Alarmzeichen. Und in dieser ohnehin labilen, von wachsenden Spannungen, auch Enttäuschungen, Entfremdungen geprägten inneren Situation kommt nun mit dieser Wucht diese bittere Erfahrung des Missbrauchs."[18] Man kann das auch fortführen und sagen: Die Wucht der bitteren Erfahrungen des Missbrauchs schärft noch einmal den Blick auf andere Verletzungen, auf die Ohnmacht und Resignation bei vielen engagierten Katholiken. Die Vertrauenskrise in der Kirche kann nicht auf die Fälle des sexuellen Missbrauchs allein reduziert werden. Deswegen muss das Thema erweitert werden.

„Organisationen werden verändert und können im Prinzip abgeschafft werden, Institutionen wandeln sich und kehren immer wieder."[19] Wandel gefährdet Institutionen nicht in ihrer Existenz, im Gegenteil. Das gilt auch für die Kirche. Aber Vertreter von Institutionen neigen meist dazu, die kritische Überprüfung ihrer Strukturen mit dem Infragestellen ihrer Existenz zu verwechseln. Bisher ist es der Kirche jedenfalls nicht wirklich gelungen, die Vertrauenskrise als „Zeichen der Zeit" zu verstehen, um grundsätzliche Fragen an die eigenen Strukturen, das eigene System, das eigene Denken zu stellen. Entweder rechnet man Machtmissbrauch und das institutionelle Versagen Einzelpersonen zu, oder man beschränkt sich auf Maßnahmen, die – so wichtig sie sind – nicht ans Eingemachte gehen. Im Fall des sexuellen Missbrauchs bedeutet dies zum Beispiel: erweitertes polizeiliches Führungszeugnis für Seelsorger, Veränderung und Präzisierung von Richtlinien, Anzeigepflichten, wissenschaftliche Untersuchungen über Täterprofile, Fortbildungsmaßnahmen, strengere Anforderungen und Aufnahmekriterien für seelsorgliches Personal und für Priesteramtskandidaten (die allerdings bis heute von einzelnen Bischöfen und Ordensgemeinschaften unterlaufen werden). Das alles ist wichtig, setzt sich aber auch, wenn es dabei bleibt, leicht dem Verdacht aus, bloßer Aktivismus zu sein, um nach außen hin etwas vorweisen zu können.

2. Gesamtkirchliche Dimension

2010 ist für die Kirche in Deutschland ein Schlüsseljahr geworden. Der Kirche wurde bewusst, dass Missbrauch nicht nur, wie bis dahin behauptet, ein Thema der Kirche in den USA, in Irland und in anderen angelsächsischen Ländern ist. Die Kirchenleitung im Vatikan scheint zu reagieren und das Problem als eigenes zu begreifen – wenn auch gegen massive Widerstände. Diese Entwicklung mag gefördert worden sein durch die Tatsache, dass mit Papst Benedikt XVI. bis zum Frühjahr 2013 ein Deutscher Papst war, der über die Aufdeckungen in Deutschland phasenweise selbst von der Presse ins Visier genommen wurde – was Kardinalstaatssekretär Angelo Sodano Ostern 2010 zu dem kontraproduktiven Versuch verleitete, den Papst vor dem „Geschwätz der Welt" in Schutz zu nehmen; manche Papstverteidiger schaden dem Papst mehr als alle seine Kritiker. Benedikt XVI. hatte schon vor 2010 Signale der Bereitschaft zur Aufklärung von sexuellem Missbrauch in der Kirche gesetzt. Insofern liegt es auf der Linie seines Pontifikates, offen für das Thema Missbrauch als weltkirchliches Thema zu sein. Sprach man Johannes Paul II. zum Beispiel auf die Vorwürfe gegen den Gründer der Legionäre Christi, Marcial Maciel an, so reagierte er ungehalten. Anders sein Nachfolger; er ließ das Doppelleben Maciels aufdecken – inzwischen nicht die einzige Gemeinschaft, deren Gründer oder Gründerkreis als Missbrauchstäter enttarnt wurde.

Auf dem Kongress *Unterwegs zu Heilung und Erneuerung* an der päpstlichen Universität Gregoriana im Februar 2012 sagte Stephen Rossetti vor 200 Bischöfen aus allen Kontinenten:

> „Als die ersten Fälle von sexuellem Kindesmissbrauch öffentlich wurden, gingen die meisten davon aus, dass es sich um isolierte Vorfälle handelt. Ja, gaben einige Bischöfe zu,

leider gibt es diesen einen Fall von sexuellem Missbrauch, aber es ist ein seltener Fall. In aller Welt sagten die Kirchenführer: Das ist nur ein amerikanisches Problem. Als dann weitere Fälle in anderen Ländern auftauchten, sagten sie: Das ist ein Problem der englischsprachigen Länder. Dann, als sich der Kreis des Missbrauchs weitete, hieß es: Das ist ein Problem des Westens. Die Grenzen wurden immer weiter ausgedehnt, aber jedes Mal sagten die Kirchenoberen: Bei uns passiert so etwas nicht. Eine vor nur zehn Monaten veröffentlichte Metaanalyse zeigt, dass sexueller Kindesmissbrauch in Afrika, Asien, Australien, Europa, Süd- und Nordamerika in ähnlich hohem Maße vorkommt. Die Weltgesundheitsorganisation schrieb in ihrem Bericht zum sexuellen Missbrauch 2002: Der Missbrauch und die Vernachlässigung von Kindern stellen weltweit ein ernstes Gesundheitsproblem dar. Dieses Problem betrifft alle Generationen, sozialen Schichten und Gesellschaften."[20]

Zu den Verdrängungstricks in der aktuellen innerkirchlichen Debatte gehört, Erfahrungen oder Probleme in einem bestimmten Land, zum Beispiel in Deutschland oder im „Westen", als regionales Phänomen kleinzureden. Aber selbst wenn Missbrauch nur ein regionales Phänomen wäre, so hätte es dennoch Bedeutung für das Ganze. „Wenn ein Glied leidet, leiden alle Glieder mit; wenn ein Glied geehrt wird, freuen sich alle mit", schreibt Paulus über die Kirche (1 Kor 12,26). Anders sehen das diejenigen, die zur Verteidigung der Gesamtkirche auf die angeblich dekadente Kirche des Westens hinweisen und deren Auseinandersetzungen und Fragen zu Minderheitsphänomenen in der globalen katholischen Kirche erklären. Solches Reden kommt im Übrigen aus einer machtpolitischen, strategischen Sicht auf die Kirche – als ob ein Problem deswegen, weil es nur das Problem einer Minderheit wäre oder nur von einer

Minderheit artikuliert wird, nicht alle angehen würde, gerade dann, wenn man die Leib-Metapher für die Kirche ernst nimmt. Aus der Tatsache, dass in anderen Ländern nicht über Missbrauch gesprochen wird, kann man im Übrigen nicht schließen, dass dort kein Missbrauch geschieht. Aber es ist eben auch ein Irrtum zu meinen, dass die Fragen, die sich aus den partikulären seelsorglichen Erfahrungen in Deutschland und anderen Ländern des Westens heraus an die künftige Gestalt der katholischen Kirche ergeben, sich nur dort stellten. Partizipation aller Getauften an der Leitung der Kirche, Stellung der Frau in der Kirche, Diskriminierung von Homosexuellen, Pflichtzölibat, interreligiöse Begegnung, Lebensschutz – wie immer man im Einzelnen zu diesen Themen steht: All das sind nicht nur Modethemen im westlichen Katholizismus. Beispiel: In seinem Interviewbuch *Licht der Welt* machte Benedikt XVI. im Herbst 2010 eine Aufsehen erregende Bemerkung zum Thema HIV/AIDS: Es könne „begründete Einzelfälle geben, etwa wenn ein Prostituierter ein Kondom verwendet, wo dies ein erster Schritt zu einer Moralisierung sein kann, ein erstes Stück Verantwortung, um wieder ein Bewusstsein dafür zu entwickeln, dass nicht alles gestattet ist und man nicht alles tun kann, was man will".[21] Auf dem zeitgleich tagenden AIDS-Kongress der UNESCO in Nairobi interviewten Journalisten einen katholischen Vater aus Kenia zu dieser Äußerung. Er rief in die Mikrofone: „Bisher habe ich meine Frau mit schlechtem Gewissen geschützt, jetzt schütze ich sie mit gutem Gewissen. Danke, Heiliger Vater." Plötzlich schien die Tür für einen Abwägungsspielraum bei der Verhütungsfrage durch die Äußerung des Papstes einen Spalt geöffnet. Der Vorgang zeigte blitzlichtartig: Nöte mit der kirchlichen Sexualmoral sind nicht nur Nöte, die Menschen im Westen haben.

3. Hasssprache

Die Kirche ist nicht dahingehend entweltlicht, dass Hasssprache und Shitstorm[22] unter Christen und Katholiken tabu wären. Auch innerkirchlich hat das Internet die Lage und die Gewichte in der öffentlichen Diskussion verschoben und durch Missbrauch viel Vertrauen beschädigt. Die innerkatholische Hasssprache hat ihren Ton in der Zeit des Pontifikates von Benedikt XVI. verschärft. Die Ehre, sie zu zitieren, sei ihr hier nicht angetan.[23] Katholische Hass-Mailer und Hass-Blogger verbinden oft mit ihrer angeblichen Papsttreue – papstkritischen Hass-Mailern bin ich nur außerhalb der Kirche, nicht in der Kirche begegnet – den Anspruch, die wahren Verteidiger der Kirche zu sein. Sie ziehen gegen andere Katholiken einschließlich Bischöfen zu Felde, wenn diese auf Kratzer im Lack der Kirche aufmerksam machen. Die Reizwörter, die sie zum Toben bringen, lauten: „Geist des Konzils", „Ökumene", „Frauenordination", „Theologenmemorandum",[24] „Zentralkomitee der deutschen Katholiken"[25] und so weiter. Gelegentlich werden Sprachregelungen und Thesen aus diesem Milieu in seriöseren Medien aufgegriffen und finden dann Eintritt in bürgerliche Kreise. Totschlagargumente und Diffamierungen bekommen so einen seriösen Anstrich.

Der Zwilling der Hasssprache ist die Verschwörungstheorie. Hasssprache übt Gewalt aus, die Verschwörungstheorie bringt die gleichzeitigen Ohnmachtsgefühle zum Ausdruck. Gewalt und Ohnmachtsgefühl hängen zusammen. So verwundert es nicht, dass neben der Hasssprache auch Verschwörungstheorien in der Kirche aufkommen, die bis in höchste Kreise und in die Öffentlichkeit hinein Akzeptanz finden. Beispiel: In den Wochen vor und nach dem Papstbesuch 2011 griffen prominente Medien eine Verschwörungstheorie auf,[26] als handelte es sich um eine echte Nachricht. Die Theorie basierte auf der

Unterstellung, Teile der Bischofskonferenz, der Jesuitenorden in Deutschland, eine Gruppe von CDU-Politikern und andere verdächtige Kreise planten in Deutschland eine nationalkirchliche Abspaltung von der römischen Kirche. Sie hätten im Januar 2010 den Missbrauchsskandal inszeniert als Auftakt einer Reihe von Aktionen wie dem Theologenmemorandum, dem Vorschlag einiger katholischer CDU-Politiker, *Viri probati* – verheiratete Männer – zu Priestern zu weihen, der Forderung des Zentralkomitees der deutschen Katholiken, Frauen zu Diakoninnen zu weihen, und so weiter. Interessierte Kreise trugen diese Verschwörungstheorie weiter.

Beiträge aus eingebildeten Welten heraus haben eine einschüchternde Wirkung insbesondere dann, wenn sie das Bewusstsein ihrer eigenen Virtualität verloren haben. Sie sind immun gegen Kritik und treten deswegen oft mit dem Gestus großer Selbstsicherheit auf. Es entlastet die eigene Vernunftaktivität, die anderen für das Problem zu halten. Einschüchterung hilft auch beim Weghören. Ein Geisterfahrer, der alle ihm entgegenkommenden Autos für Geisterfahrer hält, kann seine Bahn selbstbewusst weiterfahren und dabei auch noch aufs Gaspedal drücken, so dass die anderen Autofahrer tatsächlich beginnen, an sich selbst zu zweifeln – oder doch zumindest versuchen, mit dem Geisterfahrer nicht zusammenzuprallen. Es gibt gegenwärtig in der katholischen Kirche ein Netzwerk von Geisterfahrern, das sich selbst immer tiefer in die eigene virtuelle Welt aus Lagertheorien, Kirchenkampfvisionen und Verschwörungstheorien verstrickt, aber zugleich Macht ausübt. Auch die Kirchenleitung lässt sich davon einschüchtern. Das ist die bittere Erfahrung vieler in der katholischen Kirche heute. Sie geht an die innerkirchliche Vertrauenssubstanz. Mit dem neuen Pontifikat verbindet sich auch ganz besonders die Hoffnung, dass diese Netzwerke zugunsten größerer Transparenz gekappt werden.

Einige Stichworte, die in den letzten Jahren aus Rom zu hören waren, sind geeignet, die virtuellen Wahrnehmungswelten zu bestätigen, insbesondere das Wort von der „Diktatur des Relativismus". Man kann den Begriff natürlich auch richtig verstehen. Nietzsches Hass auf das Christentum war in der Tat ein Hass auf den „Christenglauben, dass Gott die Wahrheit, dass die Wahrheit göttlich ist".[27] Der Kampf gegen Wahrheitsansprüche hat in den Zeiten neuer Gewaltexzesse im Namen Gottes zusätzlich an Brisanz gewonnen. Beispiel: die Berliner *Pro-Reli*-Kontroverse in Berlin im Jahre 2008/2009, ausgelöst durch den „Ehrenmord" an einem muslimischen Mädchen und durch die Einführung eines allgemein verbindlichen Werte-Fachs durch den Berliner Senat. Dort wurde sichtbar, dass es auch in Deutschland einen Laizismus gibt,[28] der sich die Verdrängung von Kirche und Religion aus dem öffentlichen Leben auf die Fahnen geschrieben hat, sowie den Kampf gegen Religionen überhaupt, weil in religiösen Wahrheitsansprüchen die eigentliche und tiefste Ursache von Gewalt erblickt wird. Nur relative „Wahrheiten" seien mit Demokratie und Toleranz vereinbar.

Doch in den virtuellen Welten krawallkatholischer Herkunft feuert der Begriff der „Diktatur des Relativismus" die Vorstellung an, gläubige und romtreue Katholiken würden in Deutschland und in der westlichen Kultur verfolgt, weil sie Wahrheitsansprüche geltend machen – verfolgt von der Moderne, von modernistischen Katholiken, von den eigenen Leuten, von Verrätern, von Demonstranten, von Gesetzen, von Gerichten. Die Leidensgeschichten von Opfern kirchlicher Pastoral, die um ihr Vertrauen in der Kirche ringen, wirken hier bloß provozierend. Der Irrtum immunisiert gegenüber Selbstkritik und rationaler Argumentation, je tiefer man sich in die Vorstellung hineinsteigert, selbst Opfer zu sein. Hasssprache und Verschwörungstheorien sind nur der sichtbare und auch entlarvende Höhepunkt solcher Einbildungen und gefühlten Realitäten.

4. Denunziation

Jesus bringt den Sturm auf dem See Gennesaret mit einem Machtwort zur Ruhe: „Er drohte dem Sturm und sagte zu dem See: Schweig, sei still!" (Mk 4,39). Von der Hierarchie ist bisher kein Machtwort zu hören gewesen gegen Hasssprache und Verleumdung von Katholiken durch die eigenen Leute, jedenfalls keines, das die Kraft hätte, Grenzen zu markieren. Im Gegenteil: Viele Bischöfe machten selbst bis vor Kurzem den Eindruck, als ließen sie sich einschüchtern.[29] Vertrauenskrise und Leitungskrise hängen unmittelbar zusammen, wenn die Leitung auf Druck reagiert und sich beugt. Veranstaltungen werden von oben abgesagt, weil sich Stimmen gemeldet haben, welche die angeblich mangelnde Katholizität von Referenten beklagen.[30] Der „Dialogprozess", zu dem die Deutsche Bischofskonferenz im Herbst 2010 einlud, wird nachträglich in „Gesprächsprozess" umbenannt,[31] weil heftiger Protest gegen den Begriff „Dialog" aufbrandet – „Dialog" habe mit Augenhöhe der Gesprächspartner zu tun, die nach katholischem Verständnis aber zwischen Hierarchie und Laien gar nicht möglich sei. Papst Benedikt XVI. vermied es bei seinem Deutschlandbesuch, in diesem Streit ein Machtwort zu sprechen.

Es unterblieb bisher auch ein Machtwort gegen das Denunziantenwesen, welches das Vertrauen und die Rechtskultur in der Kirche untergräbt. Die Forderung des Theologenmemorandums nach einer innerkirchlichen Gerichtsbarkeit spricht genau diesen Punkt zu Recht an.[32] Dazu gehört auch die Klärung von Denunziationsverfahren. Der Begriff *denuntiatio* kann im Sinne von „Beschwerde" verstanden werden. Dazu stellt das Evangelium eine Vorgehensweise vor: „Wenn dein Bruder sündigt, dann geh zu ihm und weise ihn unter vier Augen zurecht" (Mt 18,15). Das Prädikat „sündigt" steht ohne Objekt. Es geht nicht um eine Situation, in der ich mich wehren

Das Problem mit der Macht

muss, weil mir selbst von einem Gemeindemitglied etwas angetan wird. Vielmehr geht es darum, eine Person zurechtzuweisen, wenn sie „sündigt" – das heißt wenn ich sehe, dass sie etwas tut, was einem Dritten Unrecht tut oder sonst Unrecht ist. Solches Sprechen verlangt Tapferkeit gegenüber dem „Bruder", das heißt: Tapferkeit gegenüber den eigenen Leuten, zur Not auch gegenüber einer Autoritätsperson in der Gemeinde. Wenn diese „brüderliche Zurechtweisung" nichts bewirkt, „dann nimm einen oder zwei Männer mit, denn jede Sache muss durch die Aussage von zwei oder drei Zeugen entschieden werden (vgl. Dtn 19,15). Hört er auch auf sie nicht, dann sag es der Gemeinde ..." (Mt 18,16ff).

Jeder Schritt in diesem Verfahren ist darauf bedacht, ein faires Verfahren zu ermöglichen, das gerade auch dem Gescholtenen Transparenz garantiert. Es geht um die Konfliktfähigkeit in der christlichen Gemeinde. Was aber in der katholischen Kirche in den letzten Jahren zugenommen hat, hat mit diesem Verfahren nichts zu tun, auch nichts mit gutem Konfliktmanagement, sondern mit dem, was man gemeinhin „petzen" nennt. Die Petzer haben die Macht. Eine kleine Schicht von Denunzianten petzt nach oben, die Leitung nimmt die Denunziation an und gibt zugleich den Denunzianten Anonymitätsschutz. Der Denunzierte steht unter Rechtfertigungsdruck, nicht der Denunziant. Das ist Alltagserfahrung für viele in der Kirche bis in bischöfliche Kreise hinein.

Inzwischen gibt es in der katholischen Kirche Gruppen, die sich öffentlich dazu bekennen, Petzer zu sein. Sie handeln nach ihrem Selbstverständnis aus Notwehr. Hier wiederholt sich das falsche Opfergefühl. Priester müssen damit rechnen, dass solche Leute in ihren Gottesdiensten dabei sind und genau beobachten, ob es zu einer Irregularität kommt. Schulleiter müssen damit rechnen, dass die nichteheliche Beziehung einer Kollegin an das Ordinariat gemeldet wird. Sozialarbeiter müssen damit rechnen, dass ihnen ihr Kontakt mit dem Strichermilieu als persönliche Verstrickung als Kunde angelastet wird. Manche von den Petzern halten ihr Tun für ein heiliges Werk. In ihrem Vokabular kommt das Wort „reinigen" besonders oft vor: Sie wollen die Kirche „reinigen", säubern. Mit demselben Vokabular reagieren sie übrigens auch auf die Missbrauchsfälle, sofern sich diese nicht mehr leugnen lassen: Die Kirche müsse von den Tätern „gereinigt" werden, sie gehörten „ausgemerzt", damit die Kirche wieder rein ist, sprich: damit „wir" wieder „unter uns" sind. Reinheitsfanatismus und Gewalt sind ein altbekanntes Paar des Schreckens.

Selbstverständlich gibt es einen Anspruch der Gläubigen darauf, dass die Verantwortlichen ihr Amt ernst nehmen und ihnen zum Beispiel für Gottesdienste nicht einfach ihre privat gezimmerte Liturgie zumuten oder in der Seelsorge kirchliche Regularien willkürlich aussetzen. Es gibt durchaus auch einen Machtmissbrauch auf der mittleren Ebene vor Ort, wenn Prediger nicht mehr das Evangelium, sondern sich selbst verkünden, wenn sie ihr Amt nutzen, um sich gegen die Kirche oder gegen das kirchliche Dogma zu profilieren, oder wenn sie die Liturgie zur Selbstdarstellung gebrauchen. Es gibt für Amtsträger eine Pflicht zur Beachtung der Richtigkeit gegenüber der vorgegebenen Form und der vorgegebenen Lehre. Aber auf der anderen Seite verengt das Petzen die pastoralen Spielräume, weil immer und sofort die äußere Regelkonformität in den Vordergrund rückt.

Ein Beispiel von vielen aus dem seelsorglichen Alltag: Ein Paar heiratet standesamtlich in der Studentenzeit. Beide sind Katholiken, aber aus der Kirche ausgetreten. Durch ihre Kinder bekommen sie neuen Zugang zur Kirche, treten wieder in die Kirche ein und engagieren sich in der Gemeinde sehr aktiv. Erst als die älteste Tochter zur Erstkommunion geht, kommt heraus, dass das Paar zwar standesamtlich, aber nicht kirchlich

Das Problem mit der Macht

verheiratet ist. Das wird zum Bischof verpetzt. Der Pfarrer der Gemeinde, der diesen Umstand bisher nicht kannte, wird von oben aufgefordert, dem Paar die Kommunion zu verweigern, bis sie kirchlich geheiratet hätten. Es entspricht den Regularien der katholischen Kirche, dass katholische Paare, die sich entscheiden, sich nicht katholisch trauen zu lassen, nicht zur Kommunion zugelassen werden. Damit ist die Situation sofort so zugespitzt, dass eine andere Lösung gar nicht mehr möglich ist – zum Beispiel die, das Paar auf dieses Thema aufmerksam zu machen und die Angelegenheit ohne äußere Bloßstellung zu lösen zu versuchen. In diesem konkreten Fall weiß das Paar nicht einmal um die Regelung. Es fühlt sich aber durch die Verweigerung der Kommunion nun so verletzt, dass es sich aus der Kirche wieder zurückzieht und die nächsten Jahre für das Gemeindeleben verloren ist. Mit solchen Erfahrungen beginnen in der Regel die Kirchenaustrittsgeschichten. Oft waren es auch und gerade solche Erfahrungen, die das Fass schon an den Rand gefüllt hatten, so dass es nur noch des Tropfens namens „sexueller Missbrauch" bedurfte, um der Kirche ade zu sagen. Das Vertrauen war in vielen Fällen schon beschädigt, bevor die Entscheidung fiel, es aus dem neuesten Anlass heraus endgültig zu kündigen.

Petzen – im Sinne des anonymen Anzeigens und intransparenten Vorgehens – ist ein archaischer Mechanismus, den Eltern, Lehrer und Erzieher aus der täglichen Praxis kennen. Darauf einzugehen zerstört das Vertrauen in einer Gruppe und auch das Vertrauen gegenüber Autoritäten. Beim Petzen wird Gewalt von unten nach oben weitergereicht, um dann wieder von oben nach unten zurückgegeben zu werden. Beim Petzen verbündet sich Gewalt von unten mit Gewalt von oben. Petzen verstärkt den Kreislauf der Gewalt.

Petzen kann durch ein Machtwort der Autorität unterbunden werden, das Transparenz und Dialog neu ermöglicht. Das setzt allerdings ein klares Urteil voraus, das taktische Erwägungen in die zweite Reihe verweist. In weiten Kreisen der katholischen Kirche hat sich das Gefühl breitgemacht, dass dieses Machtwort unterbleibt. Die Hoffnung, dass sich im neuen Pontifikat etwas bewegt, regt sich zwar zaghaft. Aber je tiefer sich das Prinzip des Petzens in den letzten beiden Pontifikaten systemisch verfestigt hat, desto schwerer wird es werden, aus dieser Falle wieder herauszukommen. Denn einige haben von diesem System auch erheblich profitiert. Nicht einmal der *Vatileaks*-Bericht scheut in diesem Zusammenhang davor zurück, den Begriff der „Seilschaften" zu verwenden, die in der vatikanischen Kurie ihre Spiele spielen. Es wäre naiv zu meinen, dass diese sich auf die Kurie beschränken.

Selbst höhere kirchliche Autoritäten flüsterten in den letzten Jahren hinter vorgehaltener Hand, dass sie leider jetzt nicht alles sagen können, weil sie die Denunzianten in den eigenen Reihen fürchten, zum Beispiel den Mitbruder, der sich im Fall der Fälle nicht scheut, seinen Bischof (ohne vorheriges Gespräch im Sinne von Mt 18,16) beim örtlichen Nuntius anzuzeigen. Es ist eine verkehrte Welt. Missbrauchsopfer suchten Gehör und fanden es nicht, Denunzianten suchen Gehör und finden es. Es ist deswegen immerhin ein Schritt, wenn Kardinal Marc Ouellet auf dem genannten Kongress *Heilung und Erneuerung* erklärte: „Der erste Schritt auf dem Weg zu Heilung und Erneuerung besteht darin, zuzuhören und den Opfern zu glauben."[33] Aber wer zuhören will, muss auch weghören können. Wer das Ohr voll von Denunziationen hat, ist schwerhörig für die Geschichten von Opfern, zumal dann, wenn die Denunzianten sich als die Musterschüler des *sentire cum ecclesia*[34] geben, während die Opfer Geschichten zu erzählen haben, bei denen die Kirche nicht so gut dasteht.

5. Taubheit

Opfer haben erlebt, dass ihre Geschichten nicht auf die Tagesordnung der Kirche kommen sollen: „Ich will das nicht mehr hören." Lufthoheit über die Tagesordnung innezuhaben ist ein entscheidender Machtfaktor. Der nackte Machtgestus macht sprachlos. Wer über die Tagesordnung bestimmt, sagt bei unliebsamen Themen ganz einfach: „Ich will darüber nicht sprechen", und treibt damit die Leute in die Resignation oder in die offene Rebellion.

Aus der erzieherischen Tätigkeit sei zunächst einmal die Erfahrung beigesteuert, dass es Situationen geben kann, in denen Eltern einem Kind oder Lehrer einem Schüler tatsächlich sagen müssen: „Schluss mit der Diskussion." So kann es auch in der Kirche vergleichbare Situationen geben, in denen ein Machtwort ansteht, das eine Debatte oder Streitigkeit beendet. Ob das Machtwort hilfreich ist oder nicht, erweist sich erst aus der Rückschau, nämlich dann und daran, ob die Diskussion auch tatsächlich aufgehört hat oder nicht. Wenn Machtworte nicht funktionieren, helfen weitere Machtworte auch nicht weiter. Die Autorität macht sich so nur lächerlich und verliert dadurch noch mehr Vertrauen.

Die Stärke der Kirche müsste eigentlich gerade ihre Sprachfähigkeit sein. Die Fragen, die sich für die Alte Kirche aus der Begegnung mit der antiken Welt ergaben, wurden mehrere Jahrhunderte lang auf den Konzilien debattiert – begleitet von einer leidenschaftlichen gesamtkirchlichen Auseinandersetzung, von Demonstrationen, öffentlichen Anhörungen, Lagerbildungen. Das Ende der Debatte durch ein schlichtes Machtwort gelang nicht. Die christologischen Dogmen, die dieser Geschichte entsprungen sind, waren Kompromissformeln, die ihre Wahrheit auch darin erwiesen, dass sie eine befriedende Wirkung hatten. Erinnert sei beispielsweise an die Formulierung, dass „göttliche und menschliche Natur" in Christus „unvermischt" und „ungetrennt" zusammen sind. Das war eine Weise, etwas dadurch zu umschreiben, dass man sagt, wie es sich nicht verhält. Die dogmatischen Formulierungen waren, so könnte man es auch sagen, Machtworte, die in einem Nein gegen die „Häretiker" bestanden. Häretiker waren daran zu erkennen, dass sie einen Aspekt aus dem Ganzen herausgriffen und absolutsetzten. Das ermöglichte es ihnen dann auch, mit größerer Leichtigkeit zu sagen, wie es sich – positiv – genau verhält. Dagegen bestritten und bestreiten die dogmatischen Formulierungen – negativ – die Reduktionen und Simplifikationen der Häretiker, die es immer genau wissen.

So ging es in der Geschichte der Kirche immer weiter. Das aktuellste Beispiel aus der Liturgiegeschichte: Papst Paul VI. führte im Auftrag des Konzils 1962 eine Liturgiereform durch und verbot zugleich, die bis dahin allgemein praktizierte tridentinische Liturgie zu feiern. Doch das Machtwort funktionierte nicht. In einigen katholischen Kreisen blieb der Wunsch lebendig und drängend, die tridentinische Messe weiter feiern zu können. Papst Benedikt XVI. setzte das Thema wieder auf die Tagesordnung und erlaubte das Feiern der tridentinischen Liturgie.[35]

Man kann Kompromisse auch als Kapitulation der Leitung vor Wortmeldungen und Wünschen der Basis bewerten. Aber das ist nur die Machtperspektive, die das so sieht. Leitungsstärke zeigt sich nicht in bloßer Härte und Sturheit, sondern gerade auch in der Fähigkeit, hinzuhören, sich durch das Gehörte berühren zu lassen und im Fall der Fälle nach neuen Wegen und Kompromissen zu suchen. Wenn die Kirchenleitung auf Dauer die Tagesordnung reinhalten will von Themen und Anfragen, die im „Volk Gottes" dauerhaft schwelen, dann kommt es zur systemischen Taubheit – zur Taubheit als „Geschmack" des Systems, zum Erleben einer Mauer, an der alles abprallt. Beispiel: Jugendliche am Canisius-Kolleg in Berlin versuchten 1980, den Autoritäten den Missbrauch anzuzeigen. Sie benutzten dabei nicht das Wort „sexueller Missbrauch"; sie kannten es vermutlich nicht. Sie beschrieben auch nicht den Missbrauch konkret, aber sie legten die Spur so, dass jeder die Gelegenheit zur Nachfrage gehabt hätte und die konkreten Details hätte hören können. Sie schrieben:

> „Der Bereich der Sexualpädagogik liegt in alleiniger Verantwortung des geistlichen Leiters. Ein vernünftiger Austausch findet nicht statt. Eine weibliche Bezugsperson für heranwachsende Mädchen ist nicht da. Sexualität wird tabuisiert, und mit Verboten wird versucht, die Sexualität gezielt zu steuern und zu beeinflussen. Wir verweisen ferner auf die auch in der offiziellen katholischen Lehre ungelösten Probleme homosexueller Jugendlicher, die sich schwerwiegenden Belastungen ausgesetzt sehen müssen und vielfach mit ihren Problemen alleingelassen werden und erfahren müssen, *widersittliche* und *unnatürliche* Auffassungen von Sexualität zu haben."

Niemand hörte die Fragen, niemand antwortete. Ich bin mir nicht sicher, ob nicht auch heute Verantwortliche genauso auf einen solchen Brief zunächst einmal mit Mauern reagieren würden: „Ich kann es nicht mehr hören!" Es wäre viel gewonnen, wenn die Entwicklung, die durch das Sprechen der Missbrauchsopfer in den letzten Jahren in Gang gekommen ist, dazu führen würde, dass grundsätzlich aufmerksamer hingehört wird. Schließlich zeigt der Brief wie in einem Prisma aus der kleinen Welt der Stadtgruppe eines katholischen Jugendverbandes große Strukturthemen der Kirche an: die alleinige Macht des Priesters, der fehlende Dialog, das Fehlen der Frauen, Tabuisierung und Steuerung von Sexualität, Homosexualität. „Ich kann es nicht mehr hören" – vielleicht war dies auch der Gestus, mit dem die damaligen Verantwortlichen auf den Brief reagierten. Denn die Themen, die der Brief anspricht, standen spätestens seit den 70er-Jahren auf der kirchlichen Tagesordnung. Vielleicht hatten die Oberen 1980 einfach nur Angst, dass stimmen könnte, was die Jugendlichen da monieren, und wollten es deswegen nicht genauer wissen. Vielleicht verstanden sie den Brief auch einfach nicht – wer nicht sprechen kann, kann auch nicht verstehen. Wie auch immer: Der Brief blieb unbeantwortet. Die Taubheit brachte die Jugendlichen zum Verstummen. Genauso drückt das Mauern an der Spitze das Vertrauen an der Basis nieder.

Taubheit und Sprachlosigkeit korrespondieren. Es gibt unterschiedliche Formen von Sprachlosigkeit: Es gibt die Sprachlosigkeit angesichts der Größe eines Wunders, der Schönheit eines Kunstwerkes, der Urgewalten der Natur, angesichts des Todes. Liebende schweigen miteinander. Auch die Theologie ist nicht einfach nur ein Sprechen über Gott, sondern führt das Denken an die Grenze, jenseits derer Reden verstummt: „Wenn du ihn verstanden hast, ist es nicht mehr Gott" (Augustinus). Damit ist Sprechen über Gott nicht überflüssig, aber es führt hin zu einer Wirklichkeit, die größer ist als Worte. Im Inkarnations-Dogma feiert der christliche Glaube ja gerade diesen Sachverhalt: Praxis, Leben, „Fleisch" (Joh 1,14) spricht mehr, als Worte sagen können.

Die andere Sprachlosigkeit ist aber die, die dazu führt, nicht hören zu können oder zu wollen. Wenn das, was sich zu Wort meldet, stört, Angst macht, gefährdet, wird es erst gar nicht angehört. Es ist der umgekehrte Machtgestus: Christus bringt auf dem See Gennesaret den Sturm durch ein Machtwort zum Schweigen. Scheinbar genauso nimmt sich der Machtgestus das Machtwort heraus: „Ich will das nicht hören. Ich will darüber nicht mehr sprechen. Sprich es nicht mehr aus."
Zur Unterscheidung der Geister hilft da die Frage: Regt sich in

den Fragen nach der Machtverteilung in der Kirche, nach der Stellung der Frau, nach der Dialogfähigkeit des kirchlichen Amtes Feindseligkeit und Hasssprache, oder regt sich da Leben? Hasssprache braucht ein Machtwort, um zum Schweigen gebracht zu werden; Leben braucht Hören, um wachsen zu können.

II. Machtstrukturen

1. Vorbemerkung: Mithörende Opferperspektive

Innerkirchliches Sprechen ist oft merkwürdig blind für die Möglichkeit, dass diejenigen, über die gesprochen wird, mithören könnten. Ich erinnere mich an eine Sitzung mit Priestern, in der das kirchliche Verbot der künstlichen Befruchtung im Zusammenhang mit der Frage nach der In-vitro-Fertilisation sehr heftig propagiert wurde. Ich schaltete mich in die Debatte ein, äußerte mein Einverständnis mit den Argumenten der kirchlichen Lehre zur In-vitro-Fertilisation, wies aber darauf hin, dass ich nicht so pointiert und scharf sprechen könne wie die meisten der Anwesenden, „weil an meiner Schule mehrere Kinder sind, von denen ich weiß, dass sie in vitro gezeugt wurden". Darauf wurde es still im Raum, und ein Pfarrer fragte ganz erstaunt: „Wie, solche Kinder haben Sie an Ihrer Schule?" Ob ein Pfarrer, der so fragt, jemals bedenkt, dass „solche Kinder" mithören, wenn er in Predigten gegen die Reproduktionsmedizin und gegen In-vitro-Fertilisation wettert? Oder dass Kinder aus Patchwork-Familien zuhören, wenn er über Patchwork-Familien klagt? Oder dass Homosexuelle oder deren Eltern und Geschwister zuhören, wenn er sich über die „Widernatürlichkeit homosexueller Handlungen" verbreitet? Oder dass Menschen mit Glaubenszweifeln im Raum sind, wenn er über die Glaubensverdunstung jammert? Oder dass Menschen aus religionsverschiedenen Ehen zuhören, wenn er gegen den Islam polemisiert?

Nachdem sich Opfer kirchlicher Pastoral in der Kirche zu Wort gemeldet haben, sind sie nicht einfach wieder weg vom Platz. Die Opferperspektive einzunehmen bedeutet, über Kirche und Glauben unter der Voraussetzung zu sprechen, dass

Opfer kirchlicher Pastoral oder andere, existenziell vom jeweiligen Thema Betroffene mithören. Die Heuchelei in der Kirche fängt da an, wo man untereinander über die (vermeintlich) Abwesenden anders spricht als in ihrer Anwesenheit. Die Opfer kirchlicher Pastoral sind ein Resonanzboden, in dem sich die Kirche selbst reden hören und so ihr Reden prüfen kann. Damit dieser Resonanzboden entsteht, ist es natürlich unerlässlich, den Opfern und anderen direkt Betroffenen zuzuhören. Aus dem Hören vieler Stimmen von Opferseite her entsteht ein intuitives Wissen um eine allgemeinere Opferperspektive. Sie kann nun im Sprechen immer mitgedacht und durch weiteres Zuhören erweitert, korrigiert und ergänzt werden. Auf diese lebendige Weise ist sie ein begleitendes Korrektiv kirchlichen Sprechens. Theologisch gesehen ist das Gespräch zwischen Kirche und Opferperspektive ein Dialog auf Augenhöhe. Das ist ja die Zusage des Evangeliums an beide Seiten.

Zum Begriff der „Pastoral": Der Begriff „Pastor" (Hirt) geht auf eine Gleichnisrede Jesu zurück (Joh 10 u. a.). Das Verhältnis Hirt – Schaf bringt die Asymmetrie zum Ausdruck, die im Verhältnis zwischen Schutzbefohlenen und Schutzbeauftragten (Eltern, Lehrende, Pfarrer etc.) waltet. Im Machtmissbrauch wird die Stellung in dieser Asymmetrie missbraucht.[36] Priester, welche die ihnen in der Seelsorge anvertrauten Menschen nicht beschützen, den Wölfen ausliefern oder sie gar selbst fressen, verdienen den Titel „Hirt" nicht. Sie sind Wölfe, die sich als Hirten tarnen. Sie treibt eine zielorientierte „Sehnsucht nach Nähe und Macht" (Bischof Stephan Ackermann), die sie selbst im allerschlimmsten Fall auch noch als Liebe erleben, wahlweise als Liebe zu den „Schafen" oder als Liebe zur Kirche. Gerade weil sie bei ihrem Tun oft viel fromme, pastorale Sprache verwenden, kann auch ihre Sprache nach dem Missbrauch nicht mehr verwandt werden, ohne zu berücksichtigen, wie diese in den Ohren der Opfer klingt. Ich möchte im Folgenden einige kirchliche Themen und Stichworte aufgreifen, die in der Erfahrung des Machtmissbrauchs von den Betroffenen implizit oder explizit miterlebt wurden, und sie vor dem prüfenden Mithören der Opferperspektive bedenken.

2. Macht in der Kirche

Wenn über Macht in der Kirche gesprochen wird, kommt es schnell zu dem Hinweis, Kirche habe heute doch gar keine Macht mehr. In den Ohren der Opfer kirchlicher Pastoral klingt das wie Hohn. Die Opfer haben die (missbrauchende und missbrauchte) Macht der Kirche kennengelernt.

Es gibt in der Kirche Strukturen, die Macht und Zuständigkeiten ordnen. Die geistliche Macht, welche die Kirche innehat, wirkt auch in die Welt hinein. Sie ist auch Macht. Sie agiert nicht bedeutungslos in einer Parallelwelt neben der weltlichen Macht, so als würden sich diese niemals berühren. Das wäre auch gar nicht erstrebenswert. Schließlich geht es ja der Kirche um das Heil der Welt, nicht nur um das Heil der Kirche. Auch nach der Entweltlichung der Kirche durch die Säkularisierung[37] hat die Kirche noch viel Macht nach innen und nach außen.

Macht ist schon im Alten Testamentes ein komplexeres Thema als in anderen antiken Kulturen. Die Einführung des Königtums in Israel wird ambivalent bewertet, einerseits positiv (1 Sam 9,1–10), andererseits kritisch (1 Sam 8,1–22). Die Berichte aus der Königszeit (1000 v. Chr.) bis zum Beginn des Babylonischen Exils (586 v. Chr.) zeichnen ein äußerst nüchternes Bild des Königtums. Dafür entsteht eine charismatische Gegeninstanz, der Prophet oder die Prophetin, die Gott mehr auf ihrer Seite haben als der von Gott gesalbte König. Diese kritische Sicht auf die königliche Macht liegt zeitlich noch vor der Entwicklung des Gedankens der „Demokratie" in Athen.

Das Problem mit der Macht

Auch im Evangelium wird um die Antwort auf die Frage nach Macht- und Leitungsstrukturen im Reich Gottes gerungen. Jesus wählt eine Gruppe der Zwölf aus, die „richten", das heißt: regieren sollen. Die Frage, wie die Macht in dieser Gruppe verteilt wird, spielt eine zweifelhaft wichtige Rolle im Jüngerkreis (vgl. Mk 9,33–37); offensichtlich ist Karriere seit den Anfängen ein Thema in der Kirche gewesen. Einer unter ihnen, Petrus, bekommt eine herausgehobene Position, eine Leitungs- und Sprecherrolle zugeteilt, die in der Kirchensprache „apostolischer Primat" genannt wird. Herausragende Belegstelle ist Mt 16,17–19, wo Jesus auf das Messiasbekenntnis des Simon antwortet: „Du bist Petrus, und auf diesen Felsen will ich meine Kirche bauen. Ich werde dir die Schlüssel des Himmelreiches geben. Was du auf Erden binden wirst, wird auch im Himmel gebunden sein, und was du auf Erden löst, wird auch im Himmel gelöst sein."

Petrus wird in allen Evangelien trotz seines Fels-Titels als schwankende Persönlichkeit gezeichnet: Begeisterungsfähig, gutwillig, aber nicht immer krisenfest. Besonders kommt dies in seiner Verleugnung Jesu in der Passionsgeschichte zum Ausdruck. Auch später, nach Ostern, erweist er sich gerade in Konflikten innerhalb der Urkirche als unsicher – zumindest wenn man ihn mit Paulus vergleicht, der sich nicht vom Tisch der Nichtjuden wegziehen lässt, wenn die Jakobus-Fraktion den Raum betritt (vgl. Gal 2,4). Das Evangelium vermeidet sorgfältig den Eindruck, dass Petrus aufgrund seines hervorgehobenen Amtes eine übermenschlich starke, anfechtungsfreie Persönlichkeit sei. Die Berichterstattung über Petrus ist das Gegenteil von Hofberichterstattung oder gar von Personenkult.

Der Vorrang des Petrus ist keine Option des Evangeliums und der frühen Kirche für ein monarchisches Leitungsideal. Die Binde- und Lösegewalt kommt nicht Petrus allein zu. Zwei Kapitel später sagt Jesus zu den Jüngern: „Alles, was ihr (!) auf Erden binden werdet, wird auch im Himmel gebunden sein, und alles, was ihr auf Erden lösen werdet, wird auch im Himmel gelöst sein" (Mt 18,18). Wenn man einmal versuchsweise dieses „ihr" mit den Bischöfen heute gleichsetzt[38] – und Petrus mit dem Papst –, dann folgt daraus, dass nicht der Papst allein die Binde- und Lösegewalt innehat. Seine Macht ist nicht absolut. Das Zweite Vatikanische Konzil stellt fest: „Die Ordnung der Bischöfe aber ... ist gemeinsam mit ihrem Haupt, dem Bischof von Rom, und niemals ohne dieses Haupt, gleichfalls Träger der höchsten und vollen Gewalt über die ganze Kirche."[39] Die Macht („Gewalt") der Bischöfe ist ebenfalls keine absolute Macht. Sie wird einerseits durch den Primat gegengewichtet – „niemals ohne dieses Haupt" – andererseits aber auch durch die Einbindung in das Volk Gottes. Der Satz in Mt 18,18 („Alles, was ihr auf Erden binden werdet ...") steht im Zusammenhang mit dem Rangstreit unter den Jüngern (Mt 18,1ff). Jesus kritisiert diesen Machtstreit nicht, weil er die verliehene Vollmacht eigentlich gar nicht verliehen haben wollte, sondern weil am Machtstreit unter den Jüngern ein Missverständnis deutlich wird. Um dieses Missverständnis zu berichtigen, stellt er ein Kind in ihre Mitte. Kinder sind für ihn die „Größten im Himmelreich" (Mt 18,4). Damit ist die Machtfrage mit einem weiteren Hinweis beantwortet. Kinder haben in der Antike eigentlich keinen Status. Sie stehen bildlich für die Armen und für alle, denen Status, Ansehen und Prestige verweigert wird, die herumgeschoben und regiert werden. Im Reich Gottes darf keiner auf sie herabschauen.

Der Autorität der „Kinder" im Reich Gottes entspricht der „Glaubenssinn" *(sensus fidei)* des Volkes Gottes. Der *sensus fidei* ist Teil des Lehramtes: „Die Gesamtheit der Gläubigen, welche die Salbung vom Heiligen Geist haben (1 Joh 2,2), kann im Glauben nicht irren. Und diese ihre besondere Eigenschaft macht sie durch den übernatürlichen Glaubenssinn *(sensus fidei)* des ganzen Volkes dann kund, wenn sie von den Bischöfen bis zu den letzten gläubigen Laien ihre allgemeine Übereinstimmung in Sachen des Glaubens und der Sitten äußert."[40]

Gerade auch im Sprechen über Missbrauch wird immer wieder auf die eine oder andere Weise verräterisch deutlich, wie sehr der Kirchenbegriff – übrigens auch in der nichtkirchlichen Berichterstattung – hierarchiefixiert ist: „Die Missbräuche haben der Kirche geschadet" – ja, aber gerade deswegen, weil sie den Kindern geschadet haben, nicht weil sie dem Ansehen der Kirche geschadet haben. Oder: „Sind Sie von der Kirche wegen Ihrer Äußerungen und Ihrer Rolle im Missbrauchsskandal kritisiert worden?" Ja, aber nur von ganz wenigen, meist von solchen, die meinten, „die Kirche" gegen mich verteidigen zu müssen. Die große Mehrheit der kirchlichen Stimmen, die zu mir dringen, ist dankbar und erleichtert darüber, dass die Missbräuche aufgedeckt wurden und werden. Da spricht der *sensus fidelium*.

3. Anmerkungen zum katholischen Zentralismus

Hierarchiefixiertes Machtverständnis gehört zum Bild kirchlicher Macht, wie Opfer kirchlicher Pastoral es erleben. Die Priester oder andere Vertreter der Kirche verstehen sich als Autoritäten, denen ihre Macht „von oben" gegeben wurde, von Oberen, von Bischöfen, vom Papst und schließlich von Gott. Man kann im anfänglichen Umgang der römischen Kirchenspitze mit dem Missbrauch erkennen, wie sehr auch gutwilliges kirchliches Handeln zugleich in diesem pyramidalen Hierarchieverständnis gefangen bleibt. Unter dem Pontifikat von Johannes Paul II. reagierte der Vatikan auf die Missbrauchsfälle, indem er eine Meldepflicht an die Glaubenskongregation in Rom anordnete. Nachträglich erweckt das den Eindruck, als ob die Kirche bisher keine Meldepflicht von Missbrauchsfällen durch Priester bei den Staatsanwaltschaften vorsähe. Daraus schlossen einige dann, das System der Pflicht zur innerkirchlichen Meldung nach Rom diene dem Interesse der Kirche, die Missbrauchsfälle systematisch zu vertuschen; die Kirche beanspruche sogar, die Priester durch einen eigenen Rechtskreis der Verfolgung durch die weltliche Gerichtsbarkeit zu entziehen. Ich halte das für einen Fehlschluss. Es verhielt sich vermutlich eher so: Der Vatikan wollte sicherstellen, dass die Missbrauchsfälle nicht vor Ort, auf der untergeordneten Ebene, vertuscht werden. Zugleich sah er den immensen Schaden, den sexuelle Gewalt durch Priester für die ganze Kirche bedeutet, und zog als Inhaber universalkirchlicher Zuständigkeit alle Fälle an sich, um sie einer eigenen, strengen Gerichtsbarkeit zu unterwerfen. In vielen Ländern ist außerdem nicht gesichert, dass dort funktionierende Rechtsstaaten existieren, die sexualisierte Gewalt gegen Frauen oder Kinder überhaupt verfolgen. Und schließlich wollte man eine zusätzliche Gerichtsbarkeit schaffen, ohne den staatlichen Straf- und Verfolgungsanspruch auszusetzen.

Trotzdem kommt im Impuls des Vatikans, die Zuständigkeit für alle Fälle an sich zu ziehen – sowie in der damaligen Erleichterung vieler Katholiken darüber, dass der Vatikan jetzt handelte – ein Denken zum Ausdruck, das ein Teil des Problems ist: Ein Anliegen scheint dann gut aufgehoben, wenn es ganz oben aufgehoben ist. Aus der Opferperspektive gesehen ist es aber gerade das pyramidale System, das versagt hat: Das Vertrauen in den Priester „da oben", in den Bischof „da oben", ganz zu schweigen vom Vertrauen in Gott „da oben"[41] ist beschädigt oder sogar weg; es basierte ja gerade auch bei den Kindern auf einem spontanen Zutrauen, dass etwas gut aufgehoben ist, wenn es oben aufgehoben ist. Doch das kindliche Vertrauen in die Gleichung „oben = gut / ganz oben = sehr gut" ist bei Opfern kirchlicher „Pastoral" beschädigt. Deswegen steht es „denen oben" auch nicht mehr zu, „denen unten" kindliches Vertrauen abzuverlangen, einfach nur deswegen, weil sie oben sind und sich jetzt um die Anliegen der Opfer kümmern.

Vor diesem Hintergrund kann auch die Vater-Kind- oder die Hirt-Schaf-Metapher nicht mehr ungebrochen und exzessiv benutzt werden, wie dies innerkatholisch weiterhin geschieht. Das Klingeln mit Titeln („Monsignore", „Hochwürden", „Heiliger Vater") hat in den letzten Jahren nach einer wohltuend zurückhaltenden Phase in den 70er- und 80er-Jahren wieder kräftig zugenommen. Und was das „fromme Kind" betrifft, das angeblich tut, was Pappi will: Wenn es vor Würdenträgern in die Knie geht, heißt das noch lange nicht, dass es wirklich ein liebes Kind ist. Das gilt auch für die Machtverhältnisse innerhalb der Hierarchie. Je mehr Huldigungsgesten und Anpassung Voraussetzung für innerkirchliche Karrieren sind, desto erbärmlicher sieht die Besetzung der Leitungsposten in der Kirche am Ende aus. Das System schafft sich selbst immer mehr ab, je strenger und enger es seiner eigenen Logik eines kindlichen Vertrauens in „die da oben" folgt.

Die Geschichte der katholischen Kirche ist über viele Etappen hinweg ein Prozess der Zentralisierung geworden, der im Ersten Vatikanischen Konzil seinen Höhepunkt erreichte. Das Zweite Vatikanische Konzil setzte zwar einige andere Akzente, doch unter Johannes Paul II. hat der römische Zentralismus wieder Aufwind bekommen – vielleicht der unausweichliche Preis für die globale Präsenz und Wirkung dieses Pontifikates, vom Zusammenbruch des Warschauer Paktes bis hin zu den weltgeschichtlich neuen interreligiösen Begegnungen von Assisi über Jerusalem bis nach Damaskus und Kairo. Die historischen und gesellschaftlichen Zusammenhänge haben sich aber für die Kirche zwischen dem 19. und dem 20. Jahrhundert grundlegend geändert: „War" im 19. Jahrhundert „gegenüber einer aggressiven und häufig anti-katholischen Aufklärung die Abschottung und der Aufbau einer katholischen Parallelgesellschaft" (mit dem Papst an der Spitze der Pyramide) „noch eine produktive Antwort, fördert heute das Festhalten an einer Strategie zentralistischer Vereinheitlichung und Kontrolle den zunehmenden Verlust an Glaubwürdigkeit und Gläubigen".[42] Es gibt einen inneren Zusammenhang zwischen Zentralismus und Glaubwürdigkeitsverlust, gerade auch bei der Aufklärung von Machtmissbrauch. Institutionen können gerade Machtmissbrauch nicht selbst aufklären, sondern bedürfen dazu der Hilfe von außen. Ihr strukturell bedingter Hochmut meint aber, es selbst zu können und können zu sollen. Beispiel: Von einer katholischen Zeitung bekam ich in den ersten Tagen nach dem 28. Januar 2010 folgende Frage gestellt: „Ist die Beauftragung von Frau Dr. Raue[43] als Ansprechpartnerin ein Zeichen dafür, dass sich der Orden derzeit außerstande sieht, in eigener Regie Aufklärungsarbeit zu leisten?"[44] So wie die Frage formuliert ist, unterstellt sie haarscharf an dem eigentlichen Thema vorbei, dass die Öffnung einer Institution für die Aufklärung von außen ein Zeichen für ein Versagen der Institution ist – eigentlich müsste sie das ja „in eigener Regie" leisten können, sieht sich aber „derzeit" dazu nicht in der Lage. Aus innerkatholischer Optik sieht die Öffnung dann wie eine Schwäche der Institution, in diesem Falle wie eine Schwäche des Ordens aus. Der Jesuitenorden gerät so innerkirchlich in die Defensive, wenn er sich einer Aufklärung von außen öffnet. Aus der Opferperspektive ist es aber genau umgekehrt: Nur wenn sich die Institution einer Aufklärung von außen öffnet, hat die Aufklärungsarbeit eine Chance, von den Opfern als glaubwürdig anerkannt zu werden. Manche Aufträge sind außen besser aufgehoben als oben. Abschottung als Prinzip verhindert, dass die Wahrheit ans Licht kommt.

4. Priestertum

Der Januar 2010 fiel mitten in das „Priesterjahr", das die katholische Kirche im Sommer 2009 ausgerufen hatte. Es konnte nicht ausbleiben, dass durch diesen Zufall ein neues, vertieftes Nachdenken über das Priestertum in der Kirche ausgelöst wurde.

4.1 Die besondere Fallhöhe

Missbrauch priesterlicher Macht bringt eine „besondere Fallhöhe" mit sich.[45] Das bezieht sich zunächst darauf, dass die Priester für eine Institution stehen, die hohe moralische Ideale predigt, gerade auch in Fragen der Sexualmoral. Ein Fußballverein stellt keine vergleichbaren Ansprüche an seine Mitglieder oder gar an die Welt. Wer die Latte so hochlegt wie der Priester, der von Amts wegen die Sittenlehre der Kirche predigt, und dann selbst nicht einmal zu springen versucht, verliert seine Glaubwürdigkeit und beschädigt die Glaubwürdigkeit der gesamten Institution. Die „besondere Fallhöhe" bei Priestertätern ist noch gesteigert, weil das Weihepriestertum nach katholischem Verständnis die Priester von den übrigen Getauften nicht nur dem „Grad" nach, sondern dem „Wesen" nach unterscheidet.[46] Wer ontologisch höher steht, fällt auch ontologisch tiefer.

Wie tief der Priester aus kirchlicher Perspektive fällt, kann man vielleicht an folgendem Zitat ermessen: Papst Benedikt XVI. stellte am Anfang des Priesterjahres 2009/2010 den heiligen Pfarrer von Ars[47] als Patron des Priesterjahres vor, der über das Priestertum in starken Worten spricht:

> „Oh, wie groß ist der Priester! ... Wenn er sich selbst verstünde, würde er sterben ... Gott gehorcht ihm: Er spricht zwei Sätze aus, und auf sein Wort hin steigt der Herr vom Himmel herab und schließt sich in eine kleine Hostie

ein ... Ohne das Sakrament der Weihe hätten wir den Herrn nicht. Wer hat ihn da in den Tabernakel gesetzt? Der Priester. Wer hat Eure Seele beim ersten Eintritt in das Leben aufgenommen? Der Priester. Wer nährt sie, um ihr die Kraft zu geben, ihre Pilgerschaft zu vollenden? Der Priester. Wer wird sie darauf vorbereiten, vor Gott zu erscheinen, indem er sie zum letzten Mal im Blut Jesu Christi wäscht? Der Priester, immer der Priester. Und wenn diese Seele (durch die Sünde) stirbt, wer wird sie auferwecken, wer wird ihr die Ruhe und den Frieden geben? Wieder der Priester ... Nach Gott ist der Priester alles! ... Erst im Himmel wird er sich selbst recht verstehen."

Papst Benedikt XVI. ergänzt hierzu: „Diese Aussagen, die aus dem priesterlichen Herzen eines heiligen Priesters hervorgegangen sind, mögen übertrieben erscheinen. Doch in ihnen offenbart sich die außerordentliche Achtung, die er dem Sakrament des Priestertums entgegenbrachte. Er schien überwältigt von einem grenzenlosen Verantwortungsbewusstsein."[48] Es ist nachvollziehbar, wie sehr Machtmissbrauch von Priestern ein solches Ideal „beschmutzt", diskreditiert, in die Krise stürzt, gerade auch bei den Opfern, wenn sie dieses Priesterideal internalisiert haben.

Auch die kritische Öffentlichkeit teilt die Einschätzung, dass der Machtmissbrauch durch Priester eine „besondere Fallhöhe" mit sich bringt. Das hat die Debatte der letzten beiden Jahre im Zusammenhang mit der sexualisierten Gewalt unübersehbar deutlich gemacht. Unter dem Firnis der Säkularisierung ist die Vorstellung vom Priester als einem Menschen, der eine besondere Nähe zu Gott hat, offensichtlich lebendig geblieben. So ist die Wut der Öffentlichkeit nach der Aufdeckung der Missbräuche ja nicht nur als Ausdruck von Kirchenfeindschaft zu verstehen, sondern auch als Ausdruck tiefer Enttäuschung.

Das Problem mit der Macht

Es gibt keinen kausalen Zusammenhang zwischen Priestertum und Missbrauch. Aber es gibt ein überzogenes Priesterverständnis und Priesterbild bei Priestern – und nicht nur bei ihnen. Als Opfer versuchten zu sprechen, hörten sie Sätze wie: „So spricht man nicht über einen Priester." Die überzogene Aura des Priesterlichen schützte die Täter. Die Priester-Täter ihrerseits hatten und haben in der Regel ein klares Bewusstsein für die starke Position des Priesters in der katholischen Kirche und sind an dieser Aura interessiert. Macht ermöglicht Nähe, geistliche Macht ermöglicht geistliche Nähe. Die Aura des Priesterlichen ist für die Täter die Eintrittskarte in das Vertrauen von Kindern und Jugendlichen – und dasselbe gilt letztlich für alle seelsorglichen Verhältnisse. Wer eine besondere Nähe zu Gott hat, ist besonders vertrauenswürdig. Schließlich ist Gott die Vertrauenswürdigkeit schlechthin.

Doch ein überzogenes Priesterbild besteht gerade darin, zu meinen, Priester hätten eine besondere Nähe zu Gott. Priester haben aber keine besondere Nähe zu Gott. Davon steht nichts im Evangelium, nichts in der Texten der Weiheliturgie. Sie strahlen auch keine besondere göttliche Energie aus. Wenn es überhaupt so etwas gibt wie Menschen, die eine besondere Nähe zu Gott haben, so ist das unabhängig von der Weihe. Franziskus von Assisi war kein Priester. Teresa von Avila auch nicht. Das Problem liegt in dem Wort „besonders". Man kann es auch umgekehrt formulieren: Gott ist jedem Menschen besonders nahe. Die Gleichheit aller Menschen hebt ihre jeweilige Einzigkeit und Besonderheit nicht auf. Die Gleichheit der Menschen vor Gott ist bunt, nicht einfarbig.

Auch Jesus war kein Tempelpriester. Von den politisch-religiösen Gruppen seiner Zeit stand Jesus der Tempelpriesterschaft am fernsten. Aus der pharisäischen Synagogen-Tradition stammend (vgl. Lk 4,16), schloss er sich Johannes dem Täufer an, der bewusst nicht im Tempel in Jerusalem wirkte, sondern in die Wüste an den Jordan ging. Den schlichten Gestus der Taufe verband Johannes mit einer ethisch-praktischen, an den Alltagsfragen seiner Hörer anknüpfenden Umkehrpredigt (vgl. Lk 3,10-18). Jesus hielt erkennbar Distanz zum Tempel und zu dessen Priestertum. Er trug ebenso wie Johannes keine priesterliche Kleidung. Den Gottesdienst holte er Mahl feiernd wieder in die Häuser der Menschen zurück. Seine Kritik an den religiösen Eliten seiner Zeit passt heute auf kirchlichen Klerikalismus ebenso wie auf Bigotterie und Scheinheiligkeit. Gerade bei den religiösen Führern waren ihm Frömmelei und Eitelkeit untrügliches Indiz für eine andere Innenseite: „Ihr seid wie Gräber, die außen weiß angestrichen sind, innen sind sie aber voll Knochen, Schmutz und Verwesung" (Mt 23,27).

4.2 Priesterliche Vollmacht

Mit dem Hinweis auf den Pfarrer von Ars bestimmte Papst Benedikt XVI. das Weihepriestertum von der *potestas consecrandi* her, der Konsekrations- oder auch Weihevollmacht. Die priesterliche Vollmacht bezieht sich auf „heilige Handlungen", die in einem sakralen, liturgischen Zusammenhang vollzogen werden. Eine Sache (in der Eucharistie: Brot und Wein) wird dem alltäglichen Gebrauch entzogen und in einen anderen Zusammenhang übergeben, um dann durch einen Weiheakt gewandelt zu werden.[49] Das ist die *potestas consecrandi*, die Weihevollmacht des Bischofs und Priesters. Die Theologie der Liturgie knüpft damit der Sache nach weniger am Evangelium als an der altrömischen und auch an der jüdischen Sakralsprache an. Das muss nicht gegen sie sprechen. Einerseits bezieht sich das Neue Testament bei der Bezeichnung der kirchlichen Ämter bewusst nicht auf diese Traditionen, andererseits hatten spätere Generationen der frühen Christenheit offensichtlich kein Problem damit, eine von Missverständnissen befreite Sakralsprache wieder einzuführen.

Zur Liturgie gehört die Unterscheidung von sakral und profan, vorausgesetzt, die liturgische Feier richtet keine Hinter- oder Parallelwelt ein. Der kritische Maßstab des Evangeliums bleibt bestehen. Sonst droht Liturgie ihrerseits wieder eine veräußerlichte Angelegenheit zu werden, in der in einem abgeschiedenen sakralen Raum angeblich über Gottes Gegenwart verfügt wird. Um das Verhältnis von Evangelium und Kult anders auszudrücken: Das Evangelium führt eine opferkritische Sprache, aber tut dies mit den Vokabeln der Opfersprache. Jesus ist das wahre Lamm, das geschlachtet wird: Im Tempel brauchen also keine Lämmer mehr geschlachtet zu werden. Zugleich ist Jesus aber wirklich das Lamm Gottes, weil er sein Leben hingibt, damit Leben sein kann.[50] In demselben paradoxen Sinn ist Christus „Priester"; weil er Priester ist, sind die Tempelpriester überflüssig. Andererseits ist er wirklich Priester, weil er stellvertretend für sein Volk und für die Menschen vor Gott steht.

Die für bestimmte Handlungen reservierte *potestas consecrandi* ist ein Dienst, selbst wenn sie zugleich eine Vollmacht darstellt. Die Vokabeln „Macht" und „Dienst" zu kombinieren ist allerdings immer eine zweischneidige Angelegenheit. Machtausübung tarnt sich gern als „Dienst", und „Dienst" kann eine Form der Machtausübung sein. Statt das priesterliche Tun mit einer blumigen Sprache des Dienstes und der Demut zu umschreiben, wäre es angemessener, dass Priester tatsächlich auf Macht und Machtinsignien verzichten, auf Leitungs- und Machtpositionen, die von ihrem Wesen her gar nicht mit der priesterlichen Vollmacht verbunden sind. Es wäre nach dem Vertrauensverlust in der Kirche wünschenswert, in diese Richtung weiterzudenken. Die Strukturen in der katholischen Kirche spitzen sich aber zurzeit genau in die andere Richtung zu. Alles wird dem Priester (und dem Bischof und schließlich dem

Papst) zugeordnet, nicht nur die dem Weihepriestertum vorbehaltenen heiligen Handlungen, sondern auch Leitungsamt und Lehre, die ihrerseits dann wieder von der Aura des Priesterlichen profitieren.

Die Briefe der ersten Christen, besonders der Erste Petrusbrief, sprechen häufig von dem gemeinsamen Priestertum aller Gläubigen: „Lasst euch als lebendige Steine zu einem geistigen Haus aufbauen, zu einer heiligen Priesterschaft" (1 Petr 2,5).

Eine Falle der Definition des Priestertums von der *potestas consecrandi* her besteht darin, dass sie das besondere Weihepriestertum nicht im Zusammenhang mit dem gemeinsamen Priestertum aller Gläubigen in den Blick nimmt. Es müsste ja zu den zentralen Aufgaben der amtlichen Verkündigung gehören, alle Gläubigen auf ihr Priestertum aufmerksam zu machen und ihnen zu sagen, welche *potestas,* welche „Vollmacht" ihnen damit gegeben ist. Dann könnte das Weihepriestertum für alle Gläubigen als Dienst, als „empowerment" zur priesterlichen Existenz aller Getauften unverstellt wahrgenommen werden.

5. Eliten und Sekten

Viele Missbrauchstäter sammeln Gruppen um sich herum. Oft locken sie Jugendliche an, die sich nach starken Autoritäten sehnen. Die jungen Menschen erleben dann in der Nähe zum Erwachsenen ein alternatives Familiengefühl, Sicherheit, Orientierung und oft auch das Gefühl, etwas Besonderes zu sein. Sie erkaufen es sich vom Täter und danken es ihm, indem sie seine narzisstischen Bedürfnisse bedienen. Was an verletzender Nähe und Übergriffigkeit, Gewalt und Entwürdigung erlebt wird, bleibt das Geheimnis der Gruppe. Die Kirchenleitung freut sich über den spirituellen Enthusiasmus, den manche dieser Gruppen nach außen hin ausstrahlen.

Das Labyrinth des Schweigens ist meist nicht einmal in der Gruppe selbst durchschaubar. Der Missbrauchstäter dirigiert in derselben Gruppe oder Institution Parallelwelten nebeneinander. So kann es sein, dass er in der einen Welt einen rigiden katholischen Moralkodex predigt und durchsetzt, während er im inneren Zirkel das genaue Gegenteil praktiziert: Alkohol-, Drogen-, Gewalt- oder auch Sex-Exzesse. Der Täter spielt auf beiden Klavieren. Wer aus dem inneren Zirkel plaudert, gilt als Verräter. Die Angst vor der Gewalt aus der Gruppe sitzt im Nacken. Der Missbrauchstäter kann die Teilwelten in seiner Welt gegen Verräter aufhetzen, er kann ein vernichtendes Urteil sprechen, er kann verstoßen. Es ist kaum möglich, den hermetischen Kreis des Schweigens von außen zu durchbrechen. Viele rückblickende Opferberichte enthalten Sätze wie: „Es war wie in einer Sekte" oder „Wir waren eine Sekte".

„Sekte" im emphatischen Sinne des Wortes[51] ist eine autoritäre Form von Religion. In der Sekte geht es trotz aller gegenteiliger Beteuerungen um den Sektenführer, nicht um Gott. Das Autoritätsargument ist das Schlüsselargument, mit dem das Denken und Sprechen beendet wird, gerade auch das Denken über Gott. Sektenführer instrumentalisieren religiöse Sprache, um Macht auszuüben. Sie beanspruchen besondere Nähe zu Gott, um Machtworte sprechen zu können. Sie verachten Strukturen. Sie ziehen diejenigen an sich, die sich nach Schutz und Orientierung sehnen. Das Ziel ist der Kult um den Sektenführer: „Das alles (Sicherheit, Macht, und Orientierung) will ich dir geben, wenn du dich vor mir niederwirfst und mich anbetest" (vgl. Lk 4,9). Missbrauchstäter sind oft zugleich Kultfiguren. Das haben sie mit Sektenführern gemeinsam. Wenn es einen Anschauungsgegenstand für das gibt, was in der Bibel mit „diabolisch" beschrieben wird, dann ist er hier zu finden.

Es müsste die Kirche vor diesem Hintergrund in höchstem Maße alarmieren, dass in den letzten Jahren auch Missbrauchstäter aufgedeckt wurden, die Orden und geistliche Gemeinschaften gegründet haben.[52] Manche sprechen – aus echter Sorge, nicht in polemischer Absicht – von Versektungstendenzen in der katholischen Kirche in dem Maße, in dem diese Gruppen höchste innerkirchliche Anerkennung gefunden haben. Ich bestätige diesen Eindruck, je mehr ich Opfern und Aussteigern aus solchen Gruppen zuhöre. Manche Kirchenobere halten es verharmlosend für „Kinderkrankheiten" von neu gegründeten geistlichen Gemeinschaften, wenn es zu „Übertreibungen" kommt: Inquisitorisches Abfragen von Sündenregistern im Beichtstuhl, Arbeiten mit Schulddruck, Dämonisierung von Kritik und eigenständigem Denken, harte Ausgrenzung, Entfremdung Jugendlicher von ihren Eltern, autoritäre geistliche Führung, Vermischung von *forum internum* und *forum externum*.[53] All dies kann man seit Jahren, wenn man es nicht aus der seelsorglichen Arbeit hört, in den diversen Opferberichten lesen, die im Raum der Kirche ungehört verhallen, oder deren Autoren unterschiedslos bis heute als Verräter, Lügner oder als Nestbeschmutzer diskreditiert werden.

Sektenführer sind Missbrauchstäter. Hier wächst zusammen, was zusammengehört: autoritäre Religion, narzisstische Kollusion[54] und Gewalt, oft auch sexualisierte Gewalt. Mit ihrer Enttarnung, die unter dem Pontifikat von Benedikt XVI. eingeleitet wurde, ist das Problem für die Kirche noch lange nicht gelöst, zumal auch hier der alte Verdrängungsmechanismus wieder greift, nämlich nur den Einzeltäter zu sehen und nicht die Struktur. Dabei ist es doch gerade beim Missbrauchstäter, der eigene Strukturen und Institutionen aufbaut, unausweichlich, auch die Strukturen einschließlich ihres spirituellen Profils aufzuarbeiten. Im Falle des Gründers der „Legionäre Christi" Marcial Maciel (1920–2008) – der sich im Rückblick als Missbrauchstäter besonders großen Ausmaßes entpuppte – löste Papst Benedikt XVI. immerhin das „Gelübde der Nächstenliebe" auf. Darin hatten sich bis dahin die Legionäre Christi verpflichten müssen, jede Kritik an den Oberen zu unterlassen und ihre Oberen über Verstöße anderer gegen dieses Verbot zu informieren – ein eklatanter Missbrauch von Macht und ein zynischer Umgang mit dem Wort „Nächstenliebe".

Es bleibt im Rückblick die Frage, wie es geschehen konnte, dass der Vatikan eine Ordenssatzung approbierte, die den Ordensmitgliedern dieses Gelübde abverlangte und damit die Hermetik des Systems ausdrücklich zum Programm machte. Das Wort von der „Versektung der Kirche" drückt ja auch die Sorge darüber aus, dass eine Kirchenleitung, die das Sektiererische, Missbräuchliche von geistlichen Gemeinschaften und Orden in ihren eigenen Reihen nicht mehr erkennen kann, genau diesen Gruppen Tür und Tor öffnet für die innerkirchlichen Karrieren, die diese im Sinn haben. Denn auch dies gehört zu den autoritären Gruppierungen: Sie verstehen sich als etwas Besonderes, als Avantgarde der Neu-Evangelisierung, als Reformer der Reformen, als künftige Führungselite der Kirche. Inzwischen sind viele von ihnen schon in kirchlichen Führungspositionen angekommen.

Es stimmt nicht sehr zuversichtlich, dass die Aufarbeitung und Aufklärung dieser pastoralen Katastrophen wieder nach dem Prinzip verfährt, dass alles gut aufgehoben ist, wenn es ganz oben aufgehoben ist. Warum sollten gerade Apostolische Visitatoren und Delegaten aus der päpstlichen Zentrale geeignet sein, die Aufklärungs- und Umstrukturierungsarbeit in den betroffenen Gemeinschaften glaubwürdig zu leisten, wenn diese Gruppen jahrzehntelang gerade von der Zentrale gefördert wurden? Wo bleiben die unabhängigen Untersuchungskommissionen? Im Falle der Seligsprechung von Papst Johannes Paul II. fand man nicht die innere Freiheit, die Hintergründe zu durchleuchten, die gerade in diesem Pontifikat dazu führten, dass Persönlichkeiten wie Marcial Maciel oder Germán Doig so hoch aufsteigen konnten, obwohl die Symptome für autoritäre Fixierungen, Machthunger und übergriffige Formen von Pastoral schon früh sichtbar waren.

Nachdenklich stimmt auch die Fixierung der autoritären Gruppen auf die päpstliche Autorität als Retter in der Krise. Verbrecherische Gründer haben den Idealismus von jungen Frauen und Männern, die ihr Leben in Gemeinschaften hineingegeben haben, auf schändliche Weise verraten und missbraucht. Welches innere, spirituelle Gerüst bleibt ihnen, um nun mit dieser existenziellen Krise umzugehen? Im Schema der autoritären Fixierung bleibt nur noch die eine sakrosankte Autorität als rettender Strohhalm übrig, die noch höher hängt als die Autorität der Gründer: die Autorität des Papstes. Das Muster der autoritären Fixierung braucht also bei der Aufarbeitung nicht abgelegt zu werden. Mit dem verzweifelten Vertrauen auf die letzte Autorität, welche die Verheißungen der Gründer erfüllen kann – Sicherheit, Geborgenheit, Orientierung –, bleiben die Mitglieder in dem Muster gefangen, in das sie von den großen Verführern hineingelockt wurden.

Autoritäre Fixierungen stecken an. Das autoritäre, übergriffige Schema ist in der Gruppe noch nicht überwunden, wenn der Gründer als Missbrauchstäter entlarvt ist. Der Begriff der „narzisstischen Kollusion" bringt dieses Zusammenspiel auf den Punkt: Zum Selbstdarsteller gehört das applaudierende Publikum, zum autoritären Führer die Abhängigkeitssehnsüchte der Untergebenen. Das gilt auch für den religiösen Bereich. Wenn nun das Gegenüber der Kollusion als Lügner und Verbrecher entlarvt ist, dann muss die „Reinigung" in den betroffenen Gruppen das autoritäre Schema selbst angehen, statt dass sich die Gruppe das nächsthöhere Gegenüber für das narzisstische Zusammenspiel sucht. Die nüchterne, gut katholische Unterscheidung von Amt und Person wird sonst immer mehr in Richtung eines katholischen Personenkults aufgelöst.

Missbrauchstäter mit Gründerenergie machen nicht Halt vor dem Streben nach dem Heiligen- und Seligen-Titel. Im Falle des 2001 verstorbenen Gründers der Bewegung *Sodalicio de Vida Cristiana* Germán Doig wurde der bereits begonnene Seligsprechungsprozess abgebrochen: „Germán Doig verriet den Herrn, indem er ein Doppelleben führte. Drei schwerste Verbrechen lasten auf ihm. Deshalb haben wir die prozessuale Prüfung, ob der Kandidat ein vorbildliches Leben führte, beendet."[55] Hätten nicht schon das unglaubliche Tempo und der hohe Druck, mit dem dieses Verfahren unmittelbar nach seinem Tod in Gang gesetzt wurde, nachdenklich stimmen müssen? Natürlich ist der Rückschluss nicht zulässig, dass man aus hohem Zeitdruck bei Seligsprechungsprozessen auf sektiererische Engführungen der treibenden Gruppen schließen muss. Aber das Treiben und Puschen in diesen Fragen ist in sich eine problematische Angelegenheit. Es öffnet den macht- und titelhungrigen Narzissten Tür und Tor. In den letzten Jahren wurden von der Kirchenleitung selbst die Verfahren geschwächt, die mit gutem Grund einen höheren zeitlichen Abstand zwischen Tod und Seligsprechung einer Person vorsahen. Spektakulär war das Tempo, mit dem der Gründer des Opus Dei, Josemaría Escrivá de Balaguer, seliggesprochen wurde. Die *Santo-subito*-Plakate unmittelbar nach dem Tod von Papst Johannes Paul II. waren nicht nur Ausdruck von spontaner Begeisterung, sondern auch das Resultat einer Enthemmung. Es wäre angesichts der Irrtumsgefahr bei charismatischen Gründerfiguren angesagt, zurückzukehren zu den nüchternen Verfahren, die ein Gütesiegel des Katholizismus waren, um auch im Fall der Fälle vorzubeugen gegen eine Verzauberung der kirchlichen Amtsträger durch die großen Zauberer.

5.1 Elitebewusstsein und das selbstverständlich Christliche

Aussteiger aus sektiererischen Gruppen und Missbrauchsopfer berichten gleichermaßen, dass in der Beziehung zu den Sektenführern und Missbrauchstätern das Gefühl, etwas „Besonderes" zu sein, eine wichtige Rolle spielt. Zur ambivalenten Bindung des Opfers an den Täter zum Zeitpunkt des Missbrauchs gehört dieses süße Gift des Elitebewusstseins. Das fängt oft harmlos an, ist es aber nicht. Für das Canisius-Kolleg habe ich bereits angedeutet, wie das Gefühl, einer Elite anzugehören, die Grundstimmung in der Institution bis in die 90er-Jahre hinein ausmachte. Dasselbe gilt auch säkular für andere Schulen einschließlich der Odenwaldschule als Leuchtturm der Reformpädagogik. Elitegefühl in einer Institution äußert sich bei Festreden ebenso wie in spontanen Bekundungen. Ein ehemaliger Schüler des Kollegs berichtete mir, wie sich seine Klasse in eine Mobbing-Situation verstrickt hatte. Der ratlose Klassenlehrer brüllte die Klasse mit den Worten an: „So etwas ist bei uns verboten – wir sind doch hier eine Elite-Schule!" Als ob Mobbing nur in Eliteschulen nicht in Ordnung wäre. Die Gruppe am Canisius-Kolleg, in welcher der sexuelle Missbrauch vom Täter systematisch praktiziert wurde, verstand sich als eine Elite in der Eliteschule – so berichten betroffene ehemalige Schüler. Das gesteigerte Elitebewusstsein schweißte die Jugendlichen zusammen und kettete sie zugleich an den leitenden Täter. Als einige den Versuch machten zu sprechen, gefährdeten sie nicht nur die Gruppe und den Täter, sondern auch das Elitegefühl in der sie umgebenden Institution Schule. Je höher das Elitegefühl in einer Institution oder Gruppe ist, desto schwerer ist es offensichtlich, Opfern zuzuhören. Mit dem Begriff „Elite" ist ein Glanz verbunden, der es erschwert, bittere Wahrheit über sich selbst zur Kenntnis zu nehmen.

Es soll hier nicht bestritten werden, dass jede Gesellschaft Menschen braucht, die sich besonders für das Allgemeinwohl engagieren und dafür auch besondere Begabungen geschenkt bekommen haben. Auch muss sich jede Gesellschaft und jede Institution Gedanken darüber machen, wie sie künftiges Leitungspersonal rekrutiert und ausbildet, Menschen, die politische und andere Verantwortung übernehmen und das auch können. Aber Institutionen, die es mit Schutzbefohlenen zu tun haben, sollten sich grundsätzlich des Elite-Titels enthalten. In Deutschland ist der Begriff „Elite" ohnehin vor allem sozial besetzt: Zur „Elite" gehört, wer aus bestimmten Familien stammt und zur sozialen Oberschicht gehört. In Schulen führt die programmatische Selbstbezeichnung als „Elite" bloß zu Dünkel unter den Jugendlichen und im schlimmsten Fall zu höherer Anfälligkeit gegenüber Rattenfängern, die beim jugendlichen Narzissmus und bei seinen Sehnsüchten ansetzen, um diese für die narzisstische Kollusion zu missbrauchen.

Die Kirche als Ganze ist durch den Missbrauch und seine Aufdeckung in ihrem Elite-Bewusstsein schwer gedemütigt worden. „Ihr seid das Salz der Erde ... Ihr seid das Licht der Welt" (Mt 5,13f). Diese Zusage trägt die Kirche vom Evangelium her mit sich. Zur Zusage gehört auch die Aufforderung, sich wie „Salz" und „Licht" zu verhalten, damit die Suppe schmackhaft und die Finsternis erleuchtet wird. Positives Beispiel: Andreas Püttmann geht in seinem Buch *Gesellschaft ohne Gott*[56] der Frage nach, wo denn sichtbar wird, dass Christentum und Kirche ein Segen für eine Gesellschaft sind, „Salz" in der Suppe und „Sauerteig" (Mt 13,33), der das Ganze durchdringt. Im Mittelteil[57] seines Buches macht er mit belastbaren empirischen Belegen deutlich, was einer Gesellschaft ohne Christen fehlen würde. Die Stichworte lauten: Begründung der Würde und des Lebensrechtes der Menschen; normative Erziehung zu Rechtstreue und Moralität; Beiträge zur Wirtschaftskraft und zur sozialen Integration; Immunisierung gegen Ideologien, Extremismus und Politikverdrossenheit; Motivation zu übernationalem Gemeinwohldenken und Völkerverständigung; Lebenszufriedenheit, Gesundheit, Beziehungsstabilität und Familiensinn.

Püttmanns Stichworte spiegeln das „selbstverständlich Christliche" wider, wie es im Alltag von Millionen von Christgläubigen gelebt wird, vermutlich von Menschen, die selbst nie auf die Idee kommen würden, sich für moralische Eliten zu halten. Umso tiefer ist dann allerdings der Fall, wenn man sich vorher exzessiv als moralische Elite propagiert hat. Genau dies tut aber ein Christentum, das sich als elitär versteht.

5.2 Exkurs: Die Eliten des Evangeliums

Das Evangelium verschließt sich nicht dem Elitedenken: „Wer der Erste sein will, der soll der Letzte von allen und der Diener aller sein" (Mk 9,35). Im Jüngerkreis um Jesus ist dieses Thema im Gespräch. „Lass in deinem Reich einen von uns rechts und den anderen links neben dir sitzen" (Mk 10,37). Der Wunsch, Erster zu sein, wird im Evangelium einfach als Tatsache vorausgesetzt. Und er wird erfüllt durch Zuweisung des letzten Platzes. Da, wo es keine Positionen, keine öffentliche Anerkennung und keine Macht gibt, da hält sich die Elite des Evangeliums auf. Der letzte Platz ist wirklich ein erster Platz. Das Paradox lässt sich nicht dadurch auflösen, dass man Letzter werden will, um Erster zu sein. Es geht ums Dienen. Wer dienen will, um zu herrschen, dient nicht. Andersherum formuliert: Wer aus eigenem Willen zur Elite des Evangeliums gehören will, gehört nicht dazu. Es ist niemals „mein" Entschluss, zum „Salz der Erde" zu gehören. Der letzte Platz wird zugewiesen. Es ist übrigens auch von daher schwer zu verstehen, warum es in der Kirche so viel Gejammer gibt, wenn der Wind der öffentlichen Meinung oder auch der Sturm der Missbrauchsaufklärung sie auf den letzten Platz pustet.

Der letzte Platz wird zugewiesen. Das gilt zuallererst für Jesus selbst. Den letzten Platz am Kreuz sucht er sich nicht aus. „Nicht was ich will, sondern was du willst" (Mk 14,36). Die Demut Jesu besteht darin, nicht aus eigenem Willen den Aufstieg zu beginnen, der ein Abstieg ist, sondern eine Erniedrigung zuzulassen, über die er nicht verfügt. Auch der Sünder, der vor Gott steht, lässt die erniedrigende Erkenntnis zu, dass er ein Sünder ist und den Blick senken muss – nicht weil er den Blick senken will, sondern weil er ihn nicht mehr heben kann. Alles andere wäre Heuchelei (vgl. Lk 18,9–14). Paulus wird auf seinem Ritt nach Damaskus nicht vom Licht getroffen, weil er es will; die Blendung überrascht ihn. Petrus wird vom römischen Hauptmann nicht deswegen zum Essen eingeladen, weil er vorher ein Signal gegeben hat, dass er eingeladen werden möchte. Friedrich Spee ging nicht freiwillig als Beichtvater zu den Frauen, die als Hexen auf dem Scheiterhaufen verbrannt werden sollten, sondern weil er dorthin strafversetzt wurde. Teresa von Avila fand zum betrachtenden Beten, weil ihr jemand das Buch von Francisco de Osuna über das kontemplative Gebet reichte mitten in der depressiven Krise, in die sie das stumpfsinnige Gebets-Schema ihres Klosters getrieben hatte. Oscar Romero wurde durch einen Mitbruder aus seinem klerikalen Dornröschenschlaf geweckt.

Man entscheidet sich nicht selbst, zur Elite des Evangeliums zu gehören, sondern man wird dazu herausgefordert. Demütig wird man nicht durch Vorsatz, sondern durch demütigende Erfahrungen. Das bedeutet allerdings nicht völlige Passivität. Der Ruf kommt nicht von mir selbst, aber das Ja zu diesem Ruf schon. Wer sich dann auf den letzten Platz einlässt, der erregt Anstoß, ragt heraus. Von dieser Erfahrung spricht das Evangelium an vielen Stellen. Jesus ragt heraus. Die Gerechten erregen sich über ihn, weil er mit den Sündern Mahl hält (vgl. Mt 9,9ff). Die Familie Jesu will ihn „mit Gewalt"

(Mk 3,21) zurückholen. Seine Kritik an den religiösen Eliten bringt die Hohenpriester in Rage. Sein Ende ereignet sich im Zentrum des Landes vor großem Publikum. Petrus und Paulus machen ähnliche Erfahrungen. Sie gehen zu den Römern und Griechen und machen sich dadurch Feinde bei den eigenen Leuten (vgl. Gal 2,12). Friedrich Spee erkennt, dass es nicht die Hexenprozesse gibt, weil es Hexen gibt, sondern dass es Hexen gibt, weil es die Hexenprozesse gibt; das macht ihn gefährlich. Teresa von Avila erregt mit ihrem Austritt aus dem Kloster und ihrer kleinen Neugründung am Rande von Avila Ärgernis bei den Bürgern der Stadt. Oscar Romero wird den Eliten in El Salvador gefährlich, weil er nicht in der Welt der Bücher bleibt, sondern mit offenen Augen in die Slums geht.

Man kann sagen: Wer im Sinne des Evangeliums einen letzten Platz einnimmt, erfährt eine besondere Form von Prominenz. Er ist „Licht für die Welt". Wer den letzten Platz besetzt, provoziert, nicht weil er oder sie provozieren will, sondern weil dies faktisch die Wirkung seines oder ihres Handelns ist. Demut bringt Bewegung in die Welt. Demut ist, ganz anders als Nietzsche es sah, keineswegs eine Athletin der Selbsterniedrigung, eine Neiderin der Starken und Erfolgreichen. Vielmehr ist sie effektiv, hat Macht, die sie selbst übersteigt. Sie ist die theologische Tugend par excellence: „Er (der Herr) antwortete mir: Meine Gnade genügt dir; denn sie erweist ihre Kraft in der Schwachheit ... Deswegen bejahe ich meine Ohnmacht ...Wenn ich schwach bin, dann bin ich stark" (2 Kor 12,9f). Der letzte Platz ist tatsächlich der erste Platz: Jesu umstürzende Heilstat geschieht am Kreuz. Paulus und Petrus sprengen die Mauer zwischen Juden und Nichtjuden. Mit Friedrich Spees *Cautio criminalis* beginnt der Anfang vom Ende des Hexenwahns in Deutschland. Teresa von Avila wird Kirchenlehrerin. Oscar Romero wird erschossen, weil er das Volk um sich sammelt.

Bleibt nur noch, die Geister richtig zu unterscheiden: Ich kann aus der Tatsache, dass ich Gegner habe, die sich über mich ärgern und mich beseitigen wollen, noch nicht schließen, dass ich im Sinne des Evangeliums demütig bin. Es gibt tatsächlich Menschen, die provozieren, weil sie provozieren wollen – und nicht mehr. Oder die provozieren wollen, weil das gut ist für „profilierte Öffentlichkeitsarbeit", erfolgreiche Selbstinszenierung in Talkshows und anderen Orten, wo man diese Art „profilierter Persönlichkeiten" schätzt. Oder die Grenzen überschreiten und Gewalt entfesseln. Es gibt tatsächlich auch gefährliche Menschen, denen man das Handwerk legen muss. Es gibt immer Anlass zur Selbstkritik und damit Anlass zur Offenheit für Kritik durch andere. Eliten im Sinne des Evangeliums erkennt man daran, dass sie der Selbstgerechtigkeit anderer nicht mit eigener Selbstgerechtigkeit begegnen, sondern sich der Kritik öffnen.

6. Gehorsam

Eng mit der Frage nach den Machtstrukturen hängt in der Kirche der Umgang mit dem biblisch und spirituell wichtigen Begriff „Gehorsam" zusammen. Je nachdem, wie er eingesetzt wird, bildet er die spirituelle Basis für Machtverhältnisse oder für deren Kritik.

Im Frühjahr 2012 meldete sich in Österreich eine Initiative von Pfarrern mit einem *Aufruf zum Ungehorsam* zu Wort. Mehr als 400 Pfarrer unterschrieben einen Text, in dem sie sich dazu bekannten, dass sie sich in mehreren pastoralen Fragen schon lange nicht mehr an die kirchliche Disziplin hielten und auch vorhätten, sich weiterhin nicht daran zu halten: Kommunion für wiederverheiratete Geschiedene, Laienpredigt etc. Einige Wochen später meldete sich in der Erzdiözese Freiburg eine Gruppe von ca. 200 Priestern zu Wort, die sich öffentlich zu ihrer Praxis bekannten, wiederverheirateten Geschiedenen die Kommunion zu reichen, wenn sie dies für pastoral angemessen halten. Ähnliche Initiativen bilden sich in anderen Diözesen. Sie sind ein weiteres Signal für die Vertrauenskrise in der katholischen Kirche.

Der Römerbrief von Paulus ist ein Schlüsseltext der frühen Kirche und der gesamten Kirchengeschichte. Schon im fünften Vers des ersten Kapitels fällt ein wichtiges Wort: „Durch ihn (Christus) habe ich Gnade und Apostelamt empfangen, um in seinem Namen alle Nichtjuden zum *Gehorsam des Glaubens* zu führen." Das griechische Wort *hypakoē písteos* wird seit Luther meist mit „Gehorsam des Glaubens" oder „Glaubensgehorsam" übersetzt. Ist der Akt des Glaubens ein Gehorsamsakt? Gehorsamsakt gegenüber wem? Sagt mir der Apostel, was ich glauben soll, und muss ich ihm dann gehorchen? Bin ich ungehorsam, wenn ich nicht glaube? Ist der Glaubensakt also eigentlich gar kein Glaubensakt, sondern ein Gehorsamsakt?

6.1 Der Begriff „Glaubensgehorsam"

Mit der genannten Übersetzung scheint es gar nicht anders möglich zu sein, als den Glaubensakt als einen Gehorsamsakt gegenüber der Person des Apostels – heute: gegenüber den Repräsentanten des apostolischen Lehramts – zu verstehen. Damit wäre dann auch klar, wie die Kirche das Verhältnis von Lehramt und Glauben zu konstruieren hat: Das Lehramt legt mir vor, was ich glauben soll, und ich gehorche dem Lehramt, indem ich glaube, was ich glauben soll. Wenn ich nicht glaube, bin ich ungehorsam.

Doch die Formulierung von Röm 1,5 kann ein dermaßen auf Gehorsam zugespitztes Verständnis von Glauben nicht tragen. *Pistis* (Glaube) bedeutet bei Paulus zunächst „trauen" oder auch „vertrauen", also eine Haltung gegenüber einer Person. Natürlich wird das, was mir die Person inhaltlich zu sagen hat, für mich leichter annehmbar, wenn ich der Person (oder dem apostolischen Lehramt)[58] vertraue. Aber es ist gerade das Vertrauen in die Person des Apostels – oder meiner Mutter, meines Vaters, meines Lehrers, meiner Freundin –, welches mir ermöglicht, die Botschaft anzunehmen, und eben nicht die Unterwerfung unter den Willen einer anderen Person, schon gar nicht, wenn diese mit dem Anspruch auf mich zutritt: Gehorche mir und glaube, was ich dir sage!

Aus vielen Gründen ist es übrigens naheliegend, *hypakoē* in Röm 1,5 nicht mit „Gehorsam", sondern mit „Botschaft" zu übersetzen (vgl. Gal 3,2).[59] Das Thema des Römerbriefes ist *pistis*, nicht *hypakoē*. Die gehörte Botschaft *(hypakoê)* wird weitergegeben. Sie betrifft nicht nur meinen Glaubensakt gegenüber Jesus oder Gott. *Pistis* ist vielmehr ein Beziehungs-Prinzip, das die gesamte Kommunikation zwischen Gott und Mensch, zwischen Jesus und Gott, zwischen Menschen untereinander, auch zwischen Abraham (!) – also schon vor Christus – und Gott umfasst. Die Vorstellungswelt, die mit der Übersetzung „Glaubensgehorsam" ausgelöst wird, reduziert hingegen die ganze Fülle des mit *pistis* Gemeinten auf einen Gehorsamsakt gegenüber einer Autorität. Das führt in eine Sackgasse.

6.2 Notwendige Asymmetrien

Ich will nicht behaupten, dass Glaube und Gehorsam völlig beziehungslose Begriffe sind. Sonst gerät man auch hier in eine Falle. Jesus war kein gehorsamer Mensch. Oder anders gesagt: „Er war gehorsam bis zum Tod, bis zum Tod am Kreuz" (Phil 2,8), aber nicht dem Willen der damaligen religiösen Autoritäten, sondern dem Willen des Vaters im Himmel. Das heißt nicht, dass Jesus die Legitimität religiöser Autoritäten seiner

Machtstrukturen

Zeit gar nicht anerkannt hätte. „Die Schriftgelehrten und Pharisäer haben sich auf den Stuhl des Mose gesetzt. Tut und befolgt also alles, was sie euch sagen" (Mt 23,3), und zwar deswegen, weil sie auf dem „Stuhl des Mose" sitzen, nicht etwa deswegen, weil sie so besonders glaubwürdige Personen sind. Im Idealfall kommen persönliche Glaubwürdigkeit und Inhabe des legitimen „Heiligen Stuhls" zwar zusammen. Aber die Autorität des „Heiligen Stuhls" hängt nicht einfach an der persönlichen Glaubwürdigkeit seiner Inhaber. Sie hat eine eigene, strukturelle Legitimität.

Dieser Aspekt des religiösen Lebens hat etwas zu tun mit dem Phänomen der notwendigen Asymmetrien, die auch im Evangelium anerkannt werden: Eltern – Kind, Hirte – Schaf, Lehrer – Schüler, Arzt – Patient. In solchen Beziehungen waltet ein Machtgefälle, das nicht auflösbar ist. Das ist auch für das Thema Vertrauen ein wichtiger Punkt: Missbrauch von Vertrauen hat oft etwas damit zu tun, dass diese Sorte von Asymmetrien geleugnet wird, um Nähe herzustellen. Der Pater gibt sich als Kumpel des Messdieners, die Mutter als Freundin der Tochter, der Lehrer als Freund seiner Schüler. Distanzen werden aufgelöst, sogar programmatisch, weil der Täter Asymmetrien grundsätzlich ablehnt. Der Missbrauch besteht dann darin, dass der Täter dem Opfer vorgaukelt, die Asymmetrie bestünde nicht, obwohl sie ja nach wie vor besteht. Die Opfer werden in eine Pseudo-Egalität hineingelockt, in die sie sich gerade deswegen hineinlocken lassen, weil sie dem lockenden Täter aufgrund seiner Autorität als Pfarrer, Onkel oder Lehrer vertrauen

6.3 Willens- und Verstandesgehorsam

Aber wie steht es mit dem Missbrauch von Gehorsamsforderungen? „Heilige Stühle" stehen für eine notwendige Lehrautorität im Bereich des Religiösen (vgl. den vorherigen Abschnitt). In diesem Zusammenhang verlangt auch das kirchliche Lehramt von den Getauften durchaus Gehorsam: „Dieser religiöse Gehorsam des Willens und Verstandes ist in besonderer Weise dem authentischen Lehramt des Bischofs von Rom, auch wenn er nicht kraft höchster Lehrautorität spricht, zu leisten; nämlich so, dass sein oberstes Lehramt ehrfürchtig anerkannt und den ihm vorgetragenen Urteilen aufrichtige Anhänglichkeit gezollt wird, entsprechend der von ihm kundgetanen Auffassung und Absicht."[60]

Die Unterscheidung von „Willensgehorsam" und „Verstandesgehorsam" ist von Bedeutung für ein Gehorsamsverständnis, das weniger missbrauchsanfällig ist. „Willensgehorsam" übersetze ich mit „Bereitwilligkeit". Es ist von einem Katholiken zu erwarten, dass er gegenüber Äußerungen des päpstlichen Lehramtes „bereitwillig" ist, sie als Äußerungen einer auch für ihn bedeutsamen Autorität zu hören und entsprechend mit ihnen umzugehen, das heißt offen, wohlwollend, nicht auf der Suche nach dem Haar in der Suppe. Das bedeutet aber nicht, den Verstand auszuschalten. „Verstandesgehorsam" ist dann gegeben, wenn mein Verstand versteht, was die Autorität, der ich bereitwillig zuhöre, lehrt. Dieser Gehorsam bezieht sich auf die Inhalte der Lehre. Die Unterscheidung zwischen „Willensgehorsam" und „Verstandesgehorsam" macht diesen Punkt deutlich: Bereitwillige Anerkennung einer Lehrautorität ist nicht identisch mit der intellektuellen Zustimmung zu allem, was diese sagt. Wenn die Lehrautorität glaubwürdig bleiben will, sollte sie selbst auf diesen Unterschied achten.

„Ein Dokument mit starken und überzeugenden Argumenten, das von einer Person mit geringer Autorität verfasst wurde, wird immer überzeugender sein als ein Dokument ohne Argumente, das von einer Person mit großer Autorität verfasst wurde."[61] Wenn das kirchliche Lehramt seine Autorität nicht beschädigen will, dann muss es die Unterscheidung von Willens-

und Verstandesgehorsam achten. Dem Verstand kann man nicht befehlen, etwas verstehen zu sollen. Hier zählen Argumente.

Derselbe Paulus, dem das Wort vom „Glaubensgehorsam" zugeschrieben wird, sagt ein paar Zeilen weiter, dass alle Menschen Kenntnis des göttlichen Gesetzes haben: „Ihr Gewissen legt Zeugnis davon ab" (Röm 2,15). Daraus folgt, dass das Lehramt, wenn es spricht, in einen Raum hinein spricht, in dem bereits gesprochen wird. Es gibt eine Korrespondenz zwischen dem Wort, welches das Lehramt vorlegt, und dem Wort, das im Herzen der Gläubigen, in ihrem Gewissen zu hören ist. Eine totale Zuspitzung hin auf „Gehorsam" als Akt der puren Unterwerfung gegenüber der äußeren Autorität zerstört etwas in der Kirche, ja, es zerstört die Kirche als eine Gemeinschaft von Gläubigen, die einander verstehen können und einander etwas zu sagen haben.

6.4 Ultimative Gehorsamsforderungen

Die Aufdeckung der Missbrauchsfälle trifft die Kirche in einer Zeit, in der das kirchliche Lehramt sich in eine Situation hineinmanövriert hat, in der es mehr und mehr Gehorsamsakte verlangt und die Katholizität der Gläubigen daran festmacht, ob sie auch tatsächlich gehorchen. Das deutlichste Beispiel dafür ist die jüngste Äußerung des Lehramtes zur Frage der Frauenordination: „Damit also jeder Zweifel bezüglich der bedeutenden Angelegenheit, welche die göttliche Verfassung der Kirche selbst betrifft, beseitigt wird, erkläre ich kraft meines Amtes die Brüder zu stärken, dass die Kirche keinerlei Vollmacht hat, Frauen die Priesterweihe zu spenden, und dass sich alle Gläubigen der Kirche endgültig an diese Entscheidung zu halten haben."[62] Hier wird ultimativ Gehorsam gegenüber einer lehramtlichen Aussage verlangt. Damit sind aber alle inhaltlichen Einwände und Verstehensprobleme, sobald man sie laut äußert, Akte des Ungehorsams. Die Unterscheidung zwischen Willens- und Verstandesgehorsam ist aufgehoben.

Der deutsche Katholizismus steht seit einigen Jahren vor einer ähnlich ultimativen Gehorsamsforderung: 1999 gründeten katholische Laien einen Verein namens *Donum vitae*, nachdem die Kirche aus der Mitarbeit in der staatlichen Schwangerschaftsberatung ausgestiegen war. Der Verein verblieb im staatlichen Beratungskonzept. Johannes Paul II. hatte das Zeugnis der Kirche für das Leben in seiner Eindeutigkeit gefährdet gesehen, wenn katholische Stellen nach der Beratung den Schein unterschreiben, den Frauen im Falle einer Abtreibung laut Gesetz als Voraussetzung für Straffreiheit vorlegen müssen. Dem Befehl zum Ausstieg waren nicht alle Katholiken gefolgt. Warum sollte plötzlich falsch sein, was jahrelang mit dem Segen der Bischöfe richtig gewesen war? Warum sollte es nicht möglich sein, in der Abwägung zwischen Eindeutigkeit des Zeugnisses und Rettung von Leben beide Optionen nebeneinander leben zu lassen? Leben besteht manchmal eben auch aus Widersprüchen, die sich nicht auflösen lassen. Inzwischen hat sich die Lage so sehr zugespitzt, dass treue und aufrechte Katholiken wie Hans Maier und Rita Waschbüsch ausgeladen werden, wenn sie in den katholischen Akademien von Regensburg oder Augsburg sprechen wollen. So werden komplexe Fragestellungen auf ein Durchsetzungsproblem reduziert. Auch das kommt davon, wenn man Willens- und Verstandesgehorsam vermischt.

Wie wichtig es ist, in einer Kirche aufwachsen zu dürfen, in der Glauben und Verstehen gerade im Zuspitzungsfall nicht einfach als ein Gehorsamsakt gegenüber geistlicher Autorität verstanden werden, zeigen exemplarische Erfahrungen von Missbrauchsopfern. Drei Lügen sind es, die mir in den Opfergeschichten besonders häufig entgegengekommen sind: Sadistische Strafrituale wurden von Tätern so begründet, dass es sich um gerechte Strafen handele. Sexuelle Übergriffe wurden von Tätern als Teil von Aufklärungsunterricht bezeichnet, oder – drittens – einfach als Liebesakte. In allen drei Fällen verlangten die Täter von den Opfern, dass sie ihnen dies glauben. Umgekehrt konnten diejenigen (potenziellen) Opfer den Tätern am ehesten entrinnen, die gegenüber geistlichen Autoritäten selbstbewusster auftreten konnten mit Sätzen wie: Nein, das ist keine gerechte Strafe, denn ich habe nichts Böses getan, oder: Nein, das ist kein Unterricht, sondern hier holt sich der Lehrer etwas für sich selbst, oder: Nein, das ist keine Liebe, sondern Gewalt.

7. Zentralismus abbauen

Das zentralistische Prinzip hat sich als unzureichend erwiesen, um auf die Vertrauenskrise und ihre Ursachen angemessen zu reagieren. Deswegen muss neu über den Zentralismus nachgedacht werden: Welche Verfahren müssen entwickelt werden, um reagieren zu können, wenn es zu einem schwerwiegenden Leitungsversagen oder -unvermögen auf dem Stuhl Petri kommt? Schisma zwischen zwei Päpsten, schwerwiegende physische oder psychische Erkrankung eines Papstes, schwere Schuld eines Papstes – alles Fälle, die in der Geschichte des Papsttums bereits vorkamen. Für solche Fälle müssen Kriseninterventionen möglich sein, die eben gerade nicht von der Zentrale ausgehen. Die Annahme dieser Fragestellung würde zugleich den selbstkritischen Blick der Spitze auf sich und die Strukturen, in denen sie agiert, öffnen.

Auch die Strukturen der vatikanischen Kurie sollten neu durchdacht werden. Die Mitglieder der Kurie müssten nicht unbedingt Bischöfe und Kardinäle sein. Die Kurie könnte sich weniger als Dienstleister für den Papst verstehen, sondern mehr als Dienstleister für die Ortsbischöfe und die Ortskirchen. Die gegenwärtige Konstruktion ist auch deswegen problematisch, weil die Bischöfe und Kardinäle in den Kurien weitgehend mächtiger sind als die Ortsbischöfe und weil sie in der Regel nicht mehr in pastoraler Verantwortung für eine Diözese stehen. Kardinäle müssten auch nicht unbedingt Bischöfe sein, da das Kardinalsamt kein Weiheamt ist. Man kann sich sogar Kardinalinnen vorstellen, ohne dabei schon das Frauenpriestertum mitfordern zu müssen.

Die römischen Bischofssynoden erfüllen nicht wirklich die Anforderungen des Kollegialitätsprinzips bei der Leitung der Kirche. Einerseits ist es die Kurie, die im Vergleich zum Bischofskollegium den größeren Einfluss auf Papstentscheidungen hat und diese auch beschränken und kontrollieren kann. Andererseits ist es aber auch die Kurie, welche die päpstliche Macht „beschützt", indem sie das Bischofskollegium – in Zeiten von Internet und Mail immer effektiver – kontrolliert. Wie dieses „Beschützen" im Zusammenhang mit der Missbrauchsfrage schiefgehen kann, zeigte der Auftritt von Kardinal Sodano an Ostern 2010, als er den untauglichen Versuch machte, den Papst vor dem „Geschwätz der Welt" – gemeint waren Berichte über die sexuellen Missbräuche und das Vertuschen – durch eine Ergebenheitsadresse zu schützen.

Ein weiterer Konstruktionsfehler der römischen Bischofssynoden besteht darin, dass nur jeweils fünf Prozent des Weltepiskopates an solchen Synoden teilnehmen. Weil der Anteil der Kurienbischöfe an den Synoden beträchtlich ist, hat die Kurie bei einem vorausgesetzten Konsensprinzip für Entscheidungen faktisch immer ein Veto-Recht. Das Verfahren, das Texte anschließend auch noch durchlaufen, sieht darüber hinaus vor, dass diese erst dem Papst vorgelegt werden müssen, bevor sie dann als „päpstliche Dokumente" veröffentlicht werden können. Damit wird dem faktischen Veto-Recht der Kurie noch einmal ein Veto-Recht des Papstes übergeordnet. Mitglieder der römischen Bischofssynoden könnten von den Ortsbischöfen weltweit gewählt werden. Das Sekretariat der Bischofssynode müsste nicht von Mitgliedern der Kurie bestellt und besetzt, sondern von den Ortsbischöfen beauftragt werden. Die Themenfindung für die Bischofskonferenz könnte in einem vorhergehenden Prozess stattfinden, an dem Ortskirchen beteiligt sind. Vor der Bischofssynode würde geklärt, welche Fragestellungen tatsächlich von den versammelten Bischöfen entschieden werden können und bei welchen Fragestellungen sich der Papst eine eigene Entscheidung vorbehält.

Diese Vorschläge rühren weder am päpstlichen Primat noch an dogmatisch relevante Glaubensfragen. Sie könnten der zentralen Kirchenleitung aber helfen, aus ihrer eigenen Vertrauenskrise gegenüber dem Kirchenvolk und den Ortskirchen herauszukommen, die wesentlicher Bestandteil der Vertrauenskrise in der Kirche ist.

8. Subsidiäre Strukturen stärken

Auf dem besagten Kongress *Unterwegs zu Heilung und Erneuerung* in Rom im Februar 2012 erzählte eine irische Katholikin von ihrem Schicksal als Missbrauchsopfer eines Priesters und dann als Opfer der Vertuschung durch den zuständigen Bischof, in die schließlich Rom verquickt war:

„Ich schrieb meinem Erzbischof und informierte dann seinen Sekretär, einen Monsignore und Kirchenrechtler, über Einzelheiten meines Missbrauchs. Das wurden die beiden schwierigsten Jahre meines Lebens. Der Priester, der mich sexuell missbraucht hatte, wurde von seinen Oberen vor Strafverfolgung geschützt. Monatelang blieb er noch in seiner Pfarrei und bereitete dabei auch Jugendliche auf die Firmung vor. Das alles stand im Widerspruch zu den damals geltenden Richtlinien der irischen katholischen Kirche über Kinderschutz. Sie wurden ignoriert. Inzwischen ist herausgekommen, dass diese Richtlinien seitens des Vatikans in Zweifel gezogen worden waren wegen möglicher Widersprüche zum Kirchenrecht. Mein Erzbischof sagte mir, dass er nicht verpflichtet sei, sich an die Richtlinien zu halten, obwohl den Leuten gleichzeitig gesagt wurde, dass man sich buchstabengetreu an sie halten wollte."[63]

Der Vorgang ist ein Beispiel für die Fehleranfälligkeit eines Leitungssystems, das einerseits subsidiäre Kompetenzen nicht wirklich stärkt, andererseits Schlupflöcher bietet, um sich mit dem Hinweis auf „die da oben" subsidiärer Verantwortung zu entziehen.

Eine Zentrale muss die Möglichkeit haben zu intervenieren, wo es noch keine entwickelten subsidiären Strukturen gibt – zum Beispiel in Ländern ohne ein Rechtssystem, das auf Gewalt gegenüber Schutzbefohlenen reagiert, oder in Ländern, wo diese Gewalt sogar zur Kultur dazugehört. Die starke Zentrale, das „römische Prinzip" hatte immer auch den guten Sinn, Ortskirchen vor der Abhängigkeit von Machtstrukturen vor Ort – Übermacht von Staat, Clans und Familiendynastien – zu schützen. Jede Zentrale, die nicht bloß herrschen will, ist allerdings gut beraten, subsidiäre Strukturen aufzubauen, Kompetenzen an sie abzugeben und im Fall der Fälle darauf zu bestehen, dass sich die untere Ebene ihrer Verantwortung nicht mit dem Hinweis auf die höhere Ebene entzieht. Wo dies gelingt, können Entscheidungsprozesse souverän und zugleich transparent angegangen werden.

Machtstrukturen

Kürzlich ging die Nachricht durch die Medien, dass der Papst der koptischen Christen in Ägypten verstarb und beerdigt wurde. In Zeiten der „Arabellion" fällt auch in der lateinischen Kirche neu auf, dass es sogar innerhalb der katholischen Kirche noch „Patriarchate" mit eigener Liturgie, Sprache und Gebräuchen gibt. Wie man an den orthodoxen, von Rom getrennten Patriarchaten sehen kann, besteht das Risiko dieser Organisationsform von Kirche darin, dass sich eine Ortskirche zu sehr mit einer Nation und deren Territorium identifiziert. Die Stärke des römischen Prinzips ist die Realisierung einer transnationalen Kirchenstruktur. Trotzdem bleibt auch innerhalb der katholischen Kirche Raum, am Patriarchatsprinzip anzuknüpfen und Bischöfe auf Vorschlag der jeweiligen Landeskirchen als Oberhäupter von Landeskirchen oder von Kontinenten einzusetzen. Die mit Rom unierten Ostkirchen könnten – auch kirchenrechtlich – als Vorbild für eine solche Stärkung landeskirchlicher Strukturen dienen.

Zum gegenwärtigen Zeitpunkt haben die Vorsitzenden der örtlichen Bischofskonferenzen keine wirkliche landeskirchliche Oberhaupt-Funktion. Sie sind keine „Patriarchen". Jeder einzelne Bischof steht an der Spitze seiner Diözese. Eine Bischofskonferenz oder ihr Vorsitzender hat kaum Möglichkeiten, Regelungen landesweit für alle Diözesen durchzusetzen. Am konkreten Fall der Anwendung der Richtlinien örtlicher Bischofskonferenzen für den Umgang mit sexuellen Missbrauch wurde die Schwäche deutlich: Die Richtlinien wurden in den Diözesen unterschiedlich – oder manchmal auch nicht – umgesetzt. Oder um ein anderes Beispiel zu nennen: Ein junger Mann hat in einer Diözese das Verbot erhalten, weiter Messe zu dienen und Messdienerarbeit zu machen, weil er sich übergriffig gegenüber Mädchen verhalten hat. Er tritt in einer anderen Diözese in ein Priesterseminar ein. Dort wird er wieder wegen Übergriffigkeit auffällig und aus dem Seminar entlassen.

Daraufhin meldet er sich im Noviziat eines Ordens an. Trotz deutlicher Warnung gibt es kein Mittel, zu verhindern, dass der Mann im Orden aufgenommen wird. Das Beispiel stammt aus dem Jahr 2012. Im Fall des Eichstätter und später Augsburger Bischofs Walter Mixa war das Problem mangelnder Durchsetzbarkeit landesweiter Standards bei der Priesterausbildung eklatant. Die „Regenten"[64] anderer Diözesen hatten schon viele Jahre miteinander darüber getuschelt, dass Priesteramtskandidaten, die von ihnen abgelehnt worden waren, im Eichstätter Seminar herzlich aufgenommen wurden, mit der absurden Nebenwirkung, dass der verantwortliche Bischof in Rom hohes Ansehen wegen erfolgreicher Anwerbung von Priesternachwuchs genoss. Oder um noch ein anderes Beispiel zu nennen: Vielleicht wird es einmal eine Zeit geben, in der man auf den Konflikt um den Kompromiss zur Abtreibungsfrage (Stichwort: Beratungspflicht) in Deutschland zurückblicken und sehen wird: Die Zuspitzung in dieser Frage hat auch damit zu tun, dass es keine funktionierenden Strukturen für einen solchen Konflikt gab und gibt – außer dem Machtwort von ganz oben. Das absurde Ergebnis ist, dass in Deutschland heute katholische Lebensschützer gegen katholische Lebensschützer stehen.

2009 platzte ein Konflikt in die österreichischen Diözese Linz, der ein anderes Problem der kirchlichen Leitungs- und Entscheidungsstrukturen sichtbar machte, wenn subsidiäre Ebenen missachtet werden: die Wahl und Ernennung von Bischöfen in der katholischen Kirche. Am 31. Januar 2009 ernannte Papst Benedikt XVI. einen Pfarrer namens Gerhard Wagner zum Weihbischof in Linz. Die Nominierung erfolgte erklärtermaßen entgegen den Erwartungen des Linzer Domkapitels und offensichtlich auch ohne Absprache mit dem Linzer Diözesanbischof und dem Vorsitzenden der Österreichischen Bischofskonferenz. Unter den Katholiken der Diözese Linz führte die Berufung zu heftigen Diskussionen sowie zu einer Welle von Kirchenaustritten. Bei einer Versammlung der Dechantenkonferenz der Diözese Linz am 10. Februar 2009 lehnten 31 der 35 anwesenden (von insgesamt 39) Dechanten die Ernennung des Pfarrers zum Weihbischof ab. In der Kritik standen neben dem Berufungsverfahren auch inhaltliche Äußerungen von Wagner, so zum Beispiel sein theologischer Kommentar zum Hurrikan Katrina 2005:

> „Der Hurrikan ‚Katrina' hat ... nicht nur alle Nachtclubs und Bordelle vernichtet, sondern auch alle fünf (!) Abtreibungskliniken ... Wussten Sie, dass 2 Tage danach die Homo-Verbände im Französischen Viertel eine Parade von 125.000 Homosexuellen geplant hatten? Wie erst so langsam bekannt wird, sind die amoralischen Zustände in dieser Stadt unbeschreiblich ... Ist die auffallende Häufung von Naturkatastrophen nur eine Folge der Umweltverschmutzung durch den Menschen, oder mehr noch die Folge einer ‚geistigen Umweltverschmutzung'? Darüber werden wir in Zukunft verstärkt nachdenken müssen."[65]

Am 16. Februar 2009 ersuchte Wagner aufgrund der um ihn entbrannten Kontroversen den Papst um Rücknahme seiner Ernennung. Es ist einer der sehr seltenen Fälle, dass der Widerstand aus der Ortskirche zu einem Umdenken in der Zentrale führte. In vielen anderen Fällen allerdings ist die Personalpolitik der Zentrale erfolgreich gegen den Widerstand in der Ortskirche durchgesetzt worden und hat zu schweren Konflikten in Ortskirchen beigetragen.

In der Geschichte der Kirche gab es unterschiedliche Verfahren zur Bischofswahl. Der Mailänder Bischof Ambrosius wurde 374 n. Chr. per Akklamation durch die Anwesenden in der Kathedrale zum Bischof gewählt. In anderen Zeiten der Kirchengeschichte ernannten weltliche Machthaber die Bischöfe. Das gegenwärtige Verfahren gemäß dem Preußenkonkordat sieht vor, dass die Ortskirche (also das Domkapitel – man könnte sich da auch eine stärkere Beteiligung des Kirchenvolkes denken) aus einer vom Vatikan vorgelegten Dreierliste einen Kandidaten wählt, den der Papst dann ernennt. Mit diesem Verfahren ist angezielt, dass der Kandidat sowohl das Vertrauen der Ortskirche als auch das Vertrauen des Papstes genießt. Das dient der Einheit zwischen Ortskirche und Papst, und zwar von beiden Seiten her. Stärkung des gegenseitigen Vertrauens wäre auch das Kriterium, von dem her man das Verfahren noch ausbauen könnte.

III. Macht und Sexualität

1. Herzlosigkeit

Wie kommt es, dass die Kirche, deren Botschaft von Gottes bedingungsloser Liebe handelt, mit so vielen Liebeserfahrungen von Menschen auf Kriegsfuß steht? Eltern verstoßen ihre Tochter, weil sie einen Mann heiratet, dessen erste Ehe gescheitert ist. Paaren wird die kirchliche Trauung verweigert, weil sie schon vor der Ehe zusammenleben und das nicht als Sünde sehen können. Schwangere Schülerinnen fliegen von der katholischen Schule. Angestellte kirchlicher Institutionen verlieren ihren Arbeitsplatz, weil sie sich zu ihren Kindern aus zweiter Ehe bekennen. Priester verweigern Eltern die Kommunion am Erstkommuniontag ihrer Kinder, weil ihre Biografie kirchenrechtlich noch nicht aufgearbeitet ist. Viele dieser Herzlosigkeiten haben mit der christlichen Lehre überhaupt nichts zu tun, sondern spiegeln nur Verengungen wieder. Manche Strafaktionen gehen über die kirchlichen Regularien hinaus, die allermeisten sind pastoral unsinnig, viele können sich aber leider auch auf kirchliche Regularien berufen. Oft ist es nicht die ausdrückliche Ablehnung oder Verstoßung, sondern das missbilligende Verstummen und die Abwertung von Lebensschicksalen und Liebeserfahrungen, welche die Grundatmosphäre im kirchlichen Milieu für Menschen ausmacht, die mit Erfahrungen des Scheiterns oder auch mit Erfahrungen der Liebe leben, die nicht oder nicht ganz in die vorhandenen Regeln hineinpassen.

Von Augustinus stammt der Satz: „Liebe und tu, was du willst." Damit meinte er sicherlich nicht, dass alles im Sinne des „anything goes" geht. Es ist ein absurder Aspekt der gegenwärtigen Diskussionslage in der katholischen Kirche, dass jede differenzierende, nachdenkliche Frage gleich als Plädoyer für „anything goes" argumentativ totgeschlagen wird. Die sexuellen Missbräuche haben sehr deutlich gemacht, dass im Namen der Liebe etwas ganz anderes geschehen kann als Liebe; dass Sexualität sich mit Machtinteressen verbinden kann, mit Gewalt, Schamlosigkeit und Selbstbespiegelung. Ethische Maßstäbe für den Umgang mit Sexualität sind unumgänglich. Aber muss die Alternative zu „anything goes" ein Regelwerk sein, dessen Anwendung in der Lebenswirklichkeit der Menschen oft den Preis herzloser Härte kostet, oder – aus Angst vor dieser Härte – den Preis stillschweigend geduldeten Doppellebens, nach dem Motto: „Tu, was du willst, nur rede nicht drüber"? Mit all dem Gedrucksten und Verdrucksten, das für viele Menschen inzwischen als typisch katholisch gilt? Die katholische Sexualpädagogik und Pastoral hat ein Problem mit dem liebenden Blick auf die Liebenden. Lebensgeschichtliche Kontexte, Abwägungen und Entscheidungsspielräume kommen unter Berufung auf die Lehre nicht in den Blick. Die „Lebbarkeit" einer Lehre bleibt aber ein Kriterium für die Richtigkeit oder Falschheit einer Norm in der jeweiligen Lebenssituation. Das gilt gerade für die pastorale Praxis.

Man könnte es auch so formulieren: Das Problem der katholischen Sexualmoral ist ihr Handlungsbegriff. Beim fünften Gebot „Du sollst nicht töten" bleibt die Möglichkeit, ein und dieselbe Handlung entweder als Mord, als Totschlag oder als Töten im Krieg zu betrachten. Beim sechsten Gebot hingegen ist ein und dieselbe Handlung[66] immer schwere Sünde, außer in der Ehe – ob beim Gang ins Bordell oder beim Zusammenziehen mit dem Freund schon vor der Hochzeit. Es gibt da nur Weiß oder Schwarz. Die meisten leben im Schwarzen. In dieser Nacht sind alle Katzen grau. Es bleiben die Alternativen Versteckspiel („Ich mache es heimlich") oder Ausstoßung („Du gehörst nicht mehr dazu"), wenn das Leben anders verläuft, als die Vorschriften es vorsehen. Unter diesen Bedingungen hat eine herzlose pastorale Praxis meist eher das Lehramt hinter sich als eine abwägende, Spielraum lassende Seelsorge.

2. Unkeuschheit

Ein kostbares Wort der kirchlichen Tradition ist „Keuschheit". Weil das zweite Gelübde der Ordensleute das Gelübde der „Keuschheit" heißt, wird Keuschheit oft mit sexueller Enthaltsamkeit verwechselt. Das ist ein Missverständnis. Ehepaare sind nicht unkeusch, wenn und weil sie nicht sexuell enthaltsam leben. Andererseits ist das, was mit der sexuellen Enthaltsamkeit im Ordensgelübde intendiert ist, mit dem Begriff der „Ehelosigkeit" auch nicht hinreichend ausgedrückt. „Jungfräulichkeit" als Offenheit für das Wort Gottes, das in mir Fleisch wird, fasst es eher. Doch auch Eheleute können „marianisch" leben. Die Liebe zum geliebten Menschen konkurriert eben nicht mit der Liebe zu Gott. In dem berühmten australisch-amerikanischen Film *Die Dornenvögel* trennt sich der Kardinal von seiner Geliebten mit dem Satz: „Ich liebe Gott mehr als dich." Ich empfehle als Gegentext einen der Briefe Léon Bloys an seine Braut, veröffentlicht im Jahre 1922:

> „Sie haben mir geschrieben: ‚Ich liebe Gott mehr als Sie.' Ich könnte Ihnen so etwas nicht schreiben, einfach deshalb, weil ich diese Teilung nicht vornehmen kann. Ich liebe Gott in Ihnen, durch Sie hindurch, wegen Ihnen, ich liebe Sie vollkommen in Gott, wie ein Christ seine Gattin lieben soll. Die Idee, diese zweieinige Flamme der Liebe auseinanderzureißen, das ist für mich eine Klügelei, eine Grübelei, die mir überhaupt nicht in den Sinn kommt. Lieben wir uns mit einer unbedingten Einfachheit, ohne die

eitle Kunst der Seelenzerfaserung, sondern so, wie Gott es will; haben wir doch keine Angst vor der Liebe, die der Name des Heiligen Geistes selber ist."[67]

Die im Keuschheitsgelübde der Ordensleute und Priester implizierte Enthaltsamkeit hat ihrerseits auch nur Sinn, wenn sie als Lebensform der Gottes- und Menschenliebe gelebt wird, als eine Lebensform, die das Herz weitet.

Sexueller Missbrauch ist der monströse Fall von Unkeuschheit. Von daher kann näher bestimmt werden, was „Keuschheit" meint: Respekt vor der Intimsphäre, vor dem Lebensgeheimnis des anderen, auch vor dem Geheimnis seiner oder ihrer persönlichen Beziehung zu Gott; absichtslose Zuwendung, „reines Herz" (Mt 5,8). Unkeuschheit ist Manipulation, interessegeleiteter Blick auf die andere Person, Übergehen von Schamgefühlen, Ausnutzen von Unsicherheit, übergriffige Nähe. Keuschheit ist Gespür für jene Art von Distanz, die überhaupt erst jene Art von Nähe ermöglicht, die es ohne diese Distanz gar nicht gäbe.

Es gibt unkeusche Formen von Seelsorge schon vor der monströsen Grenzüberschreitung im sexuellen Missbrauch. Zum Beispiel den Versuch, ganz schnell ganz nah dran zu sein am anderen. Pastorale Strategien sind strukturell unkeusch, wenn sie von der Frage ausgehen: „Wie kommen wir an die Leute ran?" Die biblische Metapher vom „Menschenfischen" (Mt 4,19) kann auch missbraucht werden für strategisches Anzielen von Menschen. Strategien verbinden sich meistens mit Interessen. Aber gerade in der Beziehung zu dem Heiligtum, welches die menschliche Person ist, heiligt der Zweck nicht die Mittel. Es geht in der kirchlichen Seelsorge nicht darum, Menschen für Interessen – für volle Kirchen, für Ordens- und Priesternachwuchs, für Inszenierungen – einzuspannen. Es geht auch nicht darum, sie an ihrem eigenen Urteil vorbei für etwas zu gewinnen, was man selbst für sie für das Beste hält. An dieser Stelle unterscheidet sich ein übergriffiges von einem keuschen Seelsorgekonzept. In der jesuitischen Tradition kommt die Keuschheit im Verhältnis von Seelsorger und Seele im Bild der Waage zum Ausdruck. Der Seelsorger soll bei sich selbst „auf der Mitte der Waage" stehen, also sich im Verhältnis zur Seele des anderen freimachen von allen Eigeninteressen, um der anderen Person einen Prozess zu ermöglichen, durch den auch sie am Ende frei von Anpassungs- und anderem Druck erkennen kann, wohin Gott selbst sie zieht.[68]

Der Beichtstuhl ist nach wie vor der Ort, auf den übergriffige Seelsorge besonders gern hinarbeitet. Mit eigenen Ohren höre ich immer wieder Berichte, dass es heute noch Priester gibt, die Sündenkataloge im Beichtstuhl abfragen, vornehmlich zu Themen der Sexualmoral. Wie die Missbrauchstäter im Großen, so merken solche „Seelsorger" auch hier im Kleinen gar nicht, dass es übergriffig ist, die moraltheologische Kasuistik zu gebrauchen, um im Beichtstuhl aktiv nach Regelübertretungen im Intimbereich herumzustochern: „Onanieren Sie? Wie oft? Tags? Nachts? Vor dem Fernsehen? Wann sonst noch?" Kürzlich riefen Jugendliche bei mir an: Sie waren bei der Vorbereitung ihrer Firmung im Beichtstuhl so intensiv zum Themenbereich Sexualität ausgefragt worden, dass sie sich bedrängt fühlten. Durch die Debatte der letzten Jahre waren sie zugleich selbstbewusster geworden. Sie wagten, ihren Eindruck auszusprechen, dass der Priester sie ausfragte, weil er sich an den Antworten selbst erregte. Der Priester wurde sofort aus dem Verkehr gezogen, allerdings nur für die Dauer der Veranstaltung. Es ist eine Falle der kirchlichen Sexualmoral, dass sie wegen ihrer thematischen Verengung auf den Geschlechtsakt voyeuristische Interessen gerade auch bei denjenigen bedienen kann, die sie mit großem moralischem Pathos predigen.

Das Problem mit der Macht

Die Fixierung auf Themen der Sexualmoral ist im Fall der Fälle Anlass für persönliche Rückfragen an die psychosexuelle Reife der entsprechenden Personen. Sie ist theologisch falsch. Dass sich inzwischen die „Katholizität" nach außen wie innen immer mehr an Themen der Sexualmoral zu entscheiden scheint, ist die faule Frucht einer intellektuellen Verwirrung, einer Zuspitzung an der falschen Stelle: „Ich möchte noch einmal betonen, dass die Frage der Sexualität ... nicht der Kernpunkt der christlichen Moral ist. Die schlimmsten Lüste sind rein geistiger Art. Die Lust daran, andere ins Unrecht zu setzen, sich an der Macht zu berauschen und Hassorgien zu feiern."[69] Zum Missbrauch der Sexualmoral gehört auch, dass sie aus der Gesamtkomposition der christlichen Lehrtradition herausgenommen und in Wort und Tat überpointiert wird.

Keuschheit ist „Reinheit des Herzens" (Mt 5,8). Der keusche Seelsorger tritt der anvertrauten Person nicht mit der Verdächtigungsperspektive entgegen. Das unreine Herz hingegen verdächtigt den anderen, ein unreines Herz zu haben. Eine alte Geschichte aus der Mönchstradition konfrontiert diesen Mechanismus:

> „Zwei Mönche gehen eine morastige Straße entlang. Am Straßenrand steht eine junge hübsche Frau in kostbaren Gewändern. Sie will offensichtlich auf die andere Straßenseite, traut sich aber nicht in den Morast. Der eine der beiden Mönche hebt sie auf, trägt sie über die Straße und setzt sie dort ab. Die beiden Mönche gehen weiter. Nach einiger Zeit sagt der eine vorwurfsvoll: Bruder, wie konntest du als Mönch die Frau anfassen? Darauf der andere: Ich habe die Frau über die Straße getragen und abgesetzt. Du aber trägst sie noch immer mit dir herum!"

Manche Seelsorgepraxis muss sich der Frage stellen, ob ihr nicht ein unkeuscher, ein übergriffig verdächtigender Blick auf

Sexualität, auf das sexuelle Leben von anderen zugrunde liegt. Das allzu oft angemaßte Bündnis zwischen offizieller Sexualmoral und unkeuscher Seelsorgepraxis muss jedenfalls nachdenklich stimmen. Die letzten Päpste haben einerseits ganz im Sinne des christlichen Menschenbildes das Hohe Lied auf den Leib (Johannes Paul II.) und auf den Eros (Benedikt XVI.) gesungen.[70] Aber das theologische Lob der Leiblichkeit und des Eros bleibt merkwürdig abstrakt angesichts des konkreten seelsorglichen Umgangs mit den Liebeserfahrungen von Menschen vor Ort. Für viele Opfer übergriffiger und herzloser Pastoral haben die lehramtlichen Hymnen auf Leiblichkeit und Liebe an Glaubwürdigkeit verloren, weil sie im Namen der Kirche und mit Berufung auf ihre Lehre herzlos, hart und übergriffig angegangen wurden. Solche Erfahrungen verletzen tief und bewirken langfristig dauerhaften Vertrauensverlust in der Kirche.

2.1 Exkurs 1: „Reinheit"

„Reinheit" ist eines der schwierigsten Wörter der biblischen und auch der kirchlichen Tradition, insbesondere in der Volksfrömmigkeit. Ein Weihnachtslied („Es ist ein Ros entsprungen ...") sagt in der zweiten Strophe über Maria: „... hat sie ein Kind geboren, und blieb doch reine Magd". Hier wird das Magd-Wort Marias aus dem Lukasevangelium („Siehe, ich bin die Magd des Herrn ...") mit dem Adjektiv „rein" ergänzt in der offensichtlichen Absicht, ihre Jungfräulichkeit hervorzuheben. Eine folgenreiche Verwechslung, die aber zugleich tief im gesamtchristlichen Frömmigkeitsbewusstsein verankert ist. Der Umformulierungsversuch im offiziellen Gesangbuch der Kirche („... hat sie ein Kind geboren, welches uns selig macht ...") konnte sich bis heute nicht durchsetzen.

Die Verwechslung von Reinheit mit sexueller Enthaltsamkeit kann auch an der Rezeptionsgeschichte zweier Marien-

Dogmen deutlich gemacht werden. Zum einen bekennt die Kirche, dass Maria Jesus empfangen hat, obwohl sie keinen Mann „erkannte" (Lk 1,34): „Jungfräulichkeit Marias". Hier geht es um die Geburt Jesu im Schoß seiner Mutter. Zum anderen besagt das Dogma von der „unbefleckten Empfängnis Marias", dass Maria unbefleckt von der Erbsünde empfangen wurde, und zwar im Schoße ihrer Eltern, die der Sage nach Joachim und Anna hießen. Hier geht es um die Geburt Marias. Ich unterlasse es, das Dogma von der „unbefleckten Empfängnis Marias" hier theologisch auszulegen. Es geht mir nur um den Hinweis, dass in der Rezeption dieser beiden Dogmen die „Jungfräulichkeit" und die „UnbefLecktheit" Mariens meist gleichgesetzt wurden, woraus sich entweder eine heftige Ablehnung beider Dogmen ergab und ergibt oder eine Marienfrömmigkeit, die gerade die Jungfräulichkeit Mariens als ihre „Reinheit" feiert, was im Ergebnis zu einer verdunkelnden Sicht auf die Sexualität führt.

Religiöse Reinheitsvorstellungen haben ihren Ursprung im Kultischen. Nur etwas Vollkommenes, Ganzes darf vor Gott dargebracht werden. Man schenkt bereits benutzte oder reparaturbedürftige Dinge nicht weiter, wenn sie wirklich Geschenke sein sollen, die diesen Namen verdienen. Aber weder ein Mann noch eine Frau sind unvollständig und in ihrer Ganzheit beschädigt, wenn sie einen Samenerguss oder Blutfluss hatten und danach vor Gott treten. Genau diese Vorstellung liegt aber den Texten zugrunde, die von ritueller Unreinheit nach einem Geschlechtsakt sprechen: „Schläft ein Mann, der Samenerguss hat, mit einer Frau, müssen sich beide in Wasser baden und sind unrein bis zum Abend" (Lev 15,18). Hier vermischt sich das Anliegen der Vollkommenheit und Ganzheit mit der Vorstellung von Reinheit. Sexualität macht unrein, und zwar deswegen, weil bei Samenerguss und Blutfluss etwas verlorengeht. So darf man nicht vor Gott treten. Die Vollkommenheit muss erst wieder hergestellt werden, durch zeitlichen Abstand und durch Waschung. Aus der Vorstellung, dass Unvollkommenheit befleckt, entstehen tausend Berührungsverbote: Eine Frau durfte in der Zeit ihrer Periode zum Beispiel nicht einmal berührt werden, weil die Berührung unrein mache. Es sei dem Herrn ein „Gräuel", wenn eine Frau das Heiligtum betritt; der heile Bezirk seiner Gegenwart würde verunreinigt werden. Aus solchen Impulsen entsteht ein kompliziertes Geflecht von Berührungsverboten und Reinheitsvorschriften bis in Speisegesetze, Kleidungsvorschriften und kultische Rituale hinein. Es ist beinahe unmöglich, nicht unrein zu sein, es sei denn, man befasst sich von morgens bis abends mit den entsprechenden Vorschriften. Diese können nebenbei durchaus auch einen hygienischen oder gesundheitspolitischen Sinn haben, gründen jedoch letztlich nicht darin. In Zeiten bedrohter Identität werden Reinheitsvorschriften auch zu Identitätsmerkmalen einer Kultur. Die makkabäischen Martyrer weigern sich, Schweinefleisch zu essen, und gehen lieber dafür in den Tod (2 Mak 7,1ff). Der Grund für die harte Weigerung liegt im Widerstand gegen die Vermischungspolitik der Unterdrücker. Israelische Männer sollen babylonische Speisen essen und babylonische Frauen heiraten und umgekehrt, damit daraus ein neues Staatsvolk entsteht, das die unterschiedlichen kulturellen Identitätsmerkmale durch Vermischung hinter sich gelassen hat. So entsteht im Widerstand umgekehrt die Vorstellung, dass die Berührung mit einem Menschen aus einer anderen Kultur verunreinige. Reinheitsvorschriften erhalten Bekenntnischarakter – ein Teufelskreis.

Auch die Ablehnung der Homosexualität steht im Zusammenhang mit Reinheitsvorschriften: Sie ist dem Herrn ein „Gräuel". Genauso ist es dem Herrn ein Gräuel, dass gegessen wird, „was ohne Flossen und Schuppen im Wasser lebt" (Lev 11,12). An vielen weiteren Stellen des Alten Testamentes kann man sich kundig machen, was sonst noch alles dem Herrn ein „Gräuel" ist. Es wäre hilfreich, wenn diese Zusammenhänge in lehramtlichen Texten einmal dargestellt und gewürdigt würden, um den Kontext deutlich zu machen, in dem die Vorschriften stehen. Das gilt auch für die entsprechenden einschlägigen Stellen bei Paulus zum Thema Homosexualität. In Röm 1,26f erwähnt Paulus Homosexualität als Beispiel für die „Verwechslung" von Gott mit den Gottesbildern in den polytheistischen Religionen. Es geht ihm also nicht primär um eine Aussage über Homosexualität. Vielmehr ist die ablehnende Haltung gegenüber Homosexualität bei ihm und den Briefempfängern vorausgesetzt und wird nun herangezogen, um einen theologischen Sachverhalt an einem Beispiel zu erläutern. Das tertium comparationis ist entscheidend für die Aussage. Hier wird also „nur" deutlich, dass Paulus nicht über den kulturellen Prägungen seiner Herkunft steht. Das muss man ihm nicht zum Vorwurf machen, genauso wenig, wie wenn auch er an anderer Stelle „Jungfräulichkeit" und „Reinheit" vermischt: „Um euch einem einzigen Mann wie eine reine Jungfrau an die Seite zu stellen, habe ich euch dem Christus verlobt" (2 Kor 11,2). Man kann diesen Satz mit geistlichem Gewinn lesen, insofern er die Rolle des Seelsorgers Paulus gut beschreibt, ohne die darin vorausgesetzte Verbindung von Reinheit und Jungfräulichkeit mitvollziehen zu müssen.

Im Evangelium kritisiert Jesus Reinheitsgesetze und hebt sie auf: „Begreift ihr nicht, dass alles, was von außen in den Menschen hineinkommt, ihn nicht unrein machen kann? ... Damit erklärte er alle Speisen für rein. Was aus dem Menschen herauskommt, das macht ihn unrein" (Mk 7,18ff). Die frühe Kirche ist ihm darin gefolgt (vgl. Apg 10,9–16), aber nicht immer konsequent (vgl. Apg 15,29). Offensichtlich reichte der Impuls Jesu anfangs nicht einmal bei den Reinheitsvorschriften für das Essen, um in der frühen Kirche die Skrupel zu beseitigen, die in diesem Zusammenhang blieben. Aber Jesus blieb nicht bei der Kritik der Reinheitsgebote für das Essen stehen. Er berührte Aussätzige und gestattete einer Frau mit Blutfluss, ihn zu berühren. An keiner Stelle ist zu erkennen, dass Jesus sich im Kontakt mit Menschen sehr um das Thema Reinheit kümmerte. Es ging ihm um die „Reinheit des Herzens": Eine Ehe konnte für ihn äußerlich tiptop aussehen und doch innerlich unrein sein, ohne Liebe, ohne Freude und ohne Freude an der Freude des anderen (vgl. Mt 5,27). Umgekehrt macht die Beziehung mit Jesus rein, weil er innerlich rein ist, „keusch" im oben genannten Sinne des Wortes. Reinigende, nicht verunreinigende Berührung, eine für die Herzensreinigung notwendige Berührung, genau deswegen eben Menschwerdung des Gotteswortes: damit es berühren kann.

Das alles ist für die christliche Sexualpädagogik eine wichtige Erkenntnis, unter anderem auch deswegen, weil viele überlieferte Praktiken und Mentalitäten in Bezug auf Sexualität nicht nur im katholischen Raum bis heute mit Reinheitsdenken zu tun haben. Der offiziellen kirchlichen Lehre entspricht dieses Reinheitsdenken zwar nicht, aber es wirkt in der Praxis dennoch nach. Um ein Beispiel zu nennen: Bei der Einführung des Priesterzölibates spielte die Vorstellung von der kultischen Reinheit des Priesters eine wichtige Rolle. Das Zweite Vatikanische Konzil veränderte die Begründung des Zölibates, indem es seinen pastoralen Sinn hervorhob: vollständige Verfügbarkeit für den Dienst an den Menschen. Es ließ die Vorstellung von der kultischen Reinheit, welche durch den Zölibat angeblich gegeben sei, hinter sich. Aber dennoch spielt eine Mentalität, die gerade für den Priester das Asexuelle als Ausdruck von Reinheit fordert, in der Praxis eine bedeutende Rolle, insbesondere dann, wenn die eigene Sexualität als unrein und damit auch als sündig erlebt wird.

2.2 Exkurs 2: Sexualität und Nächstenliebe

Im Mittelpunkt der christlichen Sexualmoral steht die monogame Ehe. In der Enzyklika *Deus caritas est* schreibt Papst Benedikt XVI.: „Dem monotheistischen Gottesbild entspricht die monogame Ehe."[71] Das ist ein sehr bedenkenswerter Satz. Er beschreibt nicht nur eine faktische Entwicklung in der biblischen Tradition hin zur monogamen Ehe. Vielmehr entwickelt er das Konzept der monogamen Ehe aus dem Monotheismus heraus. Das Schüsselwort lautet: Treue. Monotheismus schließt wechselnde Partnerschaften zwischen Gott und Mensch aus. Dabei gilt: „Gott ist treu" (Röm 3,2). Die Propheten bringen die Liebe Gottes zu seinem Volk im Bild der Ehe zum Ausdruck, weil diese Liebe gerade unbedingt treu ist: „Ich traue dich mir an auf ewig, ich traue dich mir an um den Preis von Gerechtigkeit und Recht, von Liebe und Erbarmen, ich traue dich mir an um den Brautpreis meiner Treue. Dann wirst du den Herrn erkennen" (Hos 2,12f). Das ist der Ausgangs- und Zielpunkt einer christlichen Liebes- und Sexualethik.

In der pädagogischen und seelsorglichen Praxis gehen durch die Fixierung der kirchlichen Lehre auf die „Natur des Geschlechtsaktes" als Eckstein der Sexualmoral die positiven Anliegen der christlichen Liebesethik immer mehr verloren. Die Realität, welche die Menschen erleben, ist zu komplex, als dass sie von diesem Eckstein her erfasst und bewertet werden könnte. Dabei enthält die Missbrauchsdebatte nach der sexuellen Revolution der 60er-Jahre die Chance, Anliegen einer christlichen Liebesethik wieder an gesellschaftliche Debatten anzuschließen: Die „Anything-goes"-Mentalität ist an ihr Ende gekommen, und zwar deswegen, weil man nach den Erkenntnissen der letzten Jahre gerade nicht mehr sagen kann, dass jeder Sex okay ist, sofern er nur konsensuell erfolgt. Am monströsen Fall des sexuellen Übergriffs gegenüber Schutzbefohlenen hat sich gezeigt, dass Zustimmung zum Sex ein sehr komplexes Phänomen ist. Wie die jeweilige Zustimmung zu bewerten ist, ergibt sich aus dem Charakter der Beziehung als ganzer. Zustimmung kann Ausdruck von Liebe und Freiheit sein. Sie kann aber auch erzwungen sein, erkauft, erschlichen. Es ist offensichtlich sinnvoll, hier auch objektive Maßstäbe anzusetzen und die Sexualethik in ein Gesamtverständnis von Freiheit, Menschwürde und Intimität einzubetten, gerade auch dann, wenn man sich der Perspektive öffnet, dass in der sexuellen Begegnung jeder Mensch „Schutzbefohlener" ist.

Jesus fasst das gesamte Gesetz in der Regel zusammen: „Liebe deinen Nächsten wie dich selbst." Auch das Ehebruchsverbot des Dekalogs wird dieser Überschrift zugeordnet. Es liegt also nahe, die Sexualethik vom Nächstenliebeprinzip her zu entwerfen: Es geht um die Würde des oder der anderen. Ich kann nur erwarten, dass ich für einen anderen eine vorrangige Bedeutung habe, wenn ich bereit bin, die vorrangige Bedeutung eines anderen für mich anzuerkennen und die Beziehung zu ihm oder zu ihr danach auszurichten, gerade auch in der intimen, schutzbedürftigen Begegnung. Offensichtlich gibt es nach Aussage des Evangeliums eine enge Beziehung zwischen (Nächsten-)Liebe und Sexualität. Es liegt nahe, die kirchliche Sexualmoral von diesem Punkt her neu zu denken, mit Konsequenzen für Lehre und Strukturen.

3. Frauenfeindlichkeit

„Auch wenn eine negative, frauenverachtende Einstellung nie Teil der offiziellen Lehre der Kirche geworden ist, hat sie sich auf das Leben der Kirche und die Einschätzung der Frau nachhaltig ausgewirkt."[72] Die patriarchalische Konstruktion des Geschlechterverhältnisses – die Frau als Eigentum des Mannes, aber nicht umgekehrt – gehört ebenfalls zum kulturellen Kontext der Heiligen Schrift. Umso kostbarer sind schon die ganz frühen Texte in der Bibel, in denen eine Liebesethik zwischen den Geschlechtern aufleuchtet, welche Machtverhältnisse zwischen den Geschlechtern nicht kennt oder nicht anerkennt.[73] Frauenbilder des Patriarchates wirken auch in frühkirchlichen Schriften weiter – zum Beispiel die Vorstellung, dass die Frau näher an der Sünde stehe als der Mann: „Nicht Adam wurde verführt, sondern die Frau ließ sich verführen und übertrat das Gebot" (1 Tim 2,14). Die Unterordnung der Frau unter den Mann wird mit der Schöpfungsgeschichte begründet: „Dass eine Frau lehrt, erlaube ich nicht, auch nicht, dass sie über ihren Mann herrscht. Sie soll sich still verhalten. Denn zuerst wurde Adam erschaffen, dann Eva" (1 Tim 2,13).

Die zitierte Passage aus dem Ersten Timotheusbrief ist besonders aufschlussreich, weil sie die eine, die frauenfeindliche Interpretationslinie der Paradieserzählung aus dem Buch Genesis zeigt. Die Frau wird aus der Rippe des Erdlings (Adam) erschaffen, der ruft: „Das ist endlich Bein von meinem Bein und Fleisch von meinem Fleisch. Frau *(isch-scha)* soll sie heißen, denn vom Mann *(isch)* ist sie genommen. Darum verlässt der Mann Vater und Mutter und bindet sich an seine Frau, und sie werden ein Fleisch" (Gen 2,23f). Der Timotheusbrief greift das Nacheinander der Erschaffung auf und folgert daraus eine von Gott gewollte Überordnung des Mannes über die Frau. Das ist patriarchalische Denkweise. Jesus greift an anderer Stelle (Mk 10,6) dieselbe Passage aus dem Buch Genesis auf, um damit die Einheit von Mann und Frau in der Ehe zu betonen, also gerade nicht den Statusunterschied. Das ist die andere Interpretationslinie der Paradieserzählung.

In der patriarchalischen Ehe ist das Verhältnis von Mann und Frau asymmetrisch. Der Mann kann die Frau aus der Ehe entlassen, nicht umgekehrt. Der Mann besitzt die Frau, nicht umgekehrt. Das Recht des Mannes, der Frau eine Scheidungsurkunde auszustellen, sieht Jesus als Zugeständnis an die „Hartherzigkeit" der Männer. Sogar seine Jünger sind schockiert darüber, dass Jesus den Männern mit Berufung auf die Schöpfungsgeschichte nun das Recht abspricht, ihre Frauen aus der Ehe zu entlassen und eine andere zu heiraten (Mt 19,9). Der Schock ist zu verstehen vor dem Hintergrund verinnerlichter Rollenmuster in einer patriarchalischen Kultur. Genauso wundern sich dieselben Jünger an anderer Stelle, dass Jesus in der Öffentlichkeit mit einer Frau spricht (Joh 4,27). Jesus erkennt die Kategorie von Über- und Unterordnung in der ehelichen Einheit von Mann und Frau nicht an: „Wer seine Frau aus der Ehe entlässt und eine andere heiratet, begeht ihr (!) gegenüber Ehebruch" (Mk 10,11), nicht gegenüber dem Mann der anderen Frau. Paulus, dem gern vorschnell Frauenfeindlichkeit unterstellt wird, greift genau diese Gleichheit von Mann und Frau – noch in der Sprache der Eigentumsethik – als Kernstück der christlichen Beziehungsethik zwischen den Geschlechtern auf, wenn er schreibt: „Nicht die Frau verfügt über ihren Leib, sondern der Mann. Ebenso verfügt nicht der Mann über seinen Leib, sondern die Frau" (1 Kor 7,3). An anderer Stelle knüpft Paulus am Einheitsbegriff an: „Es gibt nicht mehr Juden und Griechen, nicht Sklaven und Freie, nicht Mann und Frau. Denn ihr alle seid eins in Christus" (Gal 3,28).

Vor dem Hintergrund dieser Texte müsste deutlich werden, dass die Kirche eigentlich der Ort sein sollte, an dem Über- und Unterordnungsverhältnisse zwischen den Geschlechtern aufgehoben sind. Ein Jude soll ein Jude und ein Grieche ein Grieche bleiben dürfen, eine Frau eine Frau und ein Mann ein Mann.[74] Aber die „trennende Wand" (Eph 2,14) zwischen ihnen ist niedergerissen. Beide haben gleichen Anteil an der Würde der Gotteskinder. Das zeigt sich auch im Leben der Kirche. Keiner kann dem anderen den Zugang zum Reich

Gottes, die Zugehörigkeit, die Tischgemeinschaft, den Rang absprechen.

Es fällt vor dem Hintergrund des Evangeliums schwer, zu verstehen, warum die katholische Kirche sowie die orthodoxen Kirchen in der Konstruktion der Leitungsämter und der Liturgie auf einer patriarchalischen Ordnung bestehen. Der Impuls des Evangeliums hat nicht nur geschichtlich schon viel in Hinsicht auf eine Schwächung des Patriarchates bewirkt, sondern er bleibt ein Stachel im Fleisch existierender patriarchalischer Kulturen. Das müsste den Kirchen ein willkommener Ansporn sein, in der Spur des Evangeliums weiterzugehen. Wenn sich aber auf internationalen ökumenischen Konferenzen Patriarchen nicht neben Bischöfinnen der reformierten Kirchen[75] setzen, dann spricht hier mehr das alte Patriarchat als die Treue zur Praxis Jesu, der nur Männer als Apostel berief. Wieso Jesus, der so auffällig mit dem Patriarchat brach, dezidiert darauf bestanden haben sollte, dass für die Dauer der Kirchengeschichte nur Männer Nachfolger der Apostel werden, ist nicht nachvollziehbar, zumal er auch Frauen in seine Nachfolge rief. Im Abendmahlssaal saßen nicht nur zwölf Männer. Frauen waren die ersten Zeuginnen und Predigerinnen der Auferstehung. Und sollten – historisch – tatsächlich „die Zwölf" nur Männer gewesen sein, so kann man daraus nicht schließen, dass es Jesus auf die Männlichkeit der Zwölf ankam. Die Symbolik der Zwölferzahl steht für ganz Israel, und diese Symbolik wurde für die Konstruktion der Leitungsstrukturen der Kirche nachösterlich unwichtig – nach einem letzten Versuch, die Zahl Zwölf, die durch den Suizid von Judas auf Elf geschrumpft war, wieder vollständig zu machen (vgl. Apg 1,26).

Schließlich: Die Dramatik des urkirchlichen Konfliktes, der in der Apostelgeschichte berichtet wird, besteht darin, dass das Sendungswort des auferstandenen Herrn zu den „Heiden" gegen ein Wort des vorösterlichen Herrn stand, das die

Macht und Sexualität

Sendung der Jünger ausdrücklich auf die „verlorenen Schafe des Hauses Israels" beschränkte. Trotzdem öffnete sich die Urkirche nach Ostern der Sendung zu den „Heiden", zu den Nichtjuden. Wieso sollte es also nicht möglich sein, dass die historische Praxis Jesu, wenn sie denn wirklich in Bezug auf die „Apostel" so männerzentriert war, nicht doch aufgrund geschichtlicher Entwicklungen, an denen Gottes Geist beteiligt ist, verändert wird? Schließlich setzt das Evangelium mit seiner Hervorhebung der Würde der Frau gegen eine patriarchalische Ordnung einen klaren Akzent.

Im Wesentlichen beruft sich das kirchliche Lehramt in der Frage der Zulassung von Frauen zu Weiheämtern auf das Gewicht der Tradition.[76] Auch ein taktisches Argument klingt immer wieder an, wenn der Status quo in der Zulassungsordnung zum Weiheamt verteidigt wird: dass die Einheit der katholischen Kirche und die weitgehende Einheit mit den orthodoxen Kirchen zerbrechen könnte, wenn Frauen zu Weiheämtern zugelassen würden. Es gibt auch Stimmen aus der Frauenbewegung, die gar nicht in das Weiheamt drängen, weil sie das Weiheamt selbst für einen Ausdruck von Machtverhältnissen halten, die es zu überwinden gilt. Das Ringen um alle diese Fragen wird weitergehen. Aber schon jetzt kann man sagen, dass die gegenwärtige Zugangsregelung zu Weihe- und Leitungsämtern missbraucht wird, wenn sie einen Vorwand dafür liefert, um frauenfeindliche Mentalitäten weiterzupflegen. Das „Männerbündische" ist eine Versuchung des Klerus. Wenn die Attraktivität des Priesterberufes für nicht wenige Männer gerade in der Männlichkeit des Klerikerstandes gründet, dann ist das ein Problem. Die Freude an der Männlichkeit des Klerus ist keine unschuldige Freude, auch wenn sie fromm daherkommt. Fromme Männerbünde interessieren sich nicht nur nicht für Frauen, sondern pflegen oft auch ein negatives Frauenbild: „Es ist nicht gut für einen Mann, eine Frau zu berühren" (1 Kor 7,1) lautet eine Parole von frommen Männern, gegen die Paulus argumentiert. Solche Parolen sind nicht überwunden. Egal ob dahinter Unreinheitsphantasien (Unreinheit der Frauen, Befleckung des Mannes) oder Machtphantasien (Macht der Frauen, Ohnmacht des Mannes) stecken: Das Männerbündische hat eine frauenfeindliche Außenseite.[77]

Frauenfeindlichkeit als Impuls hinter innerkirchlichen Tendenzen wird nicht nur in Leitungsfragen, sondern auch in Fragen der liturgischen Ordnung jenseits der Ordinationsfrage sichtbar. Ich saß mit einem Priester und einem katholischen Ehepaar zu Tisch. Der Priester berichtete, dass der Priesternachwuchs in seiner Diözese nachweislich aus jenen Pfarreien zahlreicher sei, in denen nur Jungen Messe dienen. In seiner eigenen Pfarrei gebe es aber noch Mädchen am Altar. Sein Vorhaben als Kaplan sei es nun, in den nächsten Monaten die Mädchen „ganz vorsichtig vom Altar wegzumobben". Uns drei Zuhörern fiel der Kiefer herunter, als wir das hörten. Doch wir hatten zugleich den Eindruck, dass es überhaupt keinen Zweck hatte, zu argumentieren. Das Patriarchat stellt Machtfragen, keine inhaltlichen Fragen. Solche Äußerungen sind kein Einzelfall in der katholischen Kirche:[78]

> „Michael Taylor, Pfarrer von ‚Corpus Christi' in South Riding (Diözese Arlington), hat im Pfarrblatt das Ende der Aufnahme von Ministrantinnen bekanntgegeben. Dutzende Familien protestierten daraufhin und gaben die Absicht bekannt, ihre Pfarre zu verlassen. Paul Loverde, Bischof von Arlington, hatte es 2006 den Pfarrern freigestellt, auch Mädchen am Altar dienen zu lassen. In 60 Prozent der Pfarren dieser Diözese ist dies aber weiterhin verboten. Manche Diözesen vertreten weiterhin eine ‚boys-only-Politik'. Zuletzt haben die Diözesen Lincoln (Nebraska) und Phoenix (Arizona) ein Ministrantinnenverbot erlassen.

Die neue Jugendseelsorge soll ‚weg vom Zeitgeist' und ‚hin zu Berufungen' orientiert werden. Viele Pfarrer teilen Taylors Meinung, dass das Ministrieren Buben vorbehalten werden müsse, da nur sie Priester werden könnten."

Wenn frisch geweihte junge Männer ihren Kaplansdienst mit dem Projekt beginnen, Mädchen vom Altar wegzumobben, ist das die eine Sache. Hier wäre zu fragen, wie es überhaupt dazu kommen kann, dass ein solcher junger Mann geweiht und mit Seelsorge beauftragt wird. Dass aber solche Praktiken in Diözesen geduldet oder gar gefördert werden, ist eine andere Sache. Spätestens hier beginnt sich der Klerus als Männerbund auf Kosten der Frauen und Mädchen zu begreifen und entsprechend zu rekrutieren. Das ist Missbrauch von Macht im Dienste des Patriarchates.

4. Homophobie

Die katholische Kirche lehrt, dass „die homosexuellen Handlungen in sich nicht in Ordnung sind", weil sie „gegen das natürliche Gesetz" verstoßen, „denn die Weitergabe des Lebens bleibt beim Geschlechtsakt ausgeschlossen".[79] Zugleich verbietet sie, Menschen wegen ihrer homosexuellen Veranlagung zu diskriminieren.[80] Daraus ergibt sich eine Spannung. Sie wird zum Beispiel deutlich, wenn der katholische Weltkatechismus für „homosexuelle Handlungen" als „schlimme Abirrung" auf Gen 19,1–29 als biblischen Beleg verweist. Wenn man die Stelle nachschlägt, stößt man auf eine Geschichte, in der Männer das Gastrecht verletzen und männliche Gäste vergewaltigen wollen. Damit steht im Hintergrund das diskriminierende Bild des Homosexuellen als Sex-Monster auf. Man könnte auch sagen: Thema verfehlt. Denn das Verwerfliche an den Plänen der

Männer Sodoms ist ja, ähnlich wie bei anderen biblischen Vergewaltigungsgeschichten, die Gewalt.

Das Thema Homosexualität ist aus mehreren Gründen von besonderer Brisanz für die katholische Kirche. Neuzeitliche Psychologie und Wissenschaft haben geklärt, dass Homosexualität bei Mensch und Tier vorkommt – und keineswegs mit den Begriffen „Krankheit" oder „Sünde" zu fassen ist. So wird es schwer, den normativen Naturbegriff zu halten, welcher der katholischen Moraltheologie zugrunde liegt. Offensichtlich kennt die Natur bei Mensch (und Tier) gleichgeschlechtliche Sexualität, die eo ipso nicht mit Fruchtbarkeit verbunden ist. Die katholische Sexualmoral hingegen koppelt Fragen von der Verhütung bis zu Themen wie In-vitro-Fertilisation an den normativen Begriff einer Natur des Geschlechtsaktes, zu dem immer und notwendig auch die Offenheit für Kinder hinzugehört. Alles, was das nicht erfüllt, gilt als widernatürlich, „contra naturam", also auch „homosexuelle Handlungen".

Die katholische Kirche steuert mit ihrer Position zur Homosexualität in eine inhaltliche Konfrontation mit der westlichen Moderne über die Frage nach den Menschenrechten. Denn trotz des Diskriminierungsverbots vertritt sie – zum Beispiel mit der Ablehnung von gleichgeschlechtlichen Partnerschaften – Positionen, die von der anderen Seite als diskriminierend bewertet werden. Dabei handelt es sich nicht um bloße Meinungsverschiedenheiten, die nebeneinander koexistieren könnten. Vielmehr geht es um eine Frage nach Grundrechten. Diese können nicht je nach Kultur eingefordert werden oder auch nicht. Sie sind unteilbar. Darüber hinaus führt die nicht mehr rückgängig zu machende Enttabuisierung der Homosexualität dazu, dass sich Homosexuelle im Coming-out ihrer Veranlagung mehr bewusst werden als zu früheren Zeiten. Dadurch sind sie im öffentlichen Gespräch präsent, auch in der innerkirchlichen Öffentlichkeit, und zwar nicht mehr nur als Objekte, sondern als Subjekte: „Ich bin schwul, und das ist gut so. Ich bin lesbisch, und das ist gut so." Solche Sätze, öffentlich gesprochen, verändern die gesamte Gesprächssituation. Die Entwicklung trifft auch den Klerus in der katholischen Kirche, zu dem Homosexuelle laut Zulassungsbedingungen eigentlich gar keinen Zutritt haben dürften. Wer heute in Priester- und Ordenskreisen über Homosexualität spricht, muss davon ausgehen, dass Brüder und Schwestern dabei sind, die homosexuell veranlagt sind und das auch wissen. Das Sprechen „über" funktioniert nicht mehr, oder nur dann, wenn das Sprechen „mit" hinzukommt.

Als der Pastoraltheologe Hanspeter Heinz 1994 einen Artikel veröffentlichte, in dem er von einem Anteil von 20 Prozent Homosexuellen im katholischen Klerus sprach, musste er sich wegen angeblicher Beleidigung des Klerus beschimpfen lassen. Heute ist davon auszugehen, dass der Anteil höher ist. Die Aufdeckung der sexuellen Missbräuche 2010 hat das Thema noch einmal neu auf die Tagesordnung gesetzt, und zwar auf eine Weise, die das homophobe Vorurteil gründlich verunsichert, der klassische sexualisierte Gewalttäter sei homosexuell. Die in diesem Zusammenhang bedeutsamen Zahlen lauten: Mehr als 95 Prozent der sexuellen Missbrauchstäter sind Männer. Die Mehrheit der Opfer sind Mädchen und Frauen. Die Mehrheit der Missbrauchstäter weltweit sind Heterosexuelle. Es gibt eine stark gefährdete Untergruppe unter homosexuellen Männern. Bei Priestertätern ist nach vorliegenden Erkenntnissen die größte Opfergruppe die der postpubertären Jungen.[81]

Von der Aufdeckung sexuellen Missbrauchs in der Kirche geht eine produktive Verwirrung aus, die Vorurteile und Feindbilder über sexuelle Identitäten aufbricht. Als die Missbräuche in den USA in den 90er-Jahren bekannt wurden, rief Johannes

Paul II. die amerikanischen Bischöfe in den Vatikan. Nach der Aussprache mit dem Papst trat der Vorsitzende der US-amerikanischen Bischofskonferenz vor die internationale Presse und erläuterte die zukünftige Strategie: Man wolle die homosexuellen Kleriker aus dem Klerus entfernen, um das Problem des Missbrauchs durch Priester in den Griff zu kriegen. – So kann man inzwischen nicht mehr sprechen.

In anderen, sonst auch weniger reformfreudigen Kreisen führt die Erkenntnis über den hohen männlichen Anteil an den Opfern klerikalen Missbrauchs dazu, dass man sich der Forderung nach Aufhebung des Zölibates anschließt: Die Öffnung des Priesteramtes für verheiratete Männer sei die beste Möglichkeit, den hohen Anteil von Homosexuellen im katholischen Klerus zurückzudrängen. Es ist das Argument, das problematisch ist, weil dahinter wieder die pauschale Verdächtigung der Homosexualität steht. Ähnlich schwierig wird es, wenn anlässlich der Missbrauchsdebatte Priester als Männer dargestellt werden, deren Sexualität so sehr eingeschränkt und unterdrückt wird, dass sie sich andernorts Bahn brechen müsse. Aus feministischer Perspektive steht hier die Frage nach dem Bild von männlicher Sexualität überhaupt zur Debatte: „Die Forderung nach Abschaffung des Zölibats in diesem Zusammenhang sagt implizit: Priester sollen ihren Trieb besser an (Ehe)Frauen abagieren. Zugegeben, das ist sehr pointiert formuliert ... Nichtsdestotrotz: Der starke Fokus auf den Zölibat als Problem(mit)ursache bedeutet, sexuellen Missbrauch als ein Problem der Sexualität zu verstehen."[82] Die problematische Vorstellung, dass Männer gar nicht enthaltsam leben können, wird in vielen Kreisen wiederum auf homosexuelle Männer projiziert. Bis heute finden homosexuelle Priester allein schon deswegen keine Akzeptanz in weiten Kreisen der katholischen Kirche, weil dort Homosexualität mit Zölibatsbrüchigkeit gleichgesetzt wird.[83] Auch dies gehört in die Sparte Diskriminierung von Homosexuellen. Ein Mitbruder, an dessen vorbildlicher Lebensführung und Seelsorge für mich kein Zweifel besteht, wehrte sich vor einigen Jahren einmal auf einer kirchlichen Versammlung gegen die Gleichsetzung von Homosexualität und sexueller Übergriffigkeit mit den Worten: „Ich bin schwul und ich tue so etwas nicht." Der Sturm der Entrüstung, der anschließend auf ihn und seine ihn stützende Kommunität hereinbrach, gab mir erstmals eine Vorstellung vom homophoben Gewaltpotenzial in der katholischen Kirche. Der irrationale Kern der Vorwürfe lautete in diesem Fall: Schon das Aussprechen der eigenen Homosexualität in der ersten Person Singular ist unkeusch, ein Zölibatsbruch, ein exhibitionistischer Akt.

Aus der Opferperspektive sei noch auf ein weiteres homophobes Vorurteil hingewiesen, das durch den Kontakt mit der Realität ins Wanken gerät: Es gibt hetero- und homosexuelle Opfer. Die Frage, ob der sexuelle Missbrauch durch einen Mann beim Jungen eine nur momentane, entwicklungsbedingte homoerotische Neigung angesprochen hat oder ob durch den Missbrauch eine bereits verfestigte homoerotische Neigung zu Bewusstsein kam, kann im jeweiligen Fall offen bleiben. Als die Jugendlichen am Canisius-Kolleg 1980 schrieben, „homosexuelle Jugendliche" seien durch den Pater besonderen Pressionen ausgesetzt, kannten sie diese feinen Unterscheidungen nicht. Aber sie spürten eines sehr deutlich: Der Missbrauch, mit dem sie es zu tun hatten, hatte auch eine homophobe Struktur, und zwar seitens des Täters. Wichtig an dieser Opferperspektive auf den Missbrauch ist: Zunächst geht es nicht um die sexuelle Identität des Täters, sondern um die sexuelle Identität der Opfer. Wenn man einmal den Blick in diese Richtung wendet, ergeben sich mehrere Hinweise, die zur Vorsicht im Urteil mahnen. Man kann aus der Tatsache, dass Jungen Opfer sind, nicht einfach schließen, dass der Täter homosexuell ist. Es gibt manche Täter, die zu einem späteren Zeitpunkt aus dem

Priesteramt ausgestiegen sind, geheiratet haben und nun Familienväter sind. Man kann aus homophoben Äußerungen und Praktiken eines Täters auch nicht schließen, dass der Täter heterosexuell ist. Oft stammen die härtesten homophoben Praktiken und Wortmeldungen von Männern, die bei sich selbst ihre Homosexualität verleugnen – weswegen homophobe Äußerung aus dem Klerus keine oder eher sogar contra-intentionale Rückschlüsse auf diejenigen zulassen, die sich so äußern.

5. Sprachlosigkeit

Das Problem systemisch bedingter Sprachlosigkeit lässt sich ebenfalls gut am Beispiel der Homophobie darstellen. Um einmal in einen anderen als den kirchlichen Bereich zu blicken: „Philipp Lahm, 27, Nationalelf-Kapitän, rät schwulen Profi-Fußballern davon ab, sich zu outen. ‚Für denjenigen, der es tut, würde es sehr schwer werden', sagte der beim FC Bayern München spielende Lahm der Illustrierten Bunte. Seiner Einschätzung nach wäre ein offen schwuler Fußballer Schmährufen ausgesetzt. ‚Es ist schade, aber Schwulsein ist im Fußball – anders als in Politik und Showgeschäft – immer noch ein Tabuthema.'"[84]

Es besteht eine Parallele zu sektenartigen Schweigestrukturen in anderen Gruppen: Was im innersten Zirkel der Fall ist, steht im Gegensatz zu der Rhetorik des Mainstreams in derselben Gruppe. Wenn elf Männer sich nach einem Tor vor vollen Stadien im Pulk herzen, küssen und umarmen, schwenkt die Kamera sogleich auf elf Bräute in den Rängen, die qua Person Auskunft geben über die eigentlichen Neigungen der Fußballhelden. Es darf kein falscher Verdacht aufkommen. Mit homophober oder demonstrativer Hetero-Sprache kann man ein Geheimnis gut schützen.

In solcher Atmosphäre ist es natürlich für Opfer sexualisierter Gewalt mehr oder weniger unmöglich zu sprechen, zumal dann, wenn sie selbst beim Übergriff verbotene Lust empfunden haben. Opfer berichten, dass sie aufgrund des Übergriffs und dessen, was sich da bei ihnen regte, jahrzehntelang Angst hatten, zu den Verdammten zu gehören, die in ihren Phantasien widernatürlich abirren und die für den Fall, dass sie in der Gruppe oder wo auch immer sichtbar werden, Gegenstand des Abscheus, des „Gräuels" werden. Fast immer müssen sie die Gruppe oder das System verlassen, um überhaupt sprechen zu können. Innerhalb des Systems treffen sie ja auf eine Struktur des Weghörens, die sie als Opfer gar nicht zulässt, weil sie ein „Gräuel" sind. Es gibt Fälle, wo Dissidenten in kirchlichen Gruppen deswegen nicht geglaubt wurde, weil sie schwul oder lesbisch waren. Eine Frau machte die Erfahrung, dass ihr Lebensbericht, den sie nach ihrem Ausstieg aus einer autoritären katholischen Gruppe verfasst hatte, deswegen kein Gehör fand, weil man sich hinter ihrem Rücken gegenseitig zuflüsterte: „Die ist lesbisch" – obwohl sie es gar nicht war.

Wer nicht sprechen kann, kann auch nicht hören. Wer kein Chinesisch kann, versteht nichts, wenn er auf Chinesisch angesprochen wird. Manche Opferberichte hinterlassen den Eindruck, dass die angesprochenen kirchlichen Ohren tatsächlich die Sprache nicht verstanden, mit der die Opfer redeten. Deswegen wurden die Opfer entweder voll Abscheu zurückgestoßen, oder ihre Geschichten wurden schlicht nicht verstanden und waren deswegen auch sofort wieder vergessen.

Die Kirche und insbesondere der Klerus kann diese Art von Sprachlosigkeit nur durch das Sprechen über Sexualität in der ersten Person Singular überwinden. Insbesondere im Klerus ist das Sprechen über Sexualität in der Ich-Form aber nicht geschützt, sondern so gefährlich wie unter Fußballern. Beispiel: Ein Priester hatte nach seiner Priesterweihe sein homosexuelles

Coming-out. Er erinnerte sich, wie er als 13-Jähriger zum ersten Mal in seinem Leben homosexuelle Neigungen verspürte. Das erschreckte ihn so sehr, dass er sich schwor, sein Leben lang niemals mit einem Menschen darüber zu sprechen. Zwischendurch verdrängte er sogar vollständig seinen Schwur aus der Pubertätszeit. Nun, 15 Jahre später, konnte er darüber nicht mehr schweigen. Er sprach mit seinem Bischof darüber. Dieser gestattete ihm, weiter Priester zu sein – unter der Bedingung, dass er nicht darüber spricht. Daraufhin entschied sich der Kaplan, das Priestertum zu verlassen.

Die disziplinarische Selbstgefährdung ist ein entscheidender Grund, warum im Klerus nicht offen über Sexualität in der Ich-Form gesprochen werden kann. Das beginnt schon mit der Zulassung zur Priesterweihe. Da die katholische Kirche homosexuelle Männer nicht weiht (besser: nicht weihen will), treten viele Kandidaten mit einer Lüge oder zumindest mit einer vorenthaltenen Wahrheit in die Priesterweihe. Nach der Priesterweihe schämen sie sich nicht nur über ihre sexuelle Identität, sondern auch noch über ihre Lüge. Ihr Schweigen führt sowohl in der Ausbildungsphase als auch danach zum kompletten Verstummen des Diskurses über Sexualität in der ersten Person Singular. Es erfasst dann auch die heterosexuellen Kleriker. Denn jeder heterosexuelle Mitseminarist oder Mitbruder weiß, dass er über seine Sehnsüchte und Bilder offen sprechen darf und damit eben den homosexuellen Mitbruder bloßstellt, der darüber nicht sprechen kann. Also spricht er nicht, um nicht bloßzustellen. Lügen und Schweigen sind das unglückselige Paar, das bei dieser Konstruktion herauskommt.

Die Struktur der Sprachlosigkeit, die am Extremfall des Verhältnisses von Klerus und Homosexualität deutlich wird, findet eine Parallele in anderen Bereichen des katholischen Lebens. Beispiel: Die große Mehrheit auch der gut katholischen Eltern hält sich nicht an das Verbot künstlicher Verhütung, wie es die kirchliche Lehre vorschreibt. Je loyaler solche Eltern zugleich gegenüber der Kirche und ihrem Lehramt sind, desto schwerer fällt es ihnen, ihren Kindern zu diesem Thema die Wahrheit zu sagen. Also schweigen sie, um die Kinder nicht zu belügen. Damit entsteht bereits in den Familien die Sprachlosigkeit, die es so schwer macht, zu hören, wenn die Kinder in den Familien dennoch über Sexualität sprechen wollen. Oder: Das kirchliche Arbeitsrecht sieht vor, dass wiederverheiratete Geschiedene nicht im kirchlichen Dienst bleiben können. Um ihren Arbeitsplatz nicht zu verlieren, entscheiden sich Angestellte katholischer Institutionen im Fall der Fälle eher dafür, unverheiratet mit dem neuen Partner oder der neuen Partnerin zusammenzuleben, als sich öffentlich zu binden. Um schweigen zu können, wird gelogen. Die Liste der Verdrucksteiten und Doppellebigkeiten ließe sich fortsetzen.

TEIL III
Vertrauensressourcen

I. Theologische Vergewisserung

„So ist die Kirche das schönste Geschenk Gottes", sagte Benedikt XVI. bei seinem Deutschlandbesuch 2011 im Berliner Olympiastadion.[85] Kurz davor, im Interview vor seinem Eintreffen in Deutschland, hatte er mit Blick auf die Missbrauchskrise erklärt: „Ich kann verstehen, dass jemand im Licht solcher Informationen – vor allem wenn sie einen nahestehenden Menschen betreffen – sagt: Das ist nicht mehr meine Kirche."[86] Die Vertrauenskrise in der Kirche ist aus gegebenem Anlass nachvollziehbar, und zugleich bleibt die theologische Auffassung der Kirche von sich selbst sehr hoch. Lässt sich beides in der Vertrauenskrise halten?

Vertrauen kann nicht befohlen werden. Vertrauen kann nur in Freiheit geschenkt werden, und vor allem kann es nur dann geschenkt werden, wenn es da ist. Der eigentliche Schmerz der Vertrauenskrise besteht in der Abwesenheit des Vertrauens. Dieser Schmerz wird weder mit Ruck-Reden noch mit „positivem Denken" oder Kampagnen zur Wiedergewinnung der Glaubwürdigkeit überwunden. Je tiefer die Vertrauensbeziehung zur Kirche und in der Kirche ist, desto mehr nagt die Beschädigung des Vertrauens an der eigenen Seele. Man muss durch diese Schmerzen hindurchgehen, wenn man an die tieferen Quellen herankommen will, aus denen neues Vertrauen sprudelt. Man kann auch in den Schmerzen steckenbleiben und zum schimpfenden Rohrspatz werden, manchmal ein Leben lang. Der Unterschied zwischen Klagen und Schimpfen ist bisweilen schwer auszumachen; aber diesen Unterschied zu erspüren ist eine spirituelle Aufgabe, vor der alle stehen, die nicht bloß in den Schmerzen über das beschädigte, missbrauchte oder gar verlorene Vertrauen steckenbleiben wollen. Jesus stand zu seiner Zeit ja auch vor dieser Herausforderung.

Manche ziehen sich, um nicht weiter verletzt zu werden, aus der Kirche zurück. Selbstschutz hat Vorrang, auch wenn es um den Schutz der eigenen Vertrauensressourcen geht. Aber insofern ich durch meine Distanz etwas Kostbares schützen will, hört die Kirche gerade *nicht* auf, etwas Kostbares, „meine Kirche" zu sein: Die Gebete bleiben, das Vaterunser, die Lieder, die Schlüsselsätze des Evangeliums, die Person Jesu, die Frage nach Gott, die grundlegenden Wertmaßstäbe, die Hoffnung auf Trost im Sterben und auf Leben nach dem Tod. Wenn man auf Distanz geht, geht es oft ja gerade darum, das Kostbare an der Kirche zu schützen.

Hape Kerkeling schreibt auf seinem Pilgerweg nach Santiago de Compostela über die Kirche:

> „Gott ist für mich so eine Art hervorragender Film wie ‚Gandhi', mehrfach preisgekrönt und großartig. Und die Amtskirche ist lediglich das Dorfkino, in dem das Meisterwerk gezeigt wird. Die Projektionsfläche für Gott. Die Leinwand hängt leider schief, ist zerknittert, vergilbt und hat Löcher. Die Lautsprecher knistern, manchmal fallen sie ganz aus oder man muss sich irgendwelche nervigen Durchsagen während der Vorführung anhören, wie etwa: ‚Der Fahrer mit dem amtlichen Kennzeichen Remscheid SG 345 soll bitte seinen Wagen umsetzen.' Man sitzt auf unbequemen, quietschenden Holzkisten, und es wurde nicht mal sauber gemacht. Da sitzt einer vor einem und nimmt einem die Sicht, hier und da wird gequatscht und man bekommt ganze Handlungsstränge nicht mehr mit. Kein Vergnügen wahrscheinlich, sich einen Kassenknüller wie ‚Gandhi' unter solchen Umständen ansehen zu müssen. Viele werden rausgehen und sagen: ‚Ein schlechter

Theologische Vergewisserung

Film'. Wer aber genau hinsieht, erahnt, dass es sich doch um ein einzigartiges Meisterwerk handelt. Die Vorführung ist mies, doch ändert sie nichts an der Größe des Films. Leinwand und Lautsprecher geben nur das wieder, wozu sie in der Lage sind. Das ist menschlich. Gott ist der Film und die Kirche ist das Kino, in dem der Film läuft. Ich hoffe, wir können uns den Film irgendwann in bester 3-D- und Stereo-Qualität unverfälscht und mal in voller Länge angucken! Und vielleicht spielen wir dann ja sogar mit."
(Aus: *Ich bin dann mal weg*, Malik Verlag München 2006, S. 186 © Piper Verlag GmbH, München)

Wie man der weiteren Lektüre des Pilgerberichtes von Kerkeling entnehmen kann, ringt der Autor auch sehr konkret um sein Vertrauen in die Kirche. In dieser Passage bemüht er sich um eine theologische Vergewisserung dessen, was die Kirche ist. Damit geht er einen Schritt über die Distanz zur Kirche hinaus. Das Kino-Bild könnte man in der Sprache von Benedikt XVI. so weiterführen: Gott hat der Menschheit ein Kino geschenkt, in dem sie den Film *Gott* anschauen kann. Das macht die eigentlich Attraktivität des Kinos aus. Der Film läuft weiter, auch wenn es im Kino manche Störung gibt. Es besteht sogar die Möglichkeit, in dem Film mitzuspielen – Gott ist nicht bloß Angeschauter, die Menschen sind nicht bloß Zuschauer. Das Kino ist kein Selbstzweck, sondern dient dieser Begegnung. Wer verbunden bleiben will mit dem Film *Gott*, braucht allerdings das Kino, in dem der Film läuft. Es ist zwar im Einzelfall denkbar, dass einer mit dem Thema Gott verbunden bleibt, auch wenn er nicht oder nicht mehr zur Kirche gehört, aber die Gottesfrage bedarf eines konkreten Ortes, in der sie beheimatet ist und kommuniziert wird. Auch der von der Kirche distanzierte Einzelne profitiert letztlich von diesem Ort.

1. Was ist katholisch?

„Katholisch" ist in den letzten Jahren immer mehr zu einem Kampfbegriff geworden – nicht nur im Sinne einer konfessionellen Abgrenzung vom Protestantismus, sondern auch innerkatholisch. Mit dem innerkirchlichen Zu- und Absprechen von Katholizität werden Schubladen auf- und zugemacht. Das spiegelt sich dann in der öffentlichen Wahrnehmung wider, wenn diejenigen Personen und Positionen als besonders „katholisch" bezeichnet werden, die besonders schrill zuspitzen. Der Rückkoppelungseffekt tritt ein, wenn etwa Getaufte aus anderen Konfessionen deswegen zur katholischen Kirche übertreten, weil dort angeblich noch das Patriarchat in Ehren und Homosexualität für schwere Sünde gehalten wird – eine absurde Reduktion des Begriffs „katholisch" und ein verhängnisvoller Rückschlag für das Bemühen um Ökumene. Und nicht nur das. Zeitgleich entwickelt sich in der katholischen Kirche bis in höchste Kreise hinein eine Rausschmeißer-Mentalität nach dem Motto: „Werd' doch direkt evangelisch." Sie trifft vornehmlich Katholiken, wenn sie Bedenken oder Widerspruch gegen Entwicklungen in der kirchlichen Hierarchie anmelden. Das klingt dann so wie in den Zeiten, als Wehrdienstverweigerer im Westen Deutschlands den Satz hören mussten: „Geh doch direkt in die DDR." Unausgesprochen wird da ein neuer Gestus der Verachtung gegenüber anderen Konfessionen laut, der meilenweit entfernt ist von dem ökumenischen Geist, der das Zweite Vatikanische Konzil oder die große Enzyklika *Ut unum sint* von Johannes Paul II. prägte.

In der Vertrauenskrise werden Begriffe deformiert. Um nicht in den Sog der sprachlichen Verrohung zu geraten, die gegenwärtig in der Kirche zu konstatieren ist, bedarf es einer intellektuellen Anstrengung. Sie kann vielleicht noch nicht das Herz trösten, aber immerhin den Verstand ansprechen und somit aufmerksam machen auf die geistlichen Fallen, die hinter der Pseudoklarheit des Lagerdenkens lauern.

1.1 Der Begriff „katholisch"

Der erste Beleg für das Prädikat „katholisch" für die Kirche stammt aus einem Brief des frühchristlichen Martyrers Ignatius von Antiochien: „Wo der Bischof erscheint, da ist die Gemeinde *(plethos)*, wie da, wo Christus Jesus ist, die katholische Kirche *(hē katholikē ekklēsia)* ist."[87] Der Satz parallelisiert „Bischof" und „Christus" sowie „Gemeinde" und „katholische Kirche". Der Differenz zwischen Bischof und Christus entspricht die Differenz zwischen Teil und Ganzem. Die Fülle des Katholischen besteht in der Anwesenheit Christi.

Im Bericht über das Martyrium des Polykarp – um 160 n. Chr. – wird der Katholizitätsbegriff weitergeführt. Der Bericht richtet sich „an alle Gemeinden der katholischen Kirche an allen Orten". Die katholische Kirche ist die eine Kirche, die über die ganze Welt verstreut ist. Sofern alle Gemeinden an der Fülle der Gegenwart Christi teilhaben, werden sie „katholisch" genannt. In diesem Sinne ist Polykarp „Bischof der katholischen Kirche von Smyrna". Der Begriff ist nicht abgrenzend gemeint.

Augustinus betont, dass *kath'holon* „secundum totum" meint: „ausgebreitet über die ganze Welt". Er entwickelt den Begriff des „Katholischen" in der Auseinandersetzung mit denjenigen Christen, die sich abspalten und eine eigene „Gemeinde" gründen. Die Schismata (Spaltungen) sind lokale Abspaltungen; die Begrenzung auf das „Lokale" ist nach der Vorstellung von Augustinus ihr Prinzip. Für Augustinus ist es schlechterdings nicht vorstellbar, dass eine lokale Abspaltung die Fülle Christi gegenüber der „katholischen" Kirche beanspruchen könnte. Ähnlich empfanden wohl auch die ersten Jesuiten gegenüber den Reformatoren in Deutschland. Besonders eindrucksvoll wird dies sichtbar an einer wichtigen Station des Lebens von Petrus Canisius. Seine Begegnung mit Philipp Melanchthon 1557 in Worms war für lange Zeit einer der letzten Versuche, die theologischen Differenzen um die Rechtfertigungslehre zu überwinden. Doch das Problem lag tiefer als in jenen theologischen Differenzen. Für Canisius war es nicht nachvollziehbar, aufgrund einer Differenz in der Auslegung der Rechtfertigungslehre mit der Fülle des Katholischen zu brechen, wie er sie verstand. Für ihn waren die Reformatoren Schismatiker im Sinne von Augustinus: Sie repräsentierten eine „lokale" Größe (Deutschland) und einen partikularen Inhalt (die paulinische Rechtfertigungslehre in der reformatorischen Auslegung).

Die erste Verengung des Begriffs des Katholischen hängt mit den Entwicklungen im Staat-Kirche-Verhältnis zusammen. Durch den *Codex Theodosianus* von 438 n. Chr. wurde die Kirche Reichskirche. Seitdem galt nur noch jene Kirche als „katholische" Kirche, die reichskirchlich anerkannt war – eine folgenreiche Einschränkung. Häresien und Schismen konnten nun reichsrechtlich geahndet werden. Die Reformatoren legten allein schon aus diesem Grund Wert darauf, als „katholisch" anerkannt zu werden. Sie unterschieden zwischen „katholisch" und „römisch". Umgekehrt hatten die Päpste schon nach der Gregorianischen Reform im 11. Jahrhundert den Alleinanspruch der römischen Kirche auf den Titel der *Mater omnium catholicorum* erhoben. Aus römischer Perspektive entsprach die *Ecclesia Catholica* seitdem der *Ecclesia Romana*.

Nicht erst in der Reformation musste die Gleichsetzung von „katholisch" und „römisch" zu Problemen führen. Die von Rom getrennten orthodoxen Kirchen verstanden und verstehen sich als „katholisch", auch im theologischen Sinne des Wortes als anteilhabend an der Fülle der Gegenwart Christi. Die Reformatoren hielten an dem Bekenntnis zur katholischen

Kirche fest – bis heute nicht nur die anglikanische Kirche, sondern viele andere Kirchen, die aus der römischen Perspektive nur als „kirchliche Gemeinschaften" gelten, da „ihnen die im historischen Sinn verstandene apostolische Sukzession und damit die volle Substanz des Weihesakramentes fehlt".[88] Sie alle wollten und wollen sich aber nicht von der alten katholischen Kirche lossagen, sondern „nur" von der römischen Kirche, vor allem vom päpstlichen Primat, so wie er geschichtlich geworden war und nun ist.

Erst mit der Säkularisierung 1803 wurde die reichsrechtliche Einbindung der Kirchen gegenstandslos – jene „Entweltlichung" also, die Benedikt XVI. bei seinem Deutschlandbesuch durchaus auch als Befreiung der Kirche deutete. Spätestens da wurde allerdings aus evangelischer Perspektive „katholisch" zu einer negativ besetzten Konfessionsbezeichnung. Die „katholische" Seite benutzte schon vorher den Zusatz „römisch-katholisch", um sich konfessionell gegen die evangelischen Kirchen abzugrenzen. So bekannte sich die *Confessio fidei Tridentina* (1564) ausdrücklich zur *Sancta Catholica et Romana Ecclesia*.

1.2 „Katholisch" als Konfessionsbegriff

Der Rückgriff auf den ursprünglichen Bedeutungsgehalt des Begriffs „katholisch" mag helfen, aus einer konfessionell verengten, vornehmlich an Abgrenzung interessierten Perspektive auf „das Katholische" herauszukommen. Aber es wäre andererseits unrealistisch, die Trennungsgeschichte zwischen Christen zu leugnen. Sie hat Spuren im kollektiven Gedächtnis und Empfinden der jeweiligen Konfessionen hinterlassen. Empirisch gesehen ist die Christenheit in „Kirchen" zerfallen. Das ist vor dem Hintergrund des Gebetes Jesu, „sie sollen eins sein" (Joh 17,21), ein Ärgernis. Dahinter stecken auch gegenseitige

Verwerfungen, die nachwirken. Historisierende Begriffsanalysen allein helfen nicht, den Riss zu überwinden.

Ich betete einmal mit „meinem" Lehrerkollegium die Vesper. Mir fiel dabei die Rolle des Vorsängers zu. Nach der Beendigung der Vesper machte ich eine Kniebeuge vor dem Tabernakel und verließ den Raum. Die Kolleginnen und Kollegen folgten mir. Ein sehr geschätzter evangelischer Kollege trat an mich heran. Er war sichtlich erstaunt, überrascht, verwirrt: „Sie sind doch so ein gebildeter Mann. Wie können Sie da vor einem Gegenstand wie einem Tabernakel eine Kniebeuge machen?" Es war für ihn nicht nachvollziehbar.

Umgekehrt erinnere ich mich an eine evangelische Abendmahlsfeier. Nach der Feier nahm der Pfarrer die übriggebliebenen Hostien, steckte sie zurück in eine Plastiktasche und stopfte diese in seine Aktenmappe. Eine Katholikin erzählte mir eine ähnlich gelagerte Geschichte: Da wurden die übriggebliebenen Stücke von Abendmahl in den Eintopf geworfen, der anschließend miteinander verzehrt wurde. Für mein und ihr „katholisches" Gefühl ein befremdender, nicht nachvollziehbarer Vorgang.

Es sind wohl diese praktischen Dinge, an denen unterschiedliches kollektives Empfinden spürbar wird, das „katholisch" und „evangelisch" trennt. Daran hat auch bisher die Tatsache nichts geändert, dass seit der Augsburger Erklärung von 1999 der Streit um die Rechtfertigung, der der Ausgangspunkt für die Reformation war, eigentlich offiziell beigelegt ist. Noch heute werden Listen von Unterschieden aufgestellt, die allesamt eher die praktische Frömmigkeit betreffen: Katholiken glauben an die Transsubstantiationslehre, die Protestanten sehen im Brot des Abendmahls „nur" ein Zeichen. Katholiken glauben an Marienerscheinungen, Protestanten nicht. Katholiken glauben an sieben Sakramente, Protestanten nur an zwei. Und so weiter.

Das Problem mit solchen Listen ist, dass sie oft nicht nur falsche, sondern auch vereinnahmende Aussagen machen und dadurch Trennungen verstärken. Bei genauerem Hinschauen verhält es sich nicht so fein säuberlich unterschieden, wie die Liste suggeriert. Kein Katholik muss glauben, dass Maria an bestimmten Orten erschienen ist. Dafür gibt es eine lange Tradition protestantischer Marienfrömmigkeit. Tatsächlich hat Luther, dem *Sola-scriptura*-Prinzip folgend, nur Taufe und Abendmahl als biblisch begründete Sakramente anerkannt; trotzdem gibt es viele Protestanten, denen zum Beispiel die apostolische Sukzession – und damit der sakramentale Akt der Handauflegung bei der Ordination – fehlt, und die das bedauern. Viele Katholiken kennen die Transsubstantiationslehre gar nicht oder missverstehen sie. Umgekehrt hat Luther nicht an der Realpräsenz Christi in der Eucharistie gezweifelt – abgesehen davon, dass es kaum eine so verwirrende Nähe von zwei Worten gibt wie bei den beiden Worten „nur" und „Zeichen". Was bedeutet es denn zu sagen, etwas sei „nur" ein Zeichen? Wenn Kommunikation in Zeichen vollzogen wird, dann sind Zeichen nie „nur" Zeichen.

Doch ich will nicht ausweichen. Es gibt bleibende, wirksame Unterschiede, die schwer zusammenzubringen sind, auseinanderstrebende „Tendenzen" gerade in Bezug auf das Thema Kirche. Tendenziell haben Begriff und Realität von „Kirche" einschließlich des Amtsverständnisses in der protestantischen Tradition ein geringeres Gewicht als in der katholischen Tradition.

Martin Walser sagte in einer Rede, die ganz von einem radikalen Rechtfertigungsdenken in lutherscher Tradition geprägt war (Rechtfertigung ohne Religion wird zur Rechthaberei):[89] „Es ist eher eine unglückliche Entwicklung, dass Religion etwas geworden ist, was nicht mehr ohne Kirchliches gedacht werden kann." Diesen Satz verstehe ich als einen Ausdruck protestantischer Tradition, wie ich sie auch in Kierkegaards *Furcht und Zittern* lese: Demnach wäre Glaube der Akt des Einzelnen; wer ihn nach dem Vorbild Abrahams vollzieht, der „kommt nicht zur Idee der Kirche".[90] An der radikalen Formulierung kann man vielleicht am besten die Tendenz sichtbar machen, die dann auch das kollektive Empfinden einer Konfession prägt.

Der Einzelne steht mit seinem Glaubensakt allein vor Gott, in letzter und nicht mehr vermittelbarer, nicht übertragbarer Verantwortung – so die protestantische Tendenz. Deswegen darf es auch keinen Dritten geben, kein Lehramt und keine andere Autorität, die sich in diesen Akt einmischt. Die evangelische Kirche wäre dann eine Kirche der Freiheit von der Bevormundung durch die Kirche. Demgegenüber betont die katholische Tradition den Zusammenhang von Kirche und Glaube. Zum einen ergänzt, ja: ersetzt die Kirche im Fall der Fälle den Glaubensakt des Einzelnen. „Schau nicht auf unsere Sünden, sondern auf den Glauben deiner Kirche", lautet das Gebet vor dem Friedensgruß in der katholischen Liturgie. Die Kirche ist als Ganze, als „katholische" Kirche ein betendes und glaubendes Subjekt, „der Christus" (1 Kor 12,12),[91] in dem der Einzelne eingebettet ist und getragen wird. Fürbittgebet, Stellvertretung und Repräsentation durch Dritte haben in diesem Konzept mehr Raum. Es kommt hinzu: Zum Glaubensakt gehört der Bezug auf eine Vorgabe. Aus katholischer Perspektive kommt hier die Dimension des Lehramtes ins Spiel. „Glaube" ist nicht nur ein Akt hingebungsvollen Vertrauens, der nicht mehr diskursiv vermittelbar wäre, sondern das „Wem" und „Woraufhin" des Vertrauens ist möglicher Gegenstand einer Auseinandersetzung, in der Vernunft und Autorität spezifische Rollen haben: Die Vernunft als die Instanz, die Einsichten und Erkenntnisse vermitteln kann, ist theologiefähig. Zugleich entscheidet nicht der Einzelne über den Kanon des Glaubens, sondern die Kirche.

1.3 Kirchliches Lehramt

Damit ist das Phänomen des kirchlichen „Lehramtes" angesprochen. Ich nähere mich ihm noch einmal von einer anderen Seite her: Auf den französischen Theologen und Historiker Alfred Loisy geht der Satz zurück: „Jesus verkündete das Reich Gottes, und es kam die Kirche." Der Satz wird meistens in Hinblick auf die Kirche abwertend verstanden, so als wäre die Kirche das traurige Ergebnis einer grandiosen Vision vom „Reich Gottes".[92] Loisys Satz wurde und wird auch gern herangezogen, um zu bestreiten, dass Jesus jemals die Gründung der Kirche im Blick hatte, geschweige denn die der Kirche, wie sie geworden ist. Doch der Punkt, auf den Loisy anspielt, spiegelt zunächst einmal jenseits aller Ironie den Common Sense der Exegese wieder: Jesus verkündete vorösterlich den Juden das Reich Gottes und wandte sich deswegen ausdrücklich nicht an die nichtjüdischen Völker. Die prominentesten Belege lassen sich im Matthäusevangelium finden, insbesondere in der Begegnung mit der kanaanäischen Frau, die von Jesus mit den Worten abgewiesen wird: „Ich bin nur zu den verlorenen Schafen des Hauses Israels gesandt" (Mt 15,24), nicht zu den verlorenen Schafen von Tyros und Sidon. Im weiteren Verlauf der Erzählung lässt sich Jesus zwar durch den Glauben der Frau, der sich in ihrem hartnäckigen Beharren zeigt, zu einer Heilung bewegen, aber diese hat eher den Charakter einer Ausnahme, wegen ihres „großen Glaubens" (Mt 15,28). Ansonsten bleibt es bei der Konzentration auf die Sendung zu Israel: „Geht nicht zu den Völkern und betretet keine Stadt der Samariter, sondern geht zu den verlorenen Schafen des Hauses Israel" (Mt 10,5f).

Man kann trefflich darüber streiten, ob Jesus schon vorösterlich diese Konzentration auf Israel gelockert hat. Viel wichtiger ist es, den Sinn dieser Konzentration zu begreifen. Hier geht es nicht um nationalistische Enge, sondern um den Heilsauftrag

Israels für alle Völker. Später knüpft die Kirche hier an, wenn sie sich als „universales Heilssakrament"[93] bezeichnet. Israel ist aufgerufen, sich unter der Tora neu zu sammeln und sie so zu erfüllen, dass das Licht auf dem Berg Zion beginnen kann zu leuchten (vgl. Jes 2,1–5). Wenn dann das Licht eines gerechten Lebens und des Friedens leuchtet, zieht es die anderen Völker an, die in Unfrieden und Ungerechtigkeit, in „Dunkelheit" leben: „Kommt, wir ziehen hinauf zum Berg des Herrn" (Jes 2,2), um das Gesetz kennenzulernen, durch dessen Befolgung Frieden und Gerechtigkeit auch bei „uns", den Völkern, gelingen kann.

Das „Licht", das in der prophetischen Tradition vom Berg Zion ausgeht, ist eine Metapher für das gerechte Leben. Man kann auch andere Bilder wählen. Englische Kolonialherren sprachen einmal mit Mahatma Gandhi über die sie bedrückende Frage, warum das Christentum nicht mehr so ausstrahle wie früher. Darauf antwortete Gandhi: „Die Rosen ziehen die Menschen an durch ihren Duft. Es ist also ganz einfach, meine Herren: Duften Sie." Das Bild vom Duft steht gleichfalls für eine gerechte Lebenspraxis. Wenn die Blumen duften, dann kommen die Bienen. Auf die Sendung Christi hin bedeutet dies: Jesus konzentriert seine Sendung auf Israel, weil er das Zwölf-Stämme-Volk zum Duften bringen will. „Ihr seid das Licht der Welt. Eine Stadt, die auf einem Berg liegt, kann nicht verborgen bleiben" (Mt 5,14). Der Duft wird dann die anderen Völker anlocken. Die Völker werden zum Reich Gottes kommen, und das Reich Gottes wird sich universal verbreiten. Doch die Voraussetzung dafür ist, dass Israel die Tora erfüllt. Der Messias jedenfalls tut dies: „Denkt nicht, ich sei gekommen, um das Gesetz und die Propheten aufzuheben. Ich bin nicht gekommen um aufzuheben, sondern um zu erfüllen" (Mt 5,17). Er tut es so sehr, dass er geradezu die Tora in Person ist.[94] An seiner Erfüllung der Tora kann man mehr noch als am Text der Tora erkennen, worin Gottes Gesetz besteht.

Theologische Vergewisserung

Sicherlich ist es aus vielen Gründen richtig, den Graben zwischen dem vorösterlichen und dem nachösterlichen Jesus nicht tiefer auszuheben, als es nötig ist. Aber es bleibt bei aller Kontinuität doch festzustellen, dass den Berichten zufolge erst der nachösterliche auferstandene Herr seine Jünger ausdrücklich und eindeutig zu den nichtjüdischen Völkern sendet. Ob der vorösterliche Jesus geahnt oder gar gewusst hat, dass der nachösterliche so sprechen würde, kann man offen lassen – wenn man überhaupt in diesen psychologisierenden Kategorien denken will. Jedenfalls ist es der Auferstandene, der sagt: „Geht zu allen Völkern und macht alle Menschen zu meinen Jüngern. Tauft sie auf den Namen des Vaters und des Sohnes und des Heiligen Geistes" (Mt 28,19). Das steht in Spannung zu der vorösterlichen Sendung der Jünger. Darauf spielt Loisys Satz an.

Was am Ende des Matthäusevangeliums so selbstverständlich daherkommt, wird in der Apostelgeschichte als konfliktreicher Prozess beschrieben, in dessen Mittelpunkt die Person des Paulus steht. Liest man seine Briefe, die unter historischer Rücksicht die frühesten Zeugnisse des nachösterlichen Christentums sind, so wird erst recht die Heftigkeit eines Konfliktes deutlich – zwischen den Jüngern Jesu, die auf die eine oder andere Weise auf dem Vorrang Israels auch in der Praxis der Verkündigung Wert legen, und denen, die mit Paulus Nichtjuden, also „Heiden" taufen. Am Beginn des nachösterlichen Prozesses legen die (jüdischen) Jünger in Jerusalem noch Wert darauf, dass die Zwölferzahl durch die Nachwahl des Matthias wieder gefüllt wird. Irgendwann später spielt die Zahl Zwölf keine Rolle mehr für die Struktur der Kirche. Am Anfang fragen die Jünger noch den Auferstandenen: „Herr, wann stellst du in dieser Zeit das Reich für Israel wieder her?" (Apg 1,6). „Für Israel", wohlgemerkt. Irgendwann im Laufe des Prozesses verlässt Petrus Jerusalem und hat ein Ziel vor Augen, an das Jesus in Galiläa nicht dachte: Rom, die Hauptstadt der Völker, nicht die Hauptstadt Israels. Und dies aller Wahrscheinlichkeit nach vor der Zerstörung des Jerusalemer Tempels durch Titus im Jahre 70 n. Chr.

Das früheste Zeugnis der nachösterlichen Sendung durch Jesus ist und bleibt der kurze autobiografische Bericht von Paulus im Galaterbrief. Paulus verbindet seine Begegnung mit dem Auferstandenen, die sein Leben verändert, mit der ausdrücklichen Sendung zu den Völkern: „Als aber Gott ... mir in seiner Güte seinen Sohn offenbarte, damit ich ihn unter den Völkern verkündige ..." (Gal 1,16f). Hier steht die einzelne Person des Paulus, der dem vorösterlichen Jesus nie auf den Hügeln von Galiläa, auf dem Weg nach Jerusalem oder auf Golgota begegnete, den Bewahrern der Erinnerung gegenüber, die sich auf Worte des Herrn berufen können, welche sie mit eigenen Ohren hörten, als sie mit auf der Wanderung durch Galiläa und Samarien waren. Paulus bezieht sich einzig und allein auf eine ausdrückliche Sendung durch den Auferstandenen, ohne sich dabei auf die vorösterliche Tradition zu berufen – was er bei anderen Themen durchaus tut.[95] Die sehr grundsätzlichen Konflikte, die aus diesem Anspruch des Paulus und der daraus resultierenden Taufpraxis in den paulinischen Gemeinden entstehen, werden „innerkirchlich" mit großer Heftigkeit geführt. Das bezeugen die Paulusbriefe. Es ist ein Konflikt zwischen den ersten Christen – zwischen denen, die Paulus zustimmen, weil sie glauben, dass tatsächlich der auferstandene Herr zu ihm gesprochen hat und dass sein Erfolg unter den Völkern ein Zeichen der Zeit ist, und denen, welche die Tradition der Wanderjahre mit Jesus und der Konzentration auf Israel im Blick haben. Petrus schwankt eine Zeit lang zwischen diesen beiden Positionen, wie wir aus dem Bericht über den „antiochenischen Zwischenfall" (Gal 2,11–14) wissen.

Die Kirche ist aus diesem Konflikt heraus entstanden, oder besser: Gerade der institutionelle Aspekt der Kirche tritt über diesen Konflikt hervor. Ein Lehramt, eine Instanz, eine Autorität wird sichtbar. Zwar vollzieht die Kirche ihre Begegnung mit dem Auferstandenen unmittelbar nachösterlich schon im gemeinsamen Brechen des Brotes, in der entstehenden Liturgie, aber der Bezug auf die Liturgie allein kann den Konflikt nicht lösen, zumal er ja gerade darin besteht, dass jüdische Jesus-Jünger nicht gemeinsam mit nichtjüdischen Jesus-Jüngern essen und trinken wollen. Paulus betont nun, dass er „vergeblich" laufen und taufen würde, wenn seine Sendung keine Bestätigung durch die Gemeinde in Jerusalem und vor allem durch „die Angesehenen" erhielte (Gal 2,2). Er setzt seine Autorität, die in einer charismatischen Begegnung mit dem Auferstandenen gründet, nicht über die der „Angesehenen" in Jerusalem. Diese haben offensichtlich ihrerseits schon Ansätze einer lehramtlichen Ordnung entwickelt, denn auch von Paulus her fällt ihnen anerkanntermaßen die Aufgabe zu, charismatische Einzelerfahrungen als gesamtkirchlich bedeutsame Erfahrungen anzuerkennen – oder eben nicht. An dieser Stelle ordnet Paulus sich unter, aber auf eine paradoxe Weise: Er macht nämlich sein Urteil darüber, ob es wirklich der Auferstandene war, der ihm erschienen ist oder nicht, nicht vom Urteil der „Angesehenen" abhängig. Es ist, wenn man die Paulusbriefe liest, schlechterdings unvorstellbar, dass sich Paulus für den Fall, dass ihm die Anerkennung der „Angesehenen" verweigert worden wäre, zurückgezogen hätte nach dem Motto: „Dann habe ich mich also offensichtlich getäuscht. Jesus ist mir gar nicht erschienen."

Zwei Dimensionen der Kirche werden hier sichtbar: Charisma und Lehramt. In der Offenheit für beide besteht nach meinem Verständnis die Katholizität der Kirche. Das Evangelium, die Heilige Schrift, ist nicht vorstellbar ohne eine Instanz, der es zusteht, Texte in kanonische und nichtkanonische Schriften zu unterscheiden. Ein Lehramt also. Nur so ist überhaupt verständlich, dass Theologie und ein verbindlicher Kanon von Schriften entstanden sind. Kein Charismatiker kann „bloß" aufgrund seiner charismatischen Erfahrung mit dem Herrn gesamtkirchliche Autorität beanspruchen. Umgekehrt ist aber charismatische Erfahrung meist nicht „nur" eine Privaterfahrung. Es ist die Aufgabe des Lehramtes, hinzuhören auf das, was der Auferstandene – man könnte auch sagen: der Geist – zur Kirche und zu Einzelnen in der Kirche spricht, um es dann in einen gesamtkirchlichen theologischen Unterscheidungsprozess hineinzuholen, an dessen Ende eine für die Gesamtkirche relevante Entscheidung stehen kann.

Bloßer Rückgriff auf die Tradition reicht dabei als Unterscheidungskriterium nicht aus, wie das Beispiel des Paulus ebenfalls zeigt: Es kann sein, dass der Geist der Kirche etwas sagt, was er ihr vorher nicht gesagt hat. Nur so ist das Mitgehen der Kirche mit der Geschichte möglich. Das Lehramt ist keineswegs nur Hüter der Tradition, sondern genauso auch jene Instanz, die es möglich macht, dass die Kirche als Ganze in der Geschichte voranschreitet. Charismatiker können Bremser sein, Bischöfe können Entwicklungen vorantreiben. Mit Schubladendenken kommt man hier nicht weiter.

2. Kirche und Inkarnation

Im Prolog des Johannesevangeliums steht der Satz: „Und das Wort ist Fleisch geworden" (Joh 1,14). Inkarnation des Wortes Gottes ist der Ausgangs- und Zielpunkt des christlichen Dogmas. Daraus ergibt sich auch, dass christlicher Glaube und Kirche zusammen zu sehen sind.

2.1 Illibration und Inkarnation

In der ältesten Lebensbeschreibung Mohammeds wird die Offenbarung des Koran erzählt. Sie ereignet sich in der „Weihnacht" des Islam, in der Nacht *Al Kadr*. Charles de Foucauld schrieb 1883, noch in seiner atheistischen Phase, ergriffen vom Anblick des Sternenhimmels in der marokkanischen Wüste:

> „Der Mond steht mitten in einem völlig wolkenlosen Himmel und verbreitet mildes Licht. Die Luft ist lau und von keinem Windhauch bewegt. In der tiefen Ruhe, mitten in der zauberhaften Natur, erinnere ich mich an mein erstes Lager in der Sahara. In der Sammlung solcher Nächte begreift man den Glauben der Muslime an eine geheimnisvolle Nacht Leila el Kadr, in der der Himmel sich öffnet, die Engel auf die Erde herniederschweben, das Meerwasser süß wird und die ganze unbelebte Natur sich neigt, um ihren Schöpfer anzubeten."

Über diese Nacht berichtet Ibn Ishaq:

> „Als ich schlief, so erzählte der Prophet später, trat der Engel Gabriel zu mir mit einem Tuch aus Brokat, worauf etwas geschrieben stand, und sprach: Lies! Ich kann nicht lesen, erwiderte ich. Da presste er das Tuch auf mich, so dass ich dachte, es wäre mein Tod. Dann ließ er mich los und sagte wieder: Lies! Ich kann nicht lesen, antwortete ich. Und wieder würgte er mich mit dem Tuch, dass ich dachte, ich müsste sterben. Und als er mich freigab, befahl er erneut: Lies! Und zum dritten Mal antwortete ich: Ich kann nicht lesen. Als er mich dann nochmals fast zu Tode würgte und mir zu lesen befahl, fragte ich aus Angst, er könne es noch mal tun: Was soll ich lesen? Da sprach er: Lies im Namen des Herrn, des Schöpfers ... (Sure 96,1–5)."

Ich wiederholte diese Worte, und als ich geendet hatte, entfernte er sich von mir. Ich aber erwachte, und es war mir, als wären mir die Worte ins Herz geschrieben."
(Aus: *Das Leben des Propheten,* übers. und hg. von Gernot Rotter, © Spohr, Kandern 4. Aufl. 2004, S. 43ff.)

Das Zwingende, Übergriffige im Verhalten des Engels klingt ungewohnt. Das ist aber aus christlicher Sicht kein Grund, sich über diesen Text zu erheben. „Ein Zwang liegt auf mir", schreibt Paulus, „wehe, wenn ich das Evangelium nicht verkünde" (1 Kor 9,16). Solche oder ähnliche, noch beängstigendere Erfahrungen werden auch in der biblischen Tradition berichtet. „Unterwegs trat der Herr dem Mose entgegen und wollte ihn töten" (Ex 4,24). Man muss das alles nicht gleich in der Ablage „überwundene Gottesbilder" deponieren, sondern darf sich davon theologisch herausfordern lassen.

Auffällig ist, dass der Analphabetismus des Propheten in der Erzählung durch dreimalige Wiederholung hervorgehoben wird. Der Ich-Erzähler Mohammed soll lesen, obwohl er nicht lesen kann. Er sagt, dass er nicht lesen kann, und trotzdem lässt der Engel nicht locker. Ganz offensichtlich zielt die Erzählung darauf ab, dass der Text, den der Prophet lesen soll, nicht der Text des Propheten ist, sondern der Text Gottes. Das Paradox – der Analphabet soll lesen – hat den Sinn, auf diesen theologischen Sachverhalt hinzuweisen. Am Ende des Offenbarungsprozesses steht ein Text, der Heilige Koran, ein Buch, das nicht aus der Feder Mohammeds stammt, sondern aus Gottes eigener Feder.

Es ist gerade diese Klarheit des Offenbarungsverständnisses, die für viele den Islam im Vergleich zum Christentum attraktiv macht. Die Faszination darüber steht oft im Hintergrund von Konversionen zum Islam. Das Buch ist für den Muslim der Ort, an dem sich Gottes Wort in seiner vollen Wahrheit und ganzen Schönheit offenbart. Es ist heilig. Ent-

Theologische Vergewisserung

sprechend geht man mit dem Buch auch um. Immer wenn ich in multireligiösen Gruppen Religion unterrichte, fällt mir auf, dass Muslime sehr verwundert darüber sind, wenn christliche Mitschüler die Bibel wie ein normales Buch behandeln. Der saloppe Umgang mit dem Buch geht ihnen so gegen den Strich, wie es mir als Katholiken gegen den Strich geht, wenn die Reste des Abendmahls in einer Plastiktüte landen. Die Parallele zum Koran ist im Christentum nicht – so kann man daraus umgekehrt schließen – das Buch, sondern die konsekrierte Hostie, die im Tabernakel liegt, der „Leib des Herrn". Das Buch im Islam hat eine andere religiöse Bedeutung als das Buch im Christentum. Der Islam ist Buchreligion, das Christentum nicht.

Die Parallelgeschichte zu der Offenbarung des Koran in der Heiligen Nacht *Al-Kadr* wäre also nicht eine jüdische oder christliche Inspirationsgeschichte in Bezug auf einen Text – solche Geschichten gibt es ja auch in der biblischen Tradition –, sondern vielmehr, jedenfalls für das Christentum, die Begegnung des Engels Gabriel mit Maria:

> „Der Engel Gabriel (wurde) von Gott in eine Stadt in Galiläa namens Nazaret zu einer Jungfrau gesandt. Sie war mit einem Mann namens Josef verlobt, der aus dem Haus David stammte. Der Name der Jungfrau war Maria. Der Engel trat bei ihr ein und sagte: Sei gegrüßt, du Begnadete, der Herr ist mir dir. Sie erschrak über die Anrede und überlegte, was dieser Gruß zu bedeuten habe. Da sagte der Engel zu ihr: Fürchte dich nicht, Maria; denn du hast bei Gott Gnade gefunden. Du wirst ein Kind empfangen, einen Sohn wirst du gebären; dem sollst du den Namen Jesus geben ... Maria sagte zu dem Engel: Wie soll das geschehen, da ich keinen Mann erkenne?" (Lk 1,26–31.34).

Maria erschrickt über die Ansage. Sie hat keinen Mann „erkannt", wie soll sie dann schwanger sein können? „Elkana erkannte sein Frau Hanna; der Herr dachte an sie, und Hanna wurde schwanger" (1 Sam 1,19). Dieses „Erkennen" wird mit der Frage Mariens ausgeschlossen: Sie ist schwanger und gleichzeitig Jungfrau. Die Parallele zur Offenbarungsgeschichte vom Berg Hira liegt auf der Hand: Das eine Mal soll ein Analphabet einen Text lesen, das andere Mal soll eine Jungfrau schwanger werden. Die Gemeinsamkeit liegt im Paradox, das als Signal für göttliches Wirken in der Geschichte eines Menschen fungiert. Der Unterschied liegt im Gegenstand der Offenbarung. Das eine Mal wird ein Text geschenkt, das andere Mal ein Mensch, ein Säugling. Im Zentrum des muslimischen Offenbarungsverständnisses steht ein Text, im Zentrum des christlichen ein Mensch, der Mensch Jesus. Es hat sich deswegen eingebürgert, von der „Illibration" des Gotteswortes im Koran zu sprechen, im Unterschied zur „Inkarnation" des Wortes Gottes in Jesus von Nazareth.[96]

Der Koran enthält die Worte Gottes, nicht die Worte Mohammeds. So versteht es der gläubige Muslim. Das macht den Umgang mit historisch-kritischen Methoden beim Koran theologisch natürlich problematischer als derselbe Umgang mit der Bibel. Diese ist ein vollkommen anderer Typ Buch. Die Bibel sammelt Texte vieler Autoren aus vielen unterschiedlichen Zeiten mit jeweils unterschiedlichen Erzähl-Intentionen und literarischen Formen. Eigentlich ist sie eher eine Bibliothek als ein Buch. Wenn im christlichen Gottesdienst Passagen aus der Schrift vorgelesen und mit der Formel „Wort des lebendigen Gottes" abgeschlossen werden, dann ist dies nicht so zu verstehen, als wäre die Schrift im selben Sinne „Wort Gottes" wie der Koran dies für sich beansprucht. Schon bei den Propheten des Alten Testamentes ist die „Botenspruchformel" – „So spricht der Herr" – nicht in jedem Fall als Kennzeichen eines göttlichen Zitates zu verstehen. Und in manchen Fällen geht umgekehrt das Sprechen des Propheten weit über das bloße Aussprechen von Gottesworten hinaus. Seine ganze Existenz bekommt Symbolcharakter. Das „Ich" des Propheten verbindet sich bei seinem eigenen Sprechen mit dem „Ich" Gottes. Das macht die eigentliche religiöse Dramatik nicht nur des Prophetenwortes, sondern des ganzen Prophetenlebens aus.[97] Wir sahen bereits, dass und wie die Kirche die Verbindung ihres eigenen Sprechens mit dem Sprechen Gottes übernimmt und fortsetzt: „Der Heilige Geist und wir haben beschlossen" (Apg 15,28). Wenn über einem Text in der christlichen Tradition die Formel „Wort Gottes" steht, dann drückt diese zunächst also „nur" die kanonische Legitimation des Textes aus. Ohne das fleischgewordene Wort und seine Präsenz im kanonisierten Wort wäre der Text aus christlicher Perspektive sonst nur ein Text, nicht mehr.

Sprechen durch Sein – so könnte man die Formel von der Inkarnation (Joh 1,14) auch ausdrücken. Gott spricht durch das, was er in Jesus ist; er spricht nicht erst dann, wenn dieser sprechen kann – als erwachsener Mann, als Prediger, als Schriftkundiger. Er spricht vor allem durch das, was er ist – als Säugling, der noch nicht sprechen kann, so wie ein Säugling im Arm seiner Eltern spricht durch das, was er ist. Dafür ist es unverzichtbar, dass er wirklich ein Säugling ist, nicht etwa ein Gott, der sich als Säugling verkleidet, um sich solchermaßen absichtsvoll den Menschen zu nähern. Die kirchliche Theologie hat alle Versuche zurückgewiesen, die Inkarnationsaussage dahingehend zu entschärfen, dass aus dem Säugling von Betlehem ein Wunderknabe oder ein Erwachsener von Anfang an gemacht wird. Im apokryphen Thomasevangelium haucht der Jesus-Knabe aus Sand geformte Spatzen an, so dass sie fliegen können.[98] Dieser Jesus ist nicht wirklich fleischgewordenes Wort Gottes. Sofern in den Kindheitsgeschichten des Neuen Testaments im Umfeld des Säuglings Jesus Wunder geschehen – der Gesang der Engel: *Friede auf Erden den Menschen* –, werden diese ausgelöst durch das, was Jesus *ist,* nicht durch das, was er sagt oder tut.

Sprechen durch Sein ist nicht-intentionales Sprechen. Wenn ein verwundeter Mensch ohnmächtig am Wegesrand liegt, spricht er zu den Passanten durch das, was er ist (vgl. Lk 10,30ff), obwohl er gar nicht die Intention hat, etwas zu sagen, da er ja als Ohnmächtiger diese Intention gar nicht haben kann. „Das Antlitz spricht", sagt Lévinas. Schönheit spricht, Vorlieben sprechen, Blicke sprechen, Gefühle sprechen. Solches Sprechen ist deutlicher, als intentionales Sprechen sein kann. Inkarnation bedeutet, dass Gott dadurch „spricht", dass er sich in dieses grundlegende Sprechen hineinbegibt. Er lässt alle Absichten des Belehrens hinter sich, um durch das sprechen zu können, was er ist.

Das Sprechen Gottes durch das Sein Jesu hört nach kirchlichem Verständnis nicht mit der Biografie des vorösterlichen Jesus auf. Das Selbstverständnis des Christentums hängt daran, dass das inkarnierte Wort Gottes nicht historisch mit Tod und Auferstehung Jesu verschwindet – sofern „Auferstehung" im Sinn eines historischen Datums zu verstehen ist. Würde mit dem Tod Jesu das Sprechen durch Inkarnation aufhören, dann wäre Inkarnation doch nur wieder eine Funktion für das intentionale Sprechen, welches nach dem Tod Jesu übrig bleibt – das Sprechen über Jesus, das Sprechen über die Worte Jesu. Jesus ist nicht „letztes Wort" Gottes in dem Sinne, dass danach nichts mehr kommt. Er ist nach christlicher Auffassung „letztes Wort", weil Gott in ihm unüberbietbar spricht eben durch das, was er ist. Wäre dieses Sprechen aber historisch abgeschlossen, dann wäre das Sprechen der Kirche nur noch ein intentionales Sprechen über dieses unüberbietbare Wort. Nur 30 Jahre lang hätten Menschen die Gelegenheit gehabt, ihm „im Fleisch" als Zeitgenossen zu begegnen. Eine wirkliche Zeitgenossenschaft mit Gottes fleischgewordenem Wort gäbe es dann nicht mehr.

Theologische Vergewisserung

Das Christentum wäre eine bloß rückwärtsgewandte Erinnerungsreligion. Genau das ist aber nicht das kirchliche Verständnis von Inkarnation. Die Begegnung mit dem Auferstandenen in Brot und Wein der Eucharistie wäre so nicht denkbar, auch nicht die Begegnung mit ihm im Vergebungswort, im Ja-Wort der Ehe oder in den anderen „Sakramenten", wie die Kirche sie nennt. Der Hinweis auf die Begegnung mit ihm in den Armen („Was ihr dem geringsten meiner Brüder getan habt, das habt ihr mir getan" – Mt 25,40) wäre nur ein Bild zur moralischen Erbauung. Wenn man aus dem Christentum das Inkarnationsdogma wegstreicht, bleibt tatsächlich nur Moral übrig.

Paulus nennt die Kirche in Korinth ganz einfach „den Christus" (1 Kor 12,12) – noch bevor er an anderer Stelle zwischen Kirche als „Leib Christi" und dem „Haupt" unterscheidet. Das Zweite Vatikanische Konzil hat in einer sehr starken Formulierung dasselbe Selbstverständnis der Kirche so formuliert: Die Kirche ist „in einer nicht unbedeutenden Analogie dem Mysterium des fleischgewordenen Wortes ähnlich. Wie nämlich die angenommene menschliche Natur dem göttlichen Wort als lebendiges, ihm unlöslich geeintes Heilsorgan dient, so dient auf eine ähnliche Weise das gesellschaftliche Gefüge der Kirche dem Geist Christi, der es belebt."[99] Die Kommentare streiten sich über die Frage, ob das Konzil die Kirche hier als „Fortsetzung der Inkarnation" beschreibt oder nicht.[100] Manchmal muss man eben das Missverständnis riskieren, um die Pointe zu erfassen. Inkarnation und Kirche gehören zusammen.

Die Kirche ist genauso wenig das Pendant zur muslimischen Umma wie der Koran das Pendant zur Bibel ist. Der ganze Begriffsapparat, den die christliche Theologie für die Kirche entwickelt hat, kreist darum, sie als Teil des Glaubensbekenntnisses in den Blick zu bekommen: Das Wort Gottes wird Fleisch in Jesus, nicht Buchstabe in der Bibel – und deswegen findet die Begegnung mit dem Wort Gottes durch die Geschichte hindurch „im Fleisch" statt. Biblizistischer Fundamentalismus hingegen, der nur das Buch Bibel sieht, treibt die Kirche ins Sektenwesen, in die Isolation, in den Traditionalismus. Das gilt auch für das Beharren auf kirchenlehramtlichen Texten, das nicht offen ist für neue lehramtliche Texte. Dasselbe gilt mutatis mutandis auch für die Kampfformel „Jesus ja, Kirche nein". Wieso sollte man zu Jesus in einem religiös-bekenntnishaften Sinne Ja sagen können, wenn er nicht das wäre, was die Kirche in den Evangelien über ihn sagt – dass er seine theologische Bedeutung eben durch das hat, was er ist, nämlich menschgewordenes Wort Gottes und damit mehr, als Worte sagen können?

2.2 Exkurs: Geist und Text, Altes und Neues

Die dogmatische Konstitution *Lumen gentium* des Zweiten Vatikanischen Konzils hat im eben zitierten Text den inkarnatorischen Aspekt des Selbstverständnisses der katholischen Kirche so pointiert formuliert wie kein anderes mir bekanntes lehramtliches Dokument. Sie hat im nächsten Abschnitt desselben Kapitels zugleich eine „Öffnungsklausel"[101] eingeführt, um den Blick auf die Kirche ökumenisch weiten zu können – das „subsistit": „Diese (einzige Kirche Jesu Christi) ist verwirklicht *(subsistit)* in der katholischen Kirche, die vom Nachfolger Petri und von den Bischöfen in der Gemeinschaft mit ihm geleitet wird. Das schließt nicht aus, dass außerhalb ihres Gefüges vielfältige Elemente der Heiligung und der Wahrheit zu finden sind, die als der Kirche Christi eigene Gaben auf die katholische Einheit hindrängen." Mit dieser Formulierung korrigierte das Konzil die traditionelle Position, die von einer einfachen Gleichsetzung der Kirche Jesu Christi mit der römisch-katholischen Kirche ausging.[102]

Theologische Vergewisserung

Ein Zitat von Johannes XXIII. aus seiner Eröffnungsansprache zum Konzil am 11. Oktober 1962 fängt etwas von der Stimmung ein, in der diese Texte entstanden:

„In der täglichen Ausübung unseres apostolischen Hirtenamtes geschieht es oft, dass bisweilen Stimmen solcher Personen unser Ohr betrüben, die zwar von religiösem Eifer brennen, aber nicht genügend Sinn für die rechte Beurteilung der Dinge noch ein kluges Urteil walten lassen. Sie meinen nämlich, in den heutigen Verhältnissen der menschlichen Gesellschaft nur Untergang und Unheil zu erkennen. Sie reden unablässig davon, dass unsere Zeit im Vergleich zur Vergangenheit dauernd zum Schlechteren abgeglitten sei. Sie benehmen sich so, als hätten sie nichts aus der Geschichte gelernt, die eine Lehrmeisterin des Lebens ist, und als sei in den Zeiten früherer Konzilien, was die christliche Lehre, die Sitten und die Freiheit der Kirche betrifft, alles sauber und recht zugegangen.

Wir aber sind völlig anderer Meinung als diese Unglückspropheten, die immer das Unheil voraussagen, als ob die Welt vor dem Untergang stünde. In der gegenwärtigen Entwicklung der menschlichen Ereignisse, durch welche die Menschheit in eine neue Ordnung einzutreten scheint, muss man viel eher einen verborgenen Plan der göttlichen Vorsehung anerkennen. Dieser verfolgt mit dem Ablauf der Zeiten, durch die Werke der Menschen und meist über ihre Erwartungen hinaus sein eigenes Ziel, und alles, auch die entgegengesetzten menschlichen Interessen, lenkt er weise zum Heil der Kirche.

Das lässt sich leicht feststellen, wenn man aufmerksam die schweren politischen und wirtschaftlichen Probleme sowie die heute schwebenden Streitfragen durchdenkt."[103]

Der Geist bewirkt in der Geschichte „Neu-Ordnung". Der Begriff „Geschichte" und der Begriff „Neues" gehören zusammen. Geschichte bringt einmalige Ereignisse hervor, sonst wäre sie nicht Geschichte. Das Heraustreten aus einem zyklischen Zeitverständnis, in dem die Wiederkehr des Gleichen immer wieder stattfindet, gehört zum unterscheidend biblischen Zeitverständnis. Gott handelt geschichtlich. Der Exodus Israels aus Ägypten wiederholt sich nicht in jedem Frühling, und Christus wurde „unter Pontius Pilatus" gekreuzigt, nicht jährlich. Zur christlichen Liturgie gehört ein historisches Erinnerungsmoment hinzu – Vergegenwärtigung durch historische Erinnerung. *Wie* sie das geschichtliche Ereignis im jährlich sich wiederholenden Festkreis gegenwärtig setzt, ist ein anderes Thema: Das zyklische Zeitverständnis jedenfalls wird durch geschichtliches Handeln aufgehoben. Dadurch kommt so etwas wie Einmaligkeit, Unverwechselbarkeit und damit auch Personalität zum Vorschein. Denn jede Person ist einmalig, nicht bloß ein Wiederholungsfall.

Weil Geschichte weitergeht, passiert Neues. Das gilt auch für das Handeln Gottes, für das Sprechen des Geistes, wie die Kirche es versteht. Das Konzil greift auf die biblische Kategorie der „Zeichen der Zeit" zurück, um sich dieser Möglichkeit zu nähern. „Im Glauben daran, dass es vom Geist des Herrn geführt wird, der den Erdkreis erfüllt, bemüht sich das Volk Gottes, in den Ereignissen, Bedürfnissen und Wünschen, die es zusammen mit den übrigen Menschen unserer Zeit teilt, zu unterscheiden, was darin wahres Zeichen der Gegenwart oder der Absicht Gottes ist."[104] „Zeit" ist hier als *kairós*, nicht als *chrónos* zu verstehen. Zwar kennt auch die biblische Tradition die „Chroniken", die lineare Zeitschiene, auf der Ereignisse datiert werden können. Der Kairos aber ist qualitative Zeit, die jeweils „dran" ist: „Es gibt eine Zeit zum Gebären und eine Zeit zum Sterben, eine Zeit zum Lachen und eine Zeit zum

Theologische Vergewisserung

Weinen, eine Zeit zum Zerreißen und eine Zeit zum Zusammennähen ..." (Koh 3,2ff). Der Kairos des Weinens kann für den einen zu demselben datierbaren Zeitpunkt „dran" sein wie für den anderen der Kairos des Lachens – weil zum Beispiel im einen Fall ein lieber Mensch gestorben ist, während im anderen Fall ein lieber Mensch gerade dem Tod von der Schippe gesprungen ist.

Der Kairos, an dem Jesus aufsteht, um das Evangelium zu predigen, ist nicht ein von Gott auf der linearen Zeitschiene vorherbestimmter historischer Zeitpunkt, sondern Reaktion auf die Festnahme von Johannes dem Täufer: „Nachdem man Johannes ins Gefängnis geworfen hatte, ging Jesus wieder nach Galiläa. Er verkündete das Evangelium Gottes und sprach: Der Kairos ist erfüllt, das Reich Gottes ist nahe; denkt um und glaubt an das Evangelium" (vgl. Mk 1,14f). Die Gefangennahme des Johannes ist das „Zeichen der Zeit", um mit der Verkündigung des Evangeliums zu beginnen. Das ist das Modell für die Rede von den „Zeichen der Zeit", wie das Konzil sie aufgreift. „In einer nicht unbedeutenden Analogie" ist es die Aufgabe der Kirche, die gegenwärtigen Zeichen der Zeit zu lesen, so wie Jesus es tat. Es kommt dabei gerade nicht auf Anpassung an den „Zeitgeist" an, wie billige Polemik gern unterstellt, sondern auf das unterscheidende Hinhören. Geistliches Hören bedeutet nicht, Bedürfnisse und Wünsche der Zeit einfach nur zu bedienen. Vielmehr geht es darum, hinzuhören, wie der Geist in den Ereignissen, Wünschen und Bedürfnissen spricht. Das kann sich durchaus auch inhaltlich von den menschlichen Intentionen unterscheiden, die hinter den Äußerungen von „Wünschen und Bedürfnissen" oder hinter Ereignissen stecken.

Der Begriff der „Zeichen der Zeit" erweitert das Verständnis von Inkarnation um einen wesentlichen Aspekt: Die Kirche erkennt die „Zeichen der Zeit" in der Kommunikation mit der Welt. Der Geist spricht durch Ereignisse in der Welt. Er ist in diesem Sinne in der Welt „inkarniert". Er spricht nicht dasselbe wie das, was die Welt in den Ereignissen von sich selbst ausdrückt – wobei man allerdings auch nicht dadurch zu einem sicheren Urteil über das Sprechen des Geistes kommen kann, dass man davon ausgeht, dass der Geist immer das Gegenteil von dem sagt, was die Welt sagt. Das Programm eines wohlverstandenen *Aggiornamento*[105] befindet sich nicht im Gegensatz zu einem wohlverstandenen Programm der „Entweltlichung" der Kirche, wie Benedikt XVI. sie in seiner Freiburger Rede vom 25. September 2011 forderte. Ein eindrucksvolles Beispiel dafür, dass beides zusammenpasst, gab schon einmal eine Gruppe von Bischöfen während des Konzils im sogenannten Katakombenpakt: Am 16. November 1965, drei Wochen vor dem Abschluss des Zweiten Vatikanischen Konzils, trafen sich in den Domitilla-Katakomben außerhalb Roms 40 Bischöfe aus der ganzen Welt. Sie versprachen, ein einfaches Leben zu führen, den Machtinsignien zu entsagen und einen Pakt mit den Armen zu schließen. Ungefähr 500 Bischöfe schlossen sich der Selbstverpflichtung später noch an.[106]

Heute tobt in der katholischen Kirche ein Streit über die Rezeption des Zweiten Vatikanischen Konzils. Wieder geht es um das theologische Verhältnis zur Geschichte. Schon die Apostelgeschichte berichtet von einem heftigen Streit in der Urkirche, der mit theologischer Einschätzung geschichtlicher Entwicklungen zu tun hatte. Er wurde, wie wir sahen, vom Jerusalemer Konzil geschlichtet und dann durch weitere historische Ereignisse wie insbesondere die Zerstörung Jerusalems 70 n. Chr. gegenstandslos. Der Text des Zweiten Vatikanischen Konzils ist seinerseits auch nicht sakrosankt im Sinne einer buchreligiösen Fixierung des Geistes Gottes auf diesen Text. Er bietet auch nicht eine Antwort auf alle Fragen, die in der ersten Rezeptionsphase des Konzils aufbrachen, die in den letzten Jahren zu Ende gegangen ist.

Theologische Vergewisserung

Der gegenwärtige Streit in der Kirche bezieht sich vor allem auf die Frage, ob das „Neue", auf das Johannes XXIII. und das Konzil reagierten, in der „Hermeneutik der Kontinuität oder der Diskontinuität" zu lesen ist.[107] Man kann hinzufügen: Vielleicht gibt es ja heute, 50 Jahre nach dem Zweiten Vatikanischen Konzil, „Neues", das in den 60er-Jahren noch nicht im Blick war: neue Dimensionen der Verfügbarkeit und Manipulierbarkeit menschlichen Lebens; Globalisierung; religiös motivierte Selbstmordattentate, die als „Martyrien" ausgegeben werden; sexuelle Revolution; Aufdeckung von sexualisierter Gewalt; neue wissenschaftliche Erkenntnisse über Homosexualität; das Internet und die Entgrenzung der Kommunikationsmöglichkeiten; interreligiöse Begegnungen, interreligiöse Ehen, Religionslosigkeit.

Die Kontinuität des Neuen gegenüber der Tradition wird im Geist und nicht bloß am Buchstaben festgemacht. Auch das folgt aus der Inkarnation des Gotteswortes. Das bedeutet nicht, dass der Buchstabe überflüssig wäre. Er hilft auf seine Weise, Kontinuität zu ermöglichen. Das Hören auf den Geist schließt die Bemühung um Begriffe, um Vermittlung im theologischen und kirchlichen Gespräch ein. Es muss dann auch zu verbindlichen Formulierungen kommen können. Bloße Ergriffenheit in Bezug auf die eigene geistliche Erfahrung oder die einzelner charismatischer Persönlichkeiten baut keine Kirche auf, wie Paulus betont. Deswegen sucht er ja auch den Kontakt mit den „Säulen" in Jerusalem (Gal 2,9) und die Auseinandersetzung mit seinen innerkirchlichen Gegnern. Ohne diese Bemühung kann auch die Berufung auf „den Geist" einschließlich der Berufung auf den „Geist des Konzils" zu einem bloßen Wort werden. Aber andererseits tötet das Pochen auf den Buchstaben den Geist, wenn man nicht mehr auf der Suche nach dem Geist im Buchstaben ist. Dies passiert, wenn die Schriftgelehrten Jesus mit dem Wortlaut der Tora in die Enge treiben (vgl. Joh 8,1–11) und ihm so einen Bruch mit der Tora unterstellen wollen. Ähnlich kann man auch heute Texte instrumentalisieren. Jesus schreibt bekanntlich daraufhin in den Sand. Er schreibt die Schrift in den Sand, weil auch die Schrift vergänglich ist, während die fleischgewordene Tora, die Jesus ist, über dem sinnentleerten, weil zur Machtausübung missbrauchten Wortlaut der Tora steht.[108]

Umgekehrt gilt: Nicht alles, was ich als Bruch empfinde, ist deswegen schon als Diskontinuität einzuordnen. Man kann es sich mit dem Hinweis darauf, dass die Texte des Zweiten Vatikanischen Konzils in der Hermeneutik der Kontinuität zu lesen seien, auch leicht machen. Als Petrus die Einladung des Hauptmanns Cornelius annimmt, empfinden seine eigenen Leute das als Bruch. „Ihr wisst, dass es einem Juden nicht erlaubt ist, mit einem Nichtjuden zu verkehren oder sein Haus zu betreten" (Apg 10,28). Es ist ja auch tatsächlich ein Bruch, wenn Petrus das Haus des Cornelius betritt – aber ein Bruch, der in der Kontinuität mit der Tora steht, wie Paulus an vielen Stellen betont. Es kann eine Zeit geben, in der aus Treue zur Tora Abgrenzungen über Bord geworfen werden, deren Einhaltung zu einer anderen Zeit sinnvoll war – immerhin nahmen gesetzestreue Juden das Martyrium auf sich, weil sie sich weigerten, Schweinefleisch zu essen (2 Makk 7,1). Knapp 200 Jahre später berichtet das Markusevangelium, dass Jesus alle Speisen für rein erklärte (Mk 7,19). Kann vor Gott jetzt gut sein, wozu andere 200 Jahre vorher im Namen der Tora nein sagten und sich dafür foltern und töten ließen? Offensichtlich.

Das Gefühl des Bruchs oder auch der Abwertung von alten Traditionen allein reicht nicht als Grund, um den Schritt ins Neue zu unterlassen oder gar grundsätzlich zu bestreiten, dass es vom Geist her „Neues" noch geben könne. Das gilt auch für die Kirchengeschichte nach dem Zweiten Vatikanischen Konzil. Ich erinnere mich daran, wie die Veränderungen in der Liturgie nach 1962 von vielen als schmerzhafter Bruch erlebt wurden – nicht nur, aber auch. Der aufklärerische Ton mancher Reformer, mit dem die „alte Messe" lieblos abgewertet wurde, sowie neue Formen von Klerikalismus, die mit programmatischer Formlosigkeit und Bilderstürmerei einhergingen, verletzten oft gewachsenes, legitimes Traditions- und Formempfinden. Das mag alles stimmen. Aber der bloße Hinweis auf das Gefühl von Bruch und Verletzung hat nicht genügend geistliche Kraft, um Neues aufzuhalten, wenn es vom Geist her kommt.

Geschichtlich Neues bricht immer zu schnell hervor. Es ist kein Gegenstand von Planung und Organisation. Auch das beschreibt gerade die Apostelgeschichte so eindrucksvoll. Die Zeit nach dem Zweiten Vatikanischen Konzil weist Ähnlichkeiten damit auf. Der Weg ins Neue ist meist mit Schmerzen verbunden. Die Schrift wählt dafür gern das Bild von den Wehen.

„Neues" bedeutet, dass „Altes" vergeht. Fehlentscheidungen müssen korrigiert werden – es gibt auch eine legitime Rückkehr zum Alten. Aber nicht jede Rückkehr zum Alten ist die Korrektur einer Fehlentscheidung. Dass Altes vergeht und Neues von Gott her wird, bedeutet nicht, dass das Alte nicht von Gott war – auch dies ein häufiges Missverständnis. Die Päpste Pius IX. und Johannes XXIII. wurden von Johannes Paul II. gleichzeitig heiliggesprochen – der Papst des Antimodernismus und der Papst des Aggiornamento. Diese gleichzeitige Heiligsprechung könnte missverständlich sein für die Hermeneutik der Texte des Ersten und des Zweiten Vatikanischen Konzils, sofern das Verschiedene an diesen beiden Päpsten und den beiden mit ihrem Namen verbundenen Konzilien im Schatten des kanonischen Titels zugedeckt werden soll. Die Parallelisierung bedeutet nicht, dass alles, was diese beiden Päpste sagten und was sie bewegte, widerspruchsfrei nebeneinandersteht. Etwas vom Ersten Vatikanischen Konzil verging tatsächlich im Zweiten Vatikanischen Konzil – oder vorher schon, in der Geschichte. Nach dem Holocaust konnte man über die Juden nicht mehr so sprechen wie vor dem Holocaust, nach der Ökumene des Widerstandes konnte man die evangelischen Geschwister[109] nicht mehr wie vorher „Häretiker" nennen, nach den Erfahrungen mit den totalitären Systemen der Moderne erschien das Thema Religionsfreiheit in einem neuen Licht.

Eines Tages wird einiges, was in den Dekreten des letzten Konzils steht, von Neuem abgelöst werden. Es gibt eine Weise, die Kontinuität zu betonen, die blind macht für die Zeichen der Zeit. Die Einheit der Kirche oder der beiden genannten Päpste gründet nicht in der logisch widerspruchsfreien Zuordnung von Texten zueinander, sondern in der lebendigen Gegenwart des Auferstandenen in seiner Kirche, und in seinem Geist, der aus den Ereignissen der Gegenwart nicht nur zu Einzelpersonen, sondern zu der Kirche als ganzer spricht. Das jedenfalls gehört zum katholischen Kirchenverständnis hinzu.

3. Reich Gottes

Kirche ist kein Selbstzweck. Sie betet um das Kommen des Reiches Gottes: „Dein Reich komme" (Lk 11,2). Das „Reich Gottes" wiederum ist keine rein außerweltliche, jenseitige oder bloß innerliche Angelegenheit. „Das Reich Gottes ist mitten unter euch" (Lk 17,21), mitten unter den um Jesus versammelten Menschen, seinen „Brüdern und Schwestern, die den Willen Gottes erfüllen" (Mk 3,35). Die Kirche beansprucht keine volle Identität mit dem Reich Gottes, genauso wenig wie irgendeine andere gesellschaftliche Größe volle Identität mit dem Reich Gottes beanspruchen könnte. Aber die Vision vom Reich Gottes hat doch andererseits konkrete Bedeutung für die Gestalt der Kirche selbst und für die politische Dimension des christlichen Glaubens.

3.1 Die Armen und die Sünder

Den besten Einblick in die Vision vom Reich Gottes kann man erhalten, wenn man auf die Praxis Jesu schaut. Sie beginnt mit der Hinwendung zu den Armen: „Der Herr hat mich gesandt, damit ich den Armen das Evangelium verkünde" (Lk 4,18). Das Evangelium hat Adressaten: die Armen. Jesus verkündet das Evangelium vor allem den Armen, weil ihre Würde als Kinder Gottes von außen (durch die sozial-religiösen Verhältnisse) und von innen (durch Resignation und Fatalismus) verletzt ist. Er sammelt Menschen aus der Schicht der Armen, indem er ihnen ihre Würde wiedergibt. Seine Kirche ist vornehmlich eine Kirche der Armen. Das ist auch nach Ostern so: „Da sind nicht viele Weise im irdischen Sinn, nicht viele Mächtige, nicht viele Vornehme" (1 Kor 1,26). Darin steckt eine Vision für alle Menschen und auch eine Vision für die Kirche. Die Kirche selbst soll nach Gerechtigkeit „duften". Dazu muss sie unter den Armen anwesend sein.

Die „Armen" in der biblischen Tradition sind die, die ausgeschlossen sind – weil sie unrein sind, kompromittierenden Berufen nachgehen (Zöllner und Dirnen), verdächtige Krankheiten haben („Wer hat gesündigt? Er selbst? Oder seine Eltern?" – Joh 9,2), das Gesetz nicht kennen, nicht zu den richtigen Familien gehören, einen Knick in der Biografie haben, als Flüchtlinge gestrandet sind, andere durch ihr So-Sein (Aussatz) gefährden. Aus dieser sozialen Schicht sammeln sich die Menschen um Jesus. Sie rennen ihm die Türe ein und laufen ihm hinterher, wenn er sich zurückziehen will. Die Mission der Urkirche bestand im Wesentlichen darin, die Türen in das „Reich Gottes" zu öffnen, damit die, die hineindrängten, auch hineinkommen konnten. Und es drängten viele hinein, insbesondere die Armen.

Jesus wundert sich auch über den Glauben der Nichtjuden. Auch die sind in Praxis und Theorie der religiösen Eliten in Galiläa und Judäa Ausgeschlossene. „Wahrlich, einen solchen Glauben habe ich in Israel nicht gefunden", staunt Jesus über den römischen Hauptmann (Lk 7,9). Die nachösterliche Kirche zieht aus dieser Erfahrung die Konsequenz. Die Aktivität von Paulus hat auch etwas damit zu tun, dass er und seine Anhänger auf ein Interesse am Evangelium stoßen insbesondere bei den „gottesfürchtigen" Nichtjuden (vgl. Apg 10,1), also bei den vielen, die schon lange an den Gott Israels glauben, aber nicht hinzutreten dürfen zum Volk Gottes. Das Evangelium kritisiert das entgegengesetzte Missionsverständnis der religiösen Eliten Israels: „Ihr verschließt den Menschen das Himmelreich. Ihr zieht über Land und Meer, um einen einzigen Menschen für euren Glauben zu gewinnen. Und wenn er gewonnen ist, dann macht ihr ihn zu einem Sohn der Hölle, der doppelt so schlimm ist wie ihr selbst" (Mt 23,15). Die Kritik wirkt umso eindringlicher, je deutlicher das andere Bild daneben aufsteht: Viele – Griechen, Perser, Aramäer, Arme, Kranke, Sünder – stehen vor der Tür und wollen hinein. Statt den vielen die Tür zu öffnen, hält man sie verschlossen. Umso mehr setzt man alle möglichen Hebel in Bewegung, um ganz wenige zu gewinnen, die passen, nachdem sie durch ein hochkompliziertes Aufnahmeverfahren passend gemacht worden sind.

Der Vorliebe des Evangeliums für die Armen und Ausgeschlossenen liegt kein romantisierendes Bild der Armen zugrunde. Die Armen sind nicht die moralisch besseren Menschen. Auch sie sind „Sünder". Der Begriff „Sünder" im Evangelium schillert. Einerseits bedürfen auch die Armen der Umkehr und Versöhnung mit Gott. Die Versöhnung wird ihnen mit der Einladung zu den großen Festmählern geschenkt, die von den „Gerechten", den Reinen, Gebildeten, Frommen und Reichen als empörend erlebt werden: „Wie kann euer Meister mit Zöllnern und Sündern essen?" (Mt 9,11). Die beiden Beispielgruppen „Zöllner und Dirnen" verdienen ihr Geld auf sündige Weise. Das ist die eine Seite der Medaille. Die andere ist aber die, dass sie mit dem Begriff „Sünder" abgestempelt werden. Als Sünder werden diejenigen ausgegrenzt, die zu bestimmten sozialen Gruppen und Schichten gehören. So werden Arme auch zu Sündern gemacht. Aussätzige sind Sünder, weil sie unrein sind; Nichtjuden sind Sünder, weil sie Schweinefleisch essen; Ungebildete sind Sünder, weil sie aus Unkenntnis Gebote übertreten; uneheliche Kinder sind Sünder, weil der Makel der Eltern auf sie übergeht; Behinderte sind Sünder, weil ihre Eltern gesündigt haben; schwarze Schafe sind Sünder, weil sie aus der Reihe tanzen. „Sünder" ist nicht nur ein moralischer, sondern auch ein sozialer Begriff, insofern er eng verbunden ist mit der Realität der Armen. Die Komplexität des Begriffes „Sünder" erfasst man also nur, wenn man bis zur aufdeckenden Paradoxie des Evangeliums vordringt, die darin besteht, dass die „Gerechten" eigentlich die „Sünder" sind, und zwar wegen ihrer Selbstgerechtigkeit. An diese Stelle knüpft die Predigt von Paulus an. Das Abstempeln der „Sünder" ist die Sünde der Gerechten. Christus ist gekommen, um den abgestempelten Sündern ihre Würde wiederzugeben. Er öffnet ihnen das Reich Gottes.

3.2 Frauen und Kinder

Vor dem Hintergrund von Teil I dieses Buches seien hier noch zwei Gruppen in den Blick genommen, denen das Evangelium besonders zugesagt ist: Frauen und Kinder. Als „Witwen und Waisen" zählen sie neben den „Fremden" (Flüchtlingen) zu den klassischen Gruppen von Armen, denen die sozialen Fürsorgeregelungen der Tora gelten. Weil der Mann der Ernährer ist, werden mit seinem Tod Kinder zu Waisen und Frauen zu Witwen, zu Nichtversorgten. Das ist grundlegend in patriarchalischen gesellschaftlichen Verhältnissen, ob polygam und/

oder monogam. Das Evangelium ist ebenfalls in patriarchalische Verhältnisse hineingesprochen.

Ein anderer Aspekt von Not kommt in patriarchalischen Verhältnissen hinzu:[110] Hiob sagt in einer seiner Verteidigungsreden: „Einen Bund schloss ich mit meinen Augen, nie eine Jungfrau lüstern anzusehen" (Ijob 31,1). Und weiter: „Wenn sich mein Herz von einer Frau betören ließ und ich an der Tür des Nachbarn lauerte, dann mahle meine Frau einem anderen und andere sollen sich beugen über sie" (Ijob 31,9). Das ist auf den ersten Blick unverständlich. Wenn der Mann sich vergangen hat, müsste er bestraft werden und nicht seine Frau. Verständlich wird das nur, wenn man Hiobs Aussage in die Denkweise patriarchalischer Eigentumsethik einordnet.

Eigentumsethik befasst sich mit der Frage: Wem gehört was? In patriarchalischen Verhältnissen gehören Frauen und Kinder dem Mann. Er kann sich von seiner Frau scheiden, denn sie ist sein Eigentum. Eine Frau aber kann sich nicht von ihrem Mann trennen, denn das Eigentum kann sich nicht von seinem Eigentümer verabschieden. Ehebruch bedeutet in dieser Denkweise die Verletzung der Eigentumsrechte des Mannes. Der Mann, der mit einer verheirateten Frau schläft, verletzt die Eigentumsrechte ihres Ehemannes. Wenn aber ein verheirateter Mann mit einer unverheirateten Frau Geschlechtsverkehr hat, dann ist das kein Ehebruch, denn er verletzt nicht die Eigentumsrechte eines anderen Mannes.

Das Hiob-Zitat (31,1.9) lässt sich also folgendermaßen aufschlüsseln: Ein Mann hat Geschlechtsverkehr mit der Frau eines anderen Mannes gehabt. Er hat sich am Eigentumsrecht des anderen Mannes versündigt. Er hat nicht gegenüber seiner eigenen Frau gesündigt, sondern gegenüber dem Mann der anderen Frau. Gemäß dem Talionsprinzip muss er nun seine Frau dem anderen Mann zur Verfügung stellen. Dass dabei der Frau Unrecht geschieht, kommt nicht in den Blick. „Sie haben Augen und sehen nicht, Ohren und hören nicht" (Jes 6,9). Die Frau ist Sache, nicht Person. Wahrscheinlich ist, dass der Mann seine Frau nach ihrer Nacht beim Nachbarn nicht wieder in sein Haus aufnehmen wird, weil sie ihm jetzt nicht mehr gehört. Dem anderen wird sie zwar gehören, sie wird allerdings zu den Unreinen und „Sünderinnen" gezählt werden, oder er wird sie als Sklavin behalten, also als Rechtlose.

Wie viel Gewalt in dieser eigentumsrechtlichen Konstruktion des Geschlechterverhältnisses liegt, zeigen viele Geschichten in den Evangelien ebenso wie ein Blick auf patriarchalische Verhältnisse heute. Die Schriftgelehrten führen eine Ehebrecherin zu Jesus und fordern, dass sie gesteinigt wird (Joh 8,1–11) – sie selbst werden nicht gesteinigt, wenn sie die Ehe brechen. Oder: Eine Frau darf mit einem Mann in der Öffentlichkeit nicht sprechen; sie muss den Blicken anderer Männer entzogen werden; schon die Blicke könnten sie in Besitz nehmen und somit die Besitzansprüche ihres Mannes oder ihres Vaters verletzen. Oder: Männer dürfen, wenn es nicht zu sehr auffällt, außerhalb und vor der Ehe Geschlechtsverkehr mit einer anderen Frau haben, sie dürfen Dirnen auf der Straße ansprechen und ihre Dienste in Anspruch nehmen; Frauen hingegen müssen vor der Ehe jungfräulich sein, sonst taugen sie nicht für die Hochzeit. Wenn eine Frau aus eigenem Entschluss ihren Mann verlässt, um selbstbestimmt zu leben, dann fühlt sich der Mann berechtigt, sie zu entstellen, damit gesichert ist, dass sie keinem anderen Mann gehört.[111] Wenn ein Mädchen den Ehrenkodex ihrer Familie verletzt, weil sie einen Freund hat und sich mit ihm öffentlich zeigt, darf sie getötet werden. Im Patriarchat fühlen sich die Männer als Opfer der Frauen, sofern sie ein Besitz sind, der sich nicht besitzen lassen will und eigenständige Lebensinteressen zeigt.

Das Evangelium bricht grundsätzlich mit der eigentumsrechtlichen Konstruktion des Geschlechterverhältnisses. Im

Reich Gottes ist die Frau kein Besitz des Mannes. Ausgehend vom ursprünglichen Willen Gottes in der Schöpfungsordnung folgert Mk 10,5: „Wer seine Frau aus der Ehe entlässt und eine andere heiratet, begeht ihr gegenüber Ehebruch. Auch eine Frau begeht Ehebruch, wenn sie ihren Mann aus der Ehe entlässt und einen anderen heiratet." Das ist ein Bruch. In der Denkweise der Eigentumsethik heißt das, der Mann sei so sehr sexuelles Eigentum der Frau wie sie das seine. Oder anders gesagt: Keiner ist das Eigentum des anderen, die Machtverhältnisse zwischen den Geschlechtern sind in der Ordnung des Reiches Gottes aufgehoben. „Es gibt nicht mehr Mann noch Frau ..., alle sind eins in Christus ..." (Gal 3,28), der Unterschied hat keine Bedeutung mehr im Sinne einer asymmetrischen Über- oder Unterordnung.

Nicht der Patriarch steht dem Himmelreich am nächsten, sondern die schwächste Person in der Familie, das Kind. Das ist die nächste Konsequenz aus der umstürzenden Neubestimmung des Geschlechterverhältnisses im Evangelium. Es besteht ein praktischer Zusammenhang zwischen den Aussagen Jesu über die gleiche Würde von Mann und Frau in der Ehe und seiner Bevorzugung der Kinder.

Patriarchale Mentalität kommt im Verhältnis zu den Kindern ebenfalls als eine Form struktureller Gewalt zum Ausdruck. Kinder sind Sachen. Sie haben keine Rechte. Die Vollmacht des Patriarchen besteht darin, zu entscheiden, ob ein Kind in die Familie aufgenommen wird oder nicht. Aussetzung, die vorrangig Mädchen betrifft, geschieht meist aus ökonomischen Gründen, aber auch wegen der Angst vor dem Makel unehelicher Kinder. Aussetzung hatte nicht selten zur Konsequenz, dass die Kinder von Zuhältern aufgezogen und von klein auf zur Prostitution abgerichtet wurden.[112] Vor diesem Hintergrund erhält die Nähe Jesu zu Prostituierten eine weitere soziale Bedeutung, und gleichfalls das Jesuswort von dem

Mühlstein: „Wer einen von diesen Kleinen ... zum Bösen verführt, für den wäre es besser, wenn er mit einem Mühlstein um den Hals ins Meer geworfen würde" (Mk 9,42). Gerade im Verhältnis zu Kindern führte die Reich-Gottes-Praxis Jesu langfristig zu einer sozialen Umwälzung: „Das Mühen um den Schutz der Kinder vor sexuellen Übergriffen ist eine der großen humanisierenden Leistungen des Christentums."[113]

Kinder sind im Patriarchat der Inbegriff der Statuslosigkeit, sie sind die Kleinsten der Kleinen. Zu den gesellschaftlichen Verhältnissen, in denen Jesus predigte, gehört die Fixierung auf Status und Prestige als Ausweis des eigenen Wertes. Die Frage, wer der „Größte" ist, stellt sich bei jeder Einladung – sie entscheidet über Tisch- und Sitzordnung bei allen Versammlungen und Festmählern. Kleidungsfragen, Fragen der Anrede, der Titulatur spielen eine zentrale Rolle für die soziale Anerkennung. Auf diese kulturellen Gegebenheiten reagiert Jesus mit der Zuwendung zu den Kindern: „Menschen wie ihnen gehört das Reich Gottes" (Mk 10,14). Der Vergleichspunkt ist der Verzicht auf Status: Nur wer vollkommen aus dem Status- und Prestigedenken aussteigt, gelangt in das Reich Gottes. Anders gesagt: Nur wer sich mit dem Status der Gotteskindschaft „begnügt", darf eintreten. Diese Provokation wird in den Ohren von Jesu Zeitgenossen ähnlich unerträglich geklungen haben wie sein Wort über die Reichen, die nur in das Reich Gottes hineinkommen können, wenn sie ihren ganzen Besitz teilen: „Eher geht ein Kamel durch ein Nadelöhr, als dass ein Reicher in das Reich Gottes gelangt" (Mk 10,25).

3.3 Überwindung der Gewalt

Die Vision vom Reich Gottes antwortet auf die tiefste Frage im Zusammenleben der Menschheit: das Problem der Gewalt. Gewalt zerstört Vertrauen. Die Praxis Jesu weist einen Weg, wie die durch Gewalt beschädigten Vertrauensressourcen unter Menschen und Völkern wieder neu zum Sprudeln gebracht werden können. Dabei bedeutet „Reich Gottes" nicht einfach die Wiederherstellung eines ursprünglich heilen, paradiesischen Zustandes der Gewaltlosigkeit. Vielmehr geht die Perspektive nach vorn: Im „Reich Gottes" werden Menschen und Völker, die zueinander kein Vertrauen mehr aufbringen können und sich deswegen in der Spirale gegenseitiger Gewalt verstrickt haben, weitergeführt und schließlich miteinander versöhnt. Die Versöhnung ist mehr als die bloße Abwesenheit von Misstrauen und Gewalt. Die Versöhnung ist eine Steigerung gegenüber dem friedlichen Urzustand vor der ersten Gewalttat. In einem österlichen Gebet heißt es: „Allmächtiger Gott, du hast den Menschen wunderbar erschaffen und noch wunderbarer erlöst."[114]

Die Kraft, die Jesus mit seiner Praxis weckt und anzieht, ist zunächst „Glaube" (vgl. Mk 2,5 u. ö.). Damit ist noch nicht Glaube an bestimmte, inhaltlich definierte Glaubensinhalte gemeint, sondern zunächst „nur" eine Gegenkraft gegen die Grundstimmung von Resignation und Fatalismus. Gewalt schüchtert ein, macht „müde und erschöpft" (Mt 9,36). Der Glaube lässt sich nicht einschüchtern (vgl. Mt 15,28), richtet sich nicht in den Gewaltverhältnissen ein, gibt sich mit dem Zustand des Vertrauensverlustes und der misstrauischen gegenseitigen Beäugung nicht zufrieden. Das ist leichter gesagt als gelebt.

Die Realität der Versöhnung zeigt sich im Evangelium in den großen Festmählern, die Jesus feiert. Die Teilnahme an diesen Mählern macht ein Umdenken sichtbar, das zugleich an die Wurzeln der Gewalt geht. Einige Aspekte seien hier genannt: Zum einen fordert das Evangelium, den Dienst am Mammon ganz zu lassen und statt dessen den eigenen Reichtum zu teilen – eindrücklich dargestellt in den großen Speisungen mitten in der Wüste, die dadurch möglich werden, dass einige beginnen, alles, was sie dabei haben, zu geben (Mk 6,35–44).

Theologische Vergewisserung

Der Dienst am Mammon versklavt, das Teilen befreit aus diesem Dienst. Zum anderen sammeln sich in den Festmählern diejenigen, die zu keinem Clan gehören, entweder weil sie aus dem einen oder anderen Grund als Sünder ausgestoßen oder weil sie erst gar nicht in einen solchen hineingeboren wurden. Mit der Einladung zu den Festmählern gehören sie aber zugleich zu einem neuen „Clan", zu den wahren „Schwestern und Brüdern" des einen „Vaters im Himmel" (vgl. Mk 4,34f). Das Reich Gottes ist also verbunden mit der Überwindung trennender Gegensätze zwischen Clans, Gruppen und Nationen. Sie spielen im Reich Gottes – und bestenfalls im ganzen Christentum bis heute – keine entscheidende Rolle mehr.

Genau diese Linie wird nachösterlich von den Aposteln weitergeführt. Man darf sich die Festmähler Jesu deswegen auch als befreiende Erfahrung gerade für diejenigen vorstellen, die aus gesellschaftlichen Bezügen, Anteilhabe und Zugehörigkeit ausgeschlossen wurden, weil sie zu keinem anerkannten Clan gehörten oder aus anderen Gründen als Gäste nicht willkommen waren. Und schließlich ist für Jesus das Reich Gottes offensichtlich keine gesetz- und strukturlose Größe. Vielmehr herrscht im Reich Gottes das Gesetz – die Tora –, allerdings anders als in der Praxis der Gesetzeslehrer, die das Gesetz instrumentalisieren, um damit Macht auszuüben. Im Reich Gottes hingegen herrscht das Gesetz, um den Menschen zu dienen. Es ist zusammengefasst im Nächstenliebe-Gebot.

Die Praxis Jesu hat eine so starke Dynamik, dass sie in der Gegenreaktion Gewalt auslöst. „Dem Reich Gottes wird Gewalt angetan" (vgl. Mt 11,12). Die Gewalt wird geradezu herausgelockt – nicht weil Jesus sie durch sein Tun herauslocken will, sondern weil die Praxis Jesu quasi als Nebenwirkung notwendigerweise Licht in ein Dunkel bringt, das lieber unerkannt bleiben will: das hässliche Gesicht der Gewalt. Gewalt ist feige. Sie versteckt sich hinter Sachzwängen, Verheißungen, Scheinlegitimationen und schönen Fassaden. In dem Moment aber, wo sich die Gewalt gegen Jesus wendet, zeigt sie ihr hässliches Gesicht. An dieser Stelle ist das Versöhnungswerk Jesu besonders gefährdet – wenn es der Gewalt gelingt, Gegengewalt beim anderen herauszulocken. Es geht auf dem Höhepunkt des Konfliktes, den die Evangelien beschreiben, um einen Machtkampf zwischen Gewalt und Gewaltlosigkeit. Der innere Zusammenhang mit der Vertrauensfrage kommt hier ebenfalls auf den Punkt: Vertrauen wird durch Gewalt beschädigt, und Gewalt entsteht ihrerseits genau durch die Beschädigung des Vertrauens. Wer misstraut, traut dem anderen das Schlimmste zu. Damit wird der andere zum Feind, vor dem man sich schützen muss. Das legitimiert wiederum zur Gewalt. So vererbt sich die Gewalt zwischen Gewalttäter und Gewaltopfer, bis die beiden voneinander nicht mehr zu unterscheiden sind. Die Frage, wer angefangen hat, hilft dann auch nicht mehr weiter, um den Knoten der Gewalt zu lösen und zur Versöhnung zu kommen.

Das Evangelium schlägt als Alternative dazu den Weg der Gewaltlosigkeit vor: Das Reich Gottes wird durch Gewaltlosigkeit geschützt. Dabei meint Gewaltlosigkeit gerade nicht Resignation gegenüber der Gewalt, sondern Widerstand gegen sie, indem ich dem mir gegenüber misstrauischen Menschen nicht so begegne wie er mir – und zwar deswegen, weil ich nicht zulasse, dass sein Misstrauen mein Vertrauen niederzwingt. Man kann die „Leistung" Jesu am Kreuz aus dieser Perspektive so beschreiben: Dem Misstrauen und der Gewalt, die auf ihn prallen, gelingt es nicht, sein Vertrauen zu besiegen. „Vater, in deine Hände lege ich meinen Geist" (Lk 23,46) – Gottvertrauen; „Heute wirst du mit mir im Paradies sein" (Lk 23,43) – Versöhnung. Sein Tod ist eben nicht nur ein äußerliches Opfer, sondern versöhnende Hingabe des Lebens, weil er bis zum Schluss aus Vertrauen lebt. Gott ist vertrauend.

II. Persönliche Vergewisserung

Theologische Überlegungen und Einsichten können den Verstand nähren, aber noch nicht das Herz. Das Herz wird getröstet, wenn der Gedanke nicht bloß Gedanke bleibt, sondern im Leben gelebt wird. In diesem Sinne richtet sich die persönliche Vergewisserung der eigenen Katholizität auf die gelebten und erlebten Erfahrungen mit der Kirche.

1. Dankbarkeit

Die Kirche ist für mich zunächst ein unerschöpflich großer Schatz von Menschen, lebenden und verstorbenen, mit ihrer „Freude und Hoffnung, Trauer und Angst".[115] Zu diesem Schatz gehören auch ihre Gebete, Lieder und Melodien; Lebensgeschichten und Vorbilder; Zeugnisse intellektuellen und existenziellen Ringens mit der Frage nach Gott; Liturgie und Festkreise; praktische Weisheit im Umgang mit Geburt und Tod, mit Schicksalsschlägen und Überraschungen; bewährte Riten für das Leben im Alltag. Der Schatz umfasst Zeiten und Kulturen in großer Fülle und Verschiedenheit. Immer wieder zeigt sich ein neues Schmuckstück, eine bisher unentdeckte Kostbarkeit, eine neue, unbekannte Welt. „Kriminalgeschichten" des Christentums neigen dazu, die Geschichten der vielen zu verschweigen, die selbst Opfer der dunklen Seite dieser Geschichte waren, die aber zugleich in ihrem Glauben Kraft zu Vertrauen und zum Weitergehen in der Spur Jesu fanden. Sie gehören zum Schatz der Kirche dazu. Manche von ihnen wurden sogar rückblickend zu den Ehren der Altäre erhoben. Genauso wenig jedenfalls wie der Hinweis auf die dunklen Seiten der Kirche Nestbeschmutzung ist, ist der Hinweis auf ihre Schätze bloße Imagepflege. Das Evangelium gibt ihr bis heute einen Maßstab vor, an dem sie umdenken und sich erneuern kann.

Weil die Kirche ein so großer Schatz ist, ist meine Grundempfindung ihr gegenüber die der Dankbarkeit. Dankbarkeit ist nicht irgendeine Tugend, sondern die grundlegende Tugend des geistlichen Lebens:

> „In seiner göttlichen Güte erwäge ich, vorbehaltlich eines besseren Urteils, dass unter allen vorstellbaren Übeln und Sünden die Undankbarkeit eines der vor unserem Schöpfer und Herrn und vor den Geschöpfen, die seiner göttlichen und ewigen Ehre fähig sind, am meisten zu verabscheuenden Dingen ist, weil sie Nichtanerkennung der empfangenen Güter, Gnaden und Gaben ist, Ursache, Ursprung und Beginn aller Sünden und aller Übel; und umgekehrt, wie sehr die Anerkennung und Dankbarkeit für die empfangenen Güter, Gnaden und Gaben sowohl im Himmel wie auf der Erde geliebt und geschätzt wird."[116]

So schreibt ein geistlicher Lehrer der kirchlichen Tradition, Ignatius von Loyola, der selbst keineswegs in attraktiven kirchlich-römischen Verhältnissen lebte.

Katholisch sein in der Vertrauenskrise beginnt mit der Übung der Dankbarkeit. Ich begebe mich also an die Orte, an denen ich den Schätzen der Kirche begegne: insbesondere Menschen, die nach Gott fragen und suchen. Es geht tatsächlich um eine „Übung".[117] Trainierende Menschen erkennt man daran, dass sie sich nicht ablenken lassen. Ähnliches erwartet Jesus zum Beispiel von seinen Schülern, wenn er sie aussendet und sie dabei auffordert: „Grüßt niemanden unterwegs!" (Lk 10,4), lasst euch nicht ablenken, bleibt dran! Dankbarkeit zu üben bedeutet, sich nicht ablenken zu lassen vom eigentlichen Objekt der geistlichen Aufmerksamkeit, sich also nicht beirren zu lassen vom neuesten Kirchenskandal, von der neuesten Personalspekulation in Presse, Rundfunk und Fernsehen. Es gilt, einen größeren Schatz zu heben.

2. Sehnsucht

Kirche und Sehnsucht nach Gott hängen zusammen. Zunächst einmal zu den größeren Zusammenhängen: „Religionslose" unterscheiden sich vom „Atheisten" dadurch, dass sie außerhalb der Berührung mit Religion leben, manchmal in der dritten oder vierten Generation. Ich saß einmal in einer Stadt im Ruhrgebiet in einer Kirche und lauschte dem Gespräch eines Jungen mit seinem Vater. „Vater, wer ist da dieser Mann am Kreuz?" Antwort: „Das weiß ich auch nicht, mein Sohn." Atheisten oder auch bewusste Agnostiker hingegen befassen sich mit dem, was sie ablehnen; meist entstammen sie selbst der religiösen Tradition, von der sie sich lösen. Die bekanntesten Atheisten des 19. Jahrhunderts stammten aus Pfarrhäusern: Feuerbach und Nietzsche. Manche Atheisten kennen die christliche Tradition besser als viele Christen. Die „Religionslosen" hingegen lehnen Religion nicht ab – sie hatten noch überhaupt keine Gelegenheit dazu, weil sie sie gar nicht kennen.

Manche „Religionslose" empfinden ihre Religionslosigkeit als Mangel, spüren eine Sehnsucht nach „mehr" und wenden sich religiösen Fragen wieder zu. Daraus entstehen neue Begegnungen, auf die der formelle kirchliche Rahmen oft nicht passt, in dem aber zugleich ein neues theologisches Suchen und Ringen entsteht. Da befindet sich Kirche wieder im Anfangsstadium. Beispiel: Einmal im Monat nahm ich an einem „interreligiösen Gebet auf der Straße" auf dem Gendarmenmarkt in Berlin teil;[118] alle Teilnehmenden sind dort eingeladen, in ihren jeweils eigenen Worten zu beten oder eben auch nur zu schweigen und das Gebet des anderen mit Respekt mitzutragen. Eines Tages kamen drei junge Leute hinzu. Sie stellten sich eine Stunde lang still dazu. Nach Beendigung des Gebets baten sie uns, sie zu lehren, wie man betet. Sie hatten sich, aus dem religionslosen Osten von Berlin stammend, in einem Verein organisiert, um etwas gegen die Gewalt in der Nacht zum 1. Mai im Berliner Mauerpark zu tun: Seifenblasen pusten statt Steine werfen, Küsschen statt Schläge verteilen. Unter anderem schwebte ihnen auch vor, miteinander im Atrium des Mauerparks zu beten, um damit der Gewalt etwas Unbekanntes, Überraschendes entgegenzusetzen. Nachdem wir mit den Gästen über unsere Art des Betens gesprochen hatten, luden sie uns in die Nacht des Mauerparks vom 30. April auf den 1. Mai ein. Wir gingen durch Polizeiwagen und Sicherheitsdienste hindurch in den Park und beteten eine Stunde in Stille und mit wechselnden Gesängen mitten im mehrheitlich alkoholisierten, gewaltschwangeren Chaos des Mauerparks. Anschließend blieben wir noch lange Zeit dort und sprachen mit vielen Menschen über Gott, Religion und Gebet. Kirche im Anfangsstadium.

Es gibt aber auch Religionslosigkeit ohne Sehnsucht nach Gott. In der kirchlichen Predigt gibt es gelegentlich eine übergriffige Weise, über die Sehnsucht anderer Menschen zu sprechen, sie sozusagen strategisch zu vereinnahmen nach dem Motto, dass alle Menschen sich eigentlich nach Gott sehnten; dass der Unterschied nur darin bestünde, dass die einen es schon wüssten, die anderen aber noch nicht, und dass man es den Letzteren deswegen sagen müsste. Wenn es aber tatsächlich Religionslosigkeit ohne Sehnsucht nach Gott gibt, dann ist die Sehnsucht nach Gott mehr als eine naturgegebene Tatsache, dann ist sie vielmehr ein Geschenk. Auch religionsgeschichtlich scheint mir der Schritt aus den Naturreligionen in den Monotheismus ohne den Geschenkcharakter des Gespürs für den ganz anderen Gott nicht nachvollziehbar – den Gott, der nicht der Natur oder der Evolution entstammt, sondern der sie erschaffen hat und ihr deswegen so nah und zugleich so fern ist, ferner als irgendwelche Dinge im Universum einander fern sein können, und zugleich näher als Dinge in der Welt einander nahe sein können, außer vielleicht die Liebenden.

Ausgehend von den Ostergeschichten habe ich die Sehnsucht nach Gott auch als Sehnsucht nach persönlicher Begegnung mit dem Auferstandenen – oder pfingstlich: als Sehnsucht nach Begegnung mit dem Geist Gottes – kennengelernt. So zu sprechen, setzt natürlich schon ein Grundvertrauen in die kirchliche Lehre und Sprache voraus. Dieses Grundvertrauen begründet sich rückblickend aus den Früchten, die daraus entstanden sind. Der prüfende Rückblick ist ein wichtiger Teil der persönlichen kirchlichen Selbstvergewisserung in der Vertrauenskrise.

In meinem Fall führte die Sehnsucht zum Eintritt in den Jesuitenorden. Ich wollte sozusagen näher an das Geheimnis der Sehnsucht herankommen. Meine Ausbilder im Orden legten mir die Exerzitien des Ordensgründers vor. Die *Geistlichen Übungen* garantieren zwar überhaupt nicht die persönliche Begegnung mit Gott. Sie sind aber eine Übung, um sich auf eine solche Begegnung vorzubereiten und einzustellen, falls sie sich ereignet. Sich auf die Übung einzulassen, setzt allerdings schon die Offenheit dafür voraus, dass es überhaupt zu einer Begegnung kommen könnte – wenn nicht während der Exerzitientage selbst, dann im alltäglichen Leben.

Ich unterzog mich diesen Übungen. Sie führten mich mit allen fünf Sinnen in das Evangelium ein. Petrus Canisius, der erste deutschsprachige Jesuit, sprach nach seinen Exerzitien bei Peter Faber im Jahr 1541 von einer inneren „Salbung", die er bei den geistlichen Übungen erlebt hatte. Bei mir kam diese Erfahrung nicht auf einmal, sondern in vielen Jahren, Schritt für Schritt. In der ständigen Betrachtung der Szenen des Evangeliums entsteht ein inneres Bild von der Person Jesu, das schließlich aus dem eigenen Leben nicht mehr wegzudenken ist. Das Bild ist nicht fest, sondern lebendig. Zu eigenen Lebenssituationen legt sich spontan eine Situation aus dem Evangelium nahe, und umgekehrt. Es entsteht eine vom Evangelium geprägte innere Vorstellungswelt, die sich in ständiger Kommunikation mit dem Alltag befindet. „In der Aktion kontemplativ", so beschreibt Ignatius diesen Grundzustand des geistlichen Lebens, der in den gelegentlichen Reflexionszeiten immer wieder ins Bewusstsein gehoben, in Freiheit bejaht und durch neue Übungen angeregt wird. Nie hatte ich Angst, dass ich hier einer Gehirnwäsche unterzogen würde. Ich wurde zu nichts gezwungen, im Gegenteil, ich kam gerade auch den zwanghaften Zuspitzungen, in die religiöse Sehnsucht einen Menschen hineintreiben kann, auf die Spur und wurde von meinen geistlichen Lehrern im Orden auch entsprechend gelehrt.

3. Glauben

In der Kirche finde ich Menschen, die bereit sind, meine Geschichte mit Gott anzuhören und sie mir zu glauben. Das ist keineswegs selbstverständlich. Geschichten mit Gott stoßen eher auf Unglauben und Skepsis, nicht nur bei den Außenstehenden, sondern auch bei den eigenen Leuten. Beispiel: Ein Freund, an dessen nüchternem Verstand und Unterscheidungsvermögen ich nicht den geringsten Zweifel hege, machte die ihn selbst vollkommen überraschende Erfahrung einer Gebetsheilung. Während eines Gottesdienstes, in dem um Heilung seiner langjährigen Gliederschmerzen gebetet wurde, verschwanden die Schmerzen tatsächlich, und zwar dauerhaft. Sein Problem war nun, dass er sich nicht traute, diese Erfahrung zu

Persönliche Vergewisserung

erzählen. Er rechnete nicht damit, dass ihm jemand glauben würde. Das machte ihn einsam. Die Einsamkeit verstärkte in ihm aber die Sehnsucht nach Menschen, die ihm zuhören mit der Offenheit dafür, ihm zu glauben.

Die Auferstehungsberichte erzählen von dieser Sehnsucht nach Kirche. Sie sind ja zunächst Berichte voller Unglauben. Die Frauen begegnen dem Auferstandenen, doch die Jünger halten ihre Erzählung für Geschwätz (Mk 16,11). Der Auferstandene begegnet den Jüngern, doch einer von ihnen glaubt ihren Erzählungen nicht, weil er selbst nicht dabei war (Joh 20,25). Kein Gehör zu finden ist eine äußerst schmerzliche Erfahrung, besonders dann, wenn es um Geschichten geht, die einen im Innersten treffen und auch verändern, und zumal dann, wenn man sie Menschen mitteilen will, die einem nahestehen. Umso beglückender ist es, wenn Hören und Erzählen gelingen. Einen solchen Fall berichtet das Lukasevangelium: „Brannte nicht das Herz in uns, als er mit uns redete und uns den Sinn der Schrift erschloss?" (Lk 24,32), fragen die Jünger nach der Begegnung mit einem Passanten, in dem sie rückblickend Jesus erkennen. Aber dann kehren die beiden Jünger „noch in derselben Stunde" um, zurück nach Jerusalem. Sie setzen sich zu den Aposteln und hören ihnen neu zu. Am Tag vorher hatten sie noch nicht richtig zugehört („Einige Frauen aus unserem Kreis haben uns in große Aufregung versetzt ..."). Ihre eigene persönliche Begegnung mit dem Auferstandenen ermöglicht ihnen nun, die persönliche Begegnung der anderen mit dem Auferstandenen erst wirklich anzuhören und zu glauben. Und dann trauen auch sie sich, zu erzählen. Mitten in diesem Austausch beginnt das Herz wieder zu brennen: Der Auferstandene ist wieder unter ihnen (vgl. Lk 24,33ff).

Persönliche Begegnungsgeschichten dieser Art fordern Glauben heraus. Einer Geschichte mit Gott begegnet man nicht wie einem Film im Kino, auf dem Sessel sitzend und

Popcorn essend. Hape Kerkeling zerbricht sein Kino-Bild für Kirche, wenn er von der Hoffnung spricht, einmal selbst in dem Film mitspielen zu können. Schon wenn man aufhört, Popcorn zu essen, ist man ja mehr als bloß distanzierter Zuschauer. Wer einmal den Schritt über den Rubikon gemacht und eine Erfahrung in seinem Leben, ein Brennen in seinem Herzen theologisch gedeutet hat, der kann nicht mehr zurück. Das gilt für die erzählende und für die hörende Seite gleichermaßen: Wer dem anderen seine Geschichte mit Gott glaubt, öffnet sich dabei selbst für die Begegnung mit Gott in seinem eigenen Leben. Er oder sie kann sich natürlich auch verschließen. Aber die Verschließung mindert nicht den herausfordernden Charakter der Erzählung. Und wer sich einmal glaubend der eigenen Geschichte oder der Geschichte eines anderen mit Gott geöffnet hat, für den verändert sich das Verhältnis zu allen anderen möglichen Geschichten, zur gesamten Wirklichkeit: „Gott suchen und finden in allen Begegnungen"[119] wird zum Lebensthema.

Die Herausforderung stört. Sie stört auch in der Bitterkeit der Vertrauenskrise, wenn diese sich eingerichtet hat in der rückwärtsgewandten Sehnsucht nach der guten alten Zeit *vor* dem verlorenen Vertrauen. Von dieser depressiven Rückwärtsgewandtheit berichten die Ostergeschichten, wenn etwa Maria von Magdala den Blick nicht vom Grab wenden kann und deswegen den nicht sieht, den sie im Grab sucht (Joh 20,13ff). Er ist schon längst nicht mehr bei den Toten, während sie den Toten bei den Toten sucht. Gute alte Zeiten sind tot, wenn das Vertrauen nicht mehr selbstverständlich ist, das einmal selbstverständlich war. Ein Zurück gibt es dann nicht mehr, sondern nur eine neue Herausforderung zum Glauben, in der auch neues Vertrauen in erneuerter Kirche entstehen kann.

4. Eucharistie

Nach kirchlichem Verständnis ist die Feier der Eucharistie „Quelle und Höhepunkt des ganzen christlichen Lebens".[120] Die ersten Eucharistiefeiern – Essen und Trinken mit dem Auferstandenen – fanden „auf der Straße" statt: am See von Tiberias, auf dem Weg nach Emmaus, in Jerusalem, in zufälligen Begegnungen, die im Rückblick mehr enthielten, als auf den ersten Blick zu sehen war. Aus ihnen entwickelte sich die ritualisierte Eucharistiefeier, die „heilige Messe", nicht umgekehrt.

„Eucharistie auf der Straße" gibt es auch in der Gegenwart. Beispiel: Ein Freund ging während seiner Exerzitien – also mit einem das geistliche Sehen übenden Blick – über die Straßen. Plötzlich brach ein Platzregen los. Er schaute nach links und nach rechts und fand keine Unterkunft, bis er in der Nähe eine winkende Hand unter einem Wellblechdach entdeckte. Ein Obdachloser war es, der ihn in seinen Verhau einlud, damit er Schutz vor dem Regen hatte. Unter dem Wellblechdach teilten sie Brot miteinander. Ein anderes Beispiel: In Volker Schlöndorffs Film *Der neunte Tag* wird die Geschichte eines katholischen Priesters erzählt, der aus dem KZ Dachau entlassen wird, um in Versuchung geführt zu werden: Er soll seinen Widerstand gegen die Kirchenpolitik der Nazis aufgeben und dafür die Freiheit erhalten. Der Priester widersteht der Versuchung und wird am neunten Tag wieder nach Dachau zurückverfrachtet. Im Priesterblock angekommen, nimmt er eine Wurst aus seiner Tasche, die er von zuhause mitgebracht hat, schneidet sie sorgfältig in Stücke und verteilt sie unter seinen hungrigen Mitgefangenen – Teilen und Hingabe als „Quelle und Höhepunkt" dieses Lebens unmittelbar vor der Hinrichtung im KZ. Eine vergleichbare Szene erzählt der Film *Von Menschen und Göttern* über das letzte gemeinsame Mahl der Mönche von Tibhirine (Algerien), bevor sie entführt, in das Atlas-Gebirge verschleppt und schließlich ermordet werden. Auch im außerchristlichen Raum geschehen Eucharistien auf der Straße. Jüngstes Beispiel: die „Abriss-Party" des chinesischen Künstlers und Dissidenten Ai Weiwei. Für den Abend vor dem von der Behörde verordneten Abriss seines Ateliers lädt er mehr als 1000 Menschen zum Essen und Trinken ein; 800 Gäste kommen, obwohl Ai Weiwei wegen dieser Einladung schon verhaftet ist und im Gefängnis sitzt.

Mahl ist – je nachdem – immer mehr als bloß Mahl. Im Übrigen war das Letzte Abendmahl, das Jesus vor seiner Lebenshingabe feierte, aller Wahrscheinlichkeit nach kein rituelles Mal. Es war einfach „ein Mahl" (Joh 13,2), wie es im Johannesevangelium beschrieben wird.[121] Das spricht nicht gegen die spätere Deutung und ritualisierte Fassung als erneuertes „Paschamahl". Die Unterscheidung zwischen der Eucharistie auf der Straße und der liturgisch gestalteten, ritualisierten Eucharistiefeier, zu der sich die Christen Sonntag für Sonntag versammeln, will keinen Widerspruch konstruieren. Beide tragen und ergänzen sich gegenseitig.

In der kirchlichen Vertrauenskrise entsteht ein Problem mit der rituellen Eucharistiefeier. Wenn die kirchlichen Strukturen und ihre Repräsentanten an Glaubwürdigkeit verlieren, wird es für die Mitfeiernden immer schwerer, mitzufeiern. Beispiel: Auf dem Katholikentag in Mannheim 2012 begegnete ich auf dem Weg zur großen Eucharistiefeier einem Freund, der in der umgekehrten Richtung lief. Er hatte in den letzten Jahren einige sehr schmerzliche Erfahrungen in der Kirche gemacht. Ich fragte ihn, ob er nicht zur Messe mitgehen würde. Er antwortete, dass er das ursprünglich vorgehabt habe, aber auf dem Weg dorthin immer deutlicher gespürt hätte: „Ich kann nicht mehr." Zum ersten Mal in seinem Leben, nach über 50 Jahren treuem Kirchgang, habe er sich plötzlich die Freiheit genommen, dieser inneren Stimme zu folgen und sich umzudrehen. Ähnliche

Stimmen hörte ich 2011 von vielen engagierten Katholiken, die sich entschieden, nicht an der Papstmesse im Berliner Olympiastadion teilzunehmen – sie hatten das Gefühl, als Teil einer Inszenierung benutzt zu werden. Solche Gefühle stellen sich ein, wenn das Kirchenvertrauen beschädigt ist.

Die Kirche unterscheidet zwischen der heiligen Handlung *(opus operatum)* und der Heiligkeit des Handelnden *(opus operantis)*. Das will sagen: Ob die Feier einer Eucharistie gültig ist oder nicht, hängt nicht davon ab, ob der Priester, der die Gaben von Brot und Wein konsekriert, selbst ein sehr vorbildlicher Mensch ist. Wenn die moralische Vorbildlichkeit die Voraussetzung für die Gültigkeit der Handlung wäre, dann käme es vermutlich nie zu einer wirklich gültigen Handlung, in der zum Beispiel ein Priester zu einem Menschen sagen kann: „Deine Sünden sind dir vergeben" – und es geschieht dann auch so. Langweilige Predigten oder stark nach Alkohol riechende Priester, denen ich in meiner katholischen Jugend begegnete, waren kein Grund, nicht in die Messe zu gehen oder nicht mehr als Messdiener in der Nähe des Altars mitzuwirken. Das jedenfalls lernte ich in meiner Jugend, und grundsätzlich leuchtet mir die Unterscheidung und die mit ihr ermöglichte Disziplin bis heute ein.

Doch es gibt einen Punkt, an dem die Differenz zwischen der heiligen Handlung und der Unheiligkeit der Handelnden so eklatant wird, dass die Unterscheidung zwischen beiden auch nicht mehr weiterhilft, um an der heiligen Handlung doch noch weiter teilnehmen zu können. Und wenn das Kirchenvertrauen nicht nur in Einzelfällen, sondern grundsätzlich gestört ist, dann wird es auch schwer, den Liturgien der Kirche überhaupt noch beizuwohnen, gerade den festlichsten. Die Feiern verletzen dann. Das unbestreitbar Schöne der Liturgie der Kirche erscheint als Fassade. Schönheit und Wahrheit fallen auseinander. Die Unglaubwürdigkeit wird unerträglich, gerade in jener liturgischen Feier, die „Quelle und Höhepunkt des christlichen Lebens" zu sein beansprucht. Je höher der Anspruch, desto bitterer diese Erfahrung und die aus ihr folgende Entfremdung, der Verlust des Heimatgefühls in der Liturgie. Es helfen dann auch keine Appelle und Hinweise auf die Unterscheidung von heiliger Handlung (an der man weiter teilnehmen soll) und Heiligkeit des Handelnden (von der man eben absehen soll) aus der Vertrauenskrise. Im Gegenteil: Wenn diese Unterscheidung überstrapaziert wird, kommt es im Ergebnis zu einer programmatischen Veräußerlichung im Verständnis von Ritus und Liturgie, so als ob es egal wäre, ob von der Kirche auch tatsächlich das gelebt wird, was in der Eucharistie dankend gefeiert wird. Das aber wäre genau jene Entleerung der heiligen Handlungen, die dazu führt, dass Gott selbst sich aus ihnen zurückzieht, da nur noch äußerliche Gesten und Worte aneinandergereiht werden. Die Kultkritik der Propheten spricht dazu eine deutliche Sprache: „Bringt mir nicht länger sinnlose Gaben dar, sie sind für mich widerliches Räucherwerk. Neumond und Sabbat (!), Versammlung und Feier – ich ertrage nicht eure schändlichen Feste ... Lernt Gutes zu tun! Sorgt für das Recht! Helft den Unterdrückten" (Jes 1,13f.17). Die Feiern, zumal der Sabbat, sind ja keineswegs sinnlose Feiern. Sie werden nur deswegen sinnlos, weil ihnen keine Praxis der Nächstenliebe auf der Straße entspricht.

Die Vertrauenskrise in der Kirche erschwert die Teilnahme an der Liturgie der Eucharistie. Man darf diese Schwierigkeit nicht verwechseln mit Glaubensverlust. Man kann es nämlich auch genau umgekehrt formulieren: Die Vertrauenskrise führt zu einem tieferen Verständnis der Eucharistie. Ein Blick für die Eucharistie auf der Straße wird frei, ein Blick dafür, dass noch vor der Liturgie „das Reich Gottes schon mitten unter euch ist" (vgl. Lk 17,21). Die Entdeckung dieses „Reiches mitten unter euch" im Alltag, auf der Straße, mitten unter Menschen eröffnet dann auch einen neuen Zugang zur Liturgie der Eucharistie.

III. Neue Bewegungen

1. Reformbewegungen

„Reform" ist in einer Institution, die beinahe 2000 Jahre alt ist und der sich heute weltweit mehr als 1,2 Milliarden Menschen zugehörig fühlen, ein schwieriges Unterfangen. Die Kirche spricht von sich selbst als „Ecclesia semper reformanda" – Kirche, die immer wieder reformiert werden muss. Das entspricht auch ihrer geschichtlichen Erfahrung. Die Kirche hat im Laufe der Jahrhunderte viele Reformprozesse durchlaufen. Manche Reformen gelangen und hielten, manche wurden zurückgenommen oder wieder reformiert; manchen Reformen verweigerte sich die Kirche jahrhundertelang – um dann schließlich doch den Schritt in die Reform zu tun,[122] andere Reformen sind ihr bis heute nicht gelungen, neue Reformthemen kündigen sich an.

Inhaltlich verstehen Katholiken unter „Reform" sehr Unterschiedliches, ja Gegensätzliches. Es gibt – um im deutschen Sprachraum zu bleiben – die Reformvorschläge der Würzburger Synode der deutschen Bistümer (1971–1975), die im Gefolge der Öffnung des Zweiten Vatikanischen Konzils tagte. Zuletzt formulierte das „Theologen-Memorandum" 2011 eine Reformagenda, die noch einmal die seit Jahren bekannten Baustellen benannte, als da wären: Reform der innerkirchlichen Gerichtsbarkeit, Zulassung von Frauen zum Weiheamt, neue Wege im Umgang mit wiederverheirateten Geschiedenen, Beteiligung von Laien an kirchlichen Entscheidungsprozessen, Abbau der Diskriminierung homosexueller Menschen, ökumenische Gastfreundschaft und so weiter. Die jüngsten Erfahrungen mit Machtmissbrauch haben die Aktualität dieser Reformthemen verstärkt und lassen sie in einem neuen Licht erscheinen; schließlich liegt nicht nur bei sexuellem Missbrauch, sondern auch bei anderen Formen von Machtmissbrauch die Verantwortung nicht nur bei den einzelnen Tätern, sondern auch in der Verharmlosung und Vertuschung der Taten sowie in den Strukturen, die beides begünstigen.

Es verstehen sich aber auch solche Gruppen als „Reformer", die eine strikte Durchsetzung der bestehenden kirchlichen Regularien in Liturgie und Seelsorge neu einfordern, allem voran eine Stärkung des zentralistischen Prinzips und widerspruchslosen Gehorsam gegenüber vorgegebenen Entscheidungen der Autoritäten. Gegenüber der Vertrauenskrise verfolgen sie eher eine Strategie nach dem Motto: Die Vertrauenskrise ist ein Problem der Menschen, die nicht mehr oder zu wenig vertrauen, ein Zeichen ihres mangelnden Glaubens. Die katholische Kirche steht also in einer Spannung zwischen unterschiedlichen inhaltlichen Vorstellungen von „Reform", die im Übrigen die gesamte Christenheit weltweit in sich trägt. Das zeigen auch jene innerchristlichen Konvertiten aus dem oder zum Katholizismus, die gerade deswegen die Konfession in die eine oder andere Richtung wechseln, weil die katholische Kirche Frauen nicht weiht, homosexuelle Paare nicht segnet, wiederverheiratete Geschiedene von der Kommunion ausschließt und sich dem Dialog im Namen des Autoritätsprinzips nicht öffnet. Spannungen und Spaltungen dieser Art werden durch die Vertrauenskrise vorangetrieben. Das führt die Kirche auf allen Ebenen ihrer Mitglieder in Entscheidungssituationen hinein – sowie auch in die Grundsatzfrage, ob es wirklich diese Themen sein sollen, an denen sich die konfessionelle Identität des katholischen Christentums festmacht.

Neuerdings haben sich Priestergruppen zu Wort gemeldet, die aus ihrer Erfahrung als Seelsorger heraus zu handeln beginnen beziehungsweise ihr bisher verborgenes Handeln offenlegen. Das ist ein Novum. Ein Kreis von ca. 400 Priestern um den ehemaligen Generalvikar der Wiener Erzdiözese löste eine Bewegung aus, die in anderen Diözesen auf die eine oder andere Weise aufgegriffen wurde. Der Kampfbegriff „Ungehorsam" traf dabei ins Mark. Neu sind nicht die Inhalte, sondern die Methode der Pfarrerinitiativen: der offene Bruch mit Regeln katholischer Seelsorgepraxis oder mit bisherigen Loyalitäts-Erwartungen. Ebenfalls erstaunlich war die erste Reaktion der Kirchenleitung. In einer Predigt im Petersdom am Gründonnerstag 2012 erwähnte Papst Benedikt XVI. die Initiative der österreichischen Pfarrer und sprach ihr immerhin die ernstzunehmende Sorge um die pastoralen Nöte der Menschen und um die Zukunft der Kirche nicht ab. Vergleichbare Initiativen wie etwa die von ca. 200 Priestern der Erzdiözese Freiburg, die sich dazu bekannten, wiederverheirateten Geschiedenen die Kommunion zu reichen, wenn sie es pastoral für angemessen halten, führten bislang auch nicht zu disziplinarischen Konsequenzen. Diese würden ja im Fall der Fälle auch zu einem weitgehenden Zusammenbruch der Seelsorge in den entsprechenden Diözesen führen; es bliebe eine Restgruppe, die primär regelkonforme Pastoral ohne Wenn und Aber praktizieren würde, auch um den Preis der größeren Distanz zu den realen Sorgen und Nöten der meisten Menschen, auch der meisten Katholiken – mit all den Ungereimtheiten und Doppelbödigkeiten, die ja gerade in den letzten Jahren aufgedeckt wurden und die dann weiter und noch angestrengter verleugnet werden müssten.[123]

Dem „Mittelbau" fällt für die Entwicklung in der Kirche zur Zeit eine wichtige Rolle zu. Die Erfahrungen mit der Aufklärung von Machtmissbrauch in Institutionen haben gezeigt, dass Dialog allein nicht weiterführt, wenn auf einer Seite die Entschiedenheit da ist, sich auf Dialog erst gar nicht einzulassen. Es bleibt dann noch das Handeln. Wenn nun der Mittelbau zu handeln beginnt, das Schweigen über seine Kompromisse mit der Wirklichkeit bricht und sich zu diesen Kompromissen bekennt, dann kommt weitere Bewegung in die Kirche. Dem entspricht auch die Erfahrung mit der Aufklärung des sexuellen Missbrauchs: Erst wenn der Schritt aus dem Schweigen heraus in die Offenheit gemacht wird, entwickelt sich echte Dynamik: Es gibt die befreiende Macht der Wahrheit, die nicht an Machtpositionen gebunden ist. Sie beginnt mit dem Sprechen der Betroffenen beziehungsweise mit Handeln, das den Konflikt mit Strukturen da riskiert, wo diese die Wahrheit unterdrücken.

2. Stolpersteine

Das griechische Wort *skándalon* bedeutet „Stolperstein". Auch Skandale lösen Bewegung aus. Sie sind die klassische Gelegenheit dafür, die Geister neu zu unterscheiden. Im Evangelium wird dieser Zusammenhang zwischen „Skandal" und „Unterscheidung der Geister" an vielen Stellen ausgedrückt, etwa wenn Jesus selbst durch sein Tun und Predigen zum Skandal für andere wird oder wenn ihm das Verhalten eines anderen zum Skandal wird (vgl. Mt 16,23) und er darauf reagiert. Dass es die Skandalisierung von nicht-skandalösen Vorfällen gibt, sei dabei unbestritten. Aber auch das gehört zur Reflexion auf Stolpersteine hinzu: Handelt es sich wirklich um einen Skandal oder wird hier etwas nur aufgebauscht?

Skandale haben das Potenzial in sich, Bewegung in Systeme hineinzubringen. Daran erkennt man auch die Skandale, die im besten Sinne des Wortes „Zeichen der Zeit" sind, also zur Unterscheidung der Geister neu einladen. Beispiel: Zwei katholische Kliniken verweigern einem Vergewaltigungsopfer eine gynäkologische Untersuchung, weil die „Pille danach" zum Hilfspaket für die vergewaltigte Frau dazugehört hätte. Die Abweisung löst inner- und außerkirchlich Entsetzen und

Empörung aus. Wenige Wochen später tagt die Bischofskonferenz und entscheidet, dass auch in katholischen Krankenhäusern Vergewaltigungsopfern die „Pille danach" gegeben werden darf, wenn sie ausschließlich eine verhütende und nicht eine abtreibende Wirkung hat.[124]

Der Vorgang ist erhellend für den Zusammenhang von Skandal und Bewegung. Zum einen richtet der Skandal den Blick der Öffentlichkeit auf ein Problem – er macht etwas weithin sichtbar, holt es aus dem Schweigen heraus. Zum anderen werden im Umfeld des Skandals weitere Skandale sichtbar: „Lebensschützer", die mit zweifelhaften Methoden Ärzte in katholischen Krankenhäusern denunzieren; Mitglieder der Diözesanleitung, die sich von Denunzianten treiben lassen; eine Atmosphäre der Angst, die vorauseilend Regeln annimmt und befolgt, die noch gar nicht existieren. Das alles führt dazu, dass eine Frau in Not zu einem Problem wird, vor dem man sich schützen muss, indem man sie abweist.

Skandale stellen die Kirche vor Grundentscheidungen, die an den Kern des christlichen Glaubens und des Evangeliums rührten. In diesem Fall lautet die Herausforderung: Wenn Regelsysteme dazu führen, dass sich Katholiken im konkreten Fall den Menschen in Not vom Leib halten müssen, um nicht zu „Komplizen" eines Regelverstoßes zu werden, dann kann das nicht im Sinn des Evangeliums sein, mehr noch: Dann befindet sich diese Form von regelförmiger Eindeutigkeit im Gegensatz zum Evangelium. Das ethische Dilemma sei nicht geleugnet: Abtreibung ist Tötung menschlichen Lebens, auch Abtreibung nach einer Vergewaltigung. Doch ethische Dilemmata sind der konkrete Fall, an dem sich zeigt, dass man noch lange nicht ethisch richtig handelt, wenn man nur von einer ethischen Prinzipienlehre und dem aus ihr entwickelten Regelwerk ausgeht. Ethischen Dilemmata entflieht niemand, sie sind unauflösbar und führen in den tiefen Ernst der Verantwortung, die einem niemand abnehmen kann, keine Lehrautorität und auch keine Checkliste. Die Bischöfe, die nach dem Vorfall von Köln ihre Position zur „Pille danach" modifizierten, entkommen dem Dilemma auch mit ihrer neuen Modifikation nicht. Die Unterscheidung zwischen der ovulationshemmenden (ethisch erlaubten) und der nidationshemmenden (ethisch verbotenen) „Pille danach" ist nur theoretisch klar. Im konkreten Fall kann kein Arzt mit Sicherheit sagen, dass die „Pille danach" nur ovulationshemmend wirkt.[125]

Man kann den Fall zum Anlass nehmen, weitere Fragen zu stellen: Ist es nicht befremdlich, dass an der lehramtlichen Entscheidung über eine solche Frage nur Männer beteiligt sind? Oder in eine andere Richtung: Liegt der Abweisung einer vergewaltigten Frau in einer katholischen Klinik nicht die gleiche Mentalität zugrunde wie dem Ausstieg der kirchlichen Beratung für Frauen in Notlagen aus dem staatlichen Beratungssystem? Wie vielen Frauen in Not ist die Kirche nicht mehr nahe, weil sie sich davor schützen wollte, „Komplizin" bei einer Abtreibung zu werden? Auch an diesen weiterführenden Fragen zeigt sich: Skandale decken auf und bringen Bewegung in Systeme. Sie sind „Zeichen der Zeit", ein Anlass für die Glaubensgemeinschaft, um eine Deutung zu ringen. Das ist die Chance, die in ihnen liegt.

3. Überraschungen aus Rom

Der Rücktritt von Papst Benedikt XVI. hat überraschend neue Bewegung in die Kirche gebracht. Mit dem Amtsverzicht eines Papstes wurde eine Tür geöffnet. Es war und ist allein schon mutig, mit einer mehr als 700-jährigen Tradition zu brechen, die es undenkbar erscheinen ließ, dass ein Papst zurücktritt. Ebenfalls bemerkenswert war, dass Benedikt XVI. mit diesem

Neue Bewegungen

Schritt eine andere Weise des Umgangs mit dem eigenen Alter wählte als Johannes Paul II. – ein emanzipatorischer Akt. Und schließlich wird Papst Benedikt wohl selbst geahnt haben, dass er mit dieser Entscheidung auch Fragen und Prozesse auslösen würde, die er zum Zeitpunkt der Entscheidung gar nicht intendiert hatte, die aber mit dem Rücktritt ebenfalls irreversibel auf der Tagesordnung stehen. Mut zeigt sich daran, dass man auch dann Entscheidungen trifft, wenn die Konsequenzen dieser Entscheidung nicht oder noch nicht voll überschaubar sind. Das sind die Situationen, in denen Gottvertrauen herausgefordert ist. Papst Benedikt hat durch seine Entscheidung die Kirche als Ganze herausgefordert, ihm in diesem Vertrauen zu folgen. Das stärkt Vertrauen – mehr als jeder Appell, zu vertrauen.

Die Stärke des Papstamtes besteht darin, dass es die ganze katholische Christenheit sichtbar repräsentieren kann. Aber genau das ist in den letzten Jahrzehnten unter den Bedingungen der Globalisierung auch zu einer Falle geworden, zu einer Quelle vieler Missverständnisse. Alle Welt blickt, wenn sie an die katholische Kirche denkt, auf die Person des Papstes. Das verstärkt katholikenintern die zentralistische Mentalität: Wenn alle Welt beim Thema katholische Kirche auf den Papst blickt, dann blicken die Katholiken selbst immer mehr auf den Papst, wenn sie auf sich selbst blicken – unabhängig davon, ob sie das in kritischer oder affirmativer Intention tun. Doch der Papst ist nicht die katholische Kirche. Indem Benedikt XVI. zurückgetreten ist, ist er auch als Person hinter das Amt zurückgetreten. Das ist eine Botschaft an den ganzen Globus, dann aber auch an die Kirche, an Bischöfe und Kurie. Das katholische Christentum ist keine Papstreligion. So lässt sich nach dem Rücktritt auch wieder mit größerer Nüchternheit über das Amt selbst und seine Funktion sprechen.

Die zweite Überraschung aus Rom ist die Wahl des argentinischen Kardinals Jorge Mario Bergoglio zum Papst Franziskus, der noch nicht „der Erste" genannt werden kann, weil sich bisher kein Papst vor ihm Franziskus nannte. Die Überraschung besteht weniger darin, dass der Name des neuen Papstes im wochenlangen Ratespiel der Medien nicht vorgekommen war, sondern im Stil der ersten Auftritte und in der Namenswahl, die beide bei vielen Katholiken Erleichterung und Freude hervorrufen. Mit der Namenswahl steigert Papst Franziskus die Geste seines Vorgängers. Ihre kirchliche Bedeutung liegt angesichts der Biografie des „Poverello" auf der Hand: Franziskus von Assisi empfing zu Beginn seines geistlichen Wegs in einer Vision den Auftrag: „Baue meine Kirche wieder auf." Er erfüllte diesen Auftrag dadurch, dass er arm unter den Armen wurde, Ämter für sich zurückwies, seine Standeskleidung ablegte und radikale Geschwisterlichkeit lebte. Wenn irgendwo bei einem Heiligen der Kirchengeschichte das Wort „radikal" keine Schablone ist, dann bei Franziskus. Dadurch, dass sich nun ein Papst ausgerechnet nach diesem Heiligen benennt, richtet er die Augen der Welt und der Kirche auf die Gestalt Christi in den Armen. Der Kurie, den Bischöfen und der ganzen Kirche ist damit in überraschender Klarheit ein Weg gewiesen, unter welchem Vorzeichen sich auch eine Erneuerung des Vertrauens in der Kirche tatsächlich vollziehen könnte. Das wird sicherlich nicht ohne Konflikte und Brüche gehen, aber es ist ein Weg, der eine angemessene Antwort auf die Radikalität der Vertrauenskrise ist.

Anhang

20. Januar 2010

An die ehemaligen Schülerinnen und Schüler der pozentiell betroffenen Jahrgänge in den 70er- und 80er-Jahren am Canisius-Kolleg

Liebe ehemalige Schülerinnen und Schüler,

in den vergangenen Jahren haben sich mehrere von Ihnen bei mir gemeldet, um sich mir gegenüber als Opfer von sexuellem Missbrauch durch einzelne Jesuiten am Canisius-Kolleg zu erkennen zu geben. Die Spur der Missbräuche zieht sich durch die 70er-Jahre hindurch bis in die 80er-Jahre hinein. Mit tiefer Erschütterung und Scham habe ich diese entsetzlichen, nicht nur vereinzelten, sondern systematischen und jahrelangen Übergriffe zur Kenntnis genommen. Es gehört auch zur Erfahrung der Opfer, dass es im Canisius-Kolleg und im Orden bei solchen, die eigentlich eine Schutzpflicht gegenüber den betroffenen Opfern gehabt hätten, ein Wegschauen gab. Allein schon deswegen gehen die Missbräuche nicht nur Täter und Opfer an, sondern das ganze Kolleg, sowohl die Schule als auch die verbandliche Jugendarbeit. Aus demselben Grund bitte ich hiermit zunächst alle betroffenen ehemaligen Canisianerinnen und Canisianer stellvertretend für das Kolleg um Entschuldigung für das, was ihnen am Kolleg angetan wurde.

In den Gesprächen mit einigen der Opfer habe ich besser verstanden, welche tiefen Wunden sexueller Missbrauch im Leben junger Menschen hinterlässt und wie die ganze Biografie eines Menschen dadurch jahrzehntelang verdunkelt und beschädigt werden kann. Zugleich konnte ich in den Gesprächen von den Opfern hören, wie befreiend es ist, wenn man beginnt, über die Erfahrungen zu sprechen, auch dann, wenn sie zeitlich

Anhang

weit zurückliegen. Es gibt nämlich Wunden, welche die Zeit nicht heilt.

Seitens des Kollegs möchte ich Sie darauf hinweisen, dass der Orden 2007 eine Beauftragtenstelle eingerichtet hat, an die sich Missbrauchsopfer von Jesuiten und Angestellten von Jesuiteninstitutionen wenden können: Frau Ursula Raue, Rechtsanwältin und Mediatorin (Adresse s. u.), war lange Jahre Vorsitzende der deutschen Sektion von „Innocence in Danger", einer internationalen Organisation, die sich der Bekämpfung von Kindesmissbrauch im Internet widmet. Sie ist Ansprechpartnerin nicht nur für mögliche aktuelle Verdachtsfälle und Opfermeldungen. Sie ist ebenfalls Ansprechpartnerin für Missbrauchs-Opfer aus länger zurückliegenden Zeiten, wenn diese wieder Kontakt mit dem Orden oder mit dem Kolleg aufnehmen wollen. Sie ist berechtigt und verpflichtet, zusammen mit den Opfern an den Orden heranzutreten und zu vermitteln. Sie arbeitet mit bei der Konfrontation der Täter. Alle Informationen, die sie bekommt, werden nur mit ausdrücklicher Zustimmung der Opfer an andere weitergegeben.

Ich respektiere es selbstverständlich, wenn Betroffene aufgrund ihrer Erfahrungen für sich die Entscheidung getroffen haben, mit dem Kolleg, mit dem Orden und mit der katholischen Kirche zu brechen. Andererseits möchte ich gegenüber denjenigen, die den Kontakt zum Kolleg und zum Orden suchen, das Signal nicht unterlassen, dass wir ansprechbar sind. Dabei ist Frau Raue eine Möglichkeit zur Ansprache. Sie können sich natürlich auch an jede andere Person Ihres Vertrauens wenden, die mit dem Orden und dem Kolleg zu tun hat. Innerhalb des Jesuitenordens in Deutschland hat P. Provinzial schon vor einiger Zeit darüber informiert, dass es in der Vergangenheit unzweifelhaft Fälle von Missbrauch von Jugendlichen beiderlei Geschlechts durch einzelne Jesuiten gegeben hat. Diese Information hat bei den Mitbrüdern große Betroffenheit ausgelöst.

Der Brief vom 20. Januar 2010

Neben der Scham und der Erschütterung über das Ausmaß des Missbrauchs in jedem einzelnen Fall und in der – bisher sichtbaren – Anhäufung müssen wir uns seitens des Kollegs die Aufgabe stellen, wie wir es verhindern können, heute durch Wegschauen wieder mitschuldig zu werden. Wegschauen geschieht ja oft schon in dem Moment, wo man sich entscheidet, nicht wissen zu wollen, obwohl man spürt, dass man eigentlich genauer hinschauen sollte. Das ist eine Herausforderung für die persönliche Zivilcourage jedes Einzelnen wie auch für die Überprüfung der Strukturen. Denn es drängt sich zugleich auch die Frage auf, welche Strukturen an Schulen, in der verbandlichen Jugendarbeit und auch in der katholischen Kirche es begünstigen, dass Missbräuche geschehen und de facto auch gedeckt werden können. Hier stoßen wir auf Probleme wie fehlende Beschwerdestrukturen, mangelnden Vertrauensschutz, übergriffige Pädagogik, übergriffige Seelsorge, Unfähigkeit zur Selbstkritik, Tabuisierungen und Obsessionen in der kirchlichen Sexualpädagogik, unangemessenen Umgang mit Macht, Abhängigkeitsbeziehungen. An diesen Themen haben wir in den letzten Jahren sowohl im Orden als auch am Kolleg gearbeitet und werden es auch weiterhin tun. In diesem Sinne danke ich den Opfern, die durch ihren Mut zu sprechen auch dem Kolleg und dem Orden einen Dienst erweisen, indem sie diese Themen anstoßen.

Seitens des Kollegs möchte ich durch diesen Brief dazu beitragen, dass das Schweigen gebrochen wird, damit die betroffenen Einzelnen und die betroffenen Jahrgänge miteinander sprechen können. In tiefer Erschütterung und Scham wiederhole ich zugleich meine Entschuldigung gegenüber allen Opfern von Missbräuchen durch Jesuiten am Canisius-Kolleg.

Mit freundlichen Grüßen

P. Klaus Mertes SJ

Anmerkungen

1 Fakten und empirische Analysen sind nachzulesen bei Thomas Mitschke-Collande: *Schafft sich die katholische Kirche ab?*, München 2012, S. 33–46; neuerdings auch bestätigt durch Studie 2013 des Heidelberger Sinus-Instituts, vgl. www.mdg-online.webseiten.cc/services/mdg.milieuhandbuch-2013/html.

2 Vgl. Tertullian: *Apologeticum*.

3 „Die katholische Kirche sei vollkommen einig, behauptet Bertone, und es gebe in ihrem Inneren keine Spaltung … ‚Wir erleben stattdessen den wiederholten und hartnäckigen Versuch, Zwietracht zwischen dem Heiligen Vater und seinen Mitarbeitern zu säen. Und das hat etwas Böses … Wir kommen regelmäßig zusammen, wir pflegen einen außerordentlichen Gemeinschaftsgeist. Und das ist das Gegenteil von dem, was die Massenmedien denken'" (Kardinal Tarcisio Bertone, zitiert in *Die Zeit*, 21.6.2012, S. 60).

4 In Teil II dieses Buches wird dies an Beispielen der jüngeren Kirchengeschichte konkretisiert.

5 Vollversammlung des Zentralkomitees der deutschen Katholiken, Bericht zur Lage, 19.11.2010. Das Urteil wird bestätigt durch die o. a. Sinusstudie.

6 Verlautbarungen des Apostolischen Stuhls Nr. 189, hg. vom Sekretariat der Deutschen Bischofskonferenz, S. 17.

7 Oliver von Hammerstein: *Ich war ein Munie*, Hamburg 1980.

8 Datum der Veröffentlichung meines Briefes vom 20. Januar 2010 in der *Berliner Morgenpost*.

9 Anlässlich der Verleihung des „Wächterpreises" 2011 veröffentlichte die Redaktion der *Berliner Morgenpost* am 27.5.2011 einen Bericht darüber, wie sie zu ihrer Entscheidung gekommen war, meinen Brief zu veröffentlichen. Der Bericht enthält viele aufschlussreiche Details, um zu rekonstruieren, was sich zwischen dem 20. Januar 2010 (Absenden des Briefes) und dem 28. Januar 2010 (Veröffentlichung in der *Morgenpost*) in der Redaktion und ihrem Umfeld tat.

10 Der sexuelle Missbrauch von Kindern und Jugendlichen in der gemeinnützigen Gesellschaft *Berliner Parkeisenbahn* in der Wuhlheide

wurde Ende Oktober 2011 in der Berliner Presse bekannt. Er folgte offenbar einem System und reicht bis in die 90er-Jahre zurück.
11 Griechisch etwa: „der richtige Zeitpunkt".
12 Eine Initiative, die mittels eines Volksbegehrens 2009 an den Schulen des Landes Berlin die Wahlpflichtfachgruppe Ethik/Religion einführen wollte.
13 Vgl. dazu auch das Interview im *Tagesspiegel* vom 3.2.2010: Frage: „Wie fühlen sich die Opfer angesichts des großen öffentlichen Interesses?" Antwort: „Ich weiß es nicht. Es gibt kein ‚Wir' zwischen mir und den Opfern. Ich vertrete die Täterseite ..." Heute weiß ich mehr darüber, wie sich die Opfer fühlten, aber am 3.2.2010 darüber Aussagen zu machen, hätte ich als anmaßend und übergriffig empfunden. Es stand mir nicht zu, für die Opfer zu sprechen.
14 Vgl. Clemente Pereira: *Wer sagt uns die Wahrheit?*, Kevelaer 1961.
15 Allerdings, wie er betont, nicht Opfer eines klerikalen oder familiären sexuellen Missbrauchs – vgl. Bischof Geoffrey Robinson: *Macht, Sexualität und katholische Kirche*, Oberursel 2010, S. 12.
16 Vgl. dazu Brüntrup/ Kügler/ Herwartz (Hg.): *Unheilige Macht*, Stuttgart 2013, S. 154ff.
17 Vgl.: http://www.noz.de/deutschland-und-welt/kultur/69015963/wieso-wurde-kinskis-gestaendnis-ignoriert
18 Zentralkomitee der deutschen Katholiken (Hg.): *Berichte und Dokumente 2010*, S. 20.
19 Heinz Bude: *Bildungspanik*, München 2011, S. 114.
20 Msgr. Stephen J. Rossetti: *Aus Fehlern lernen*. Vortrag auf dem Kongress *Unterwegs zu Heilung und Erneuerung*, 7.2.2012.
21 Benedikt XVI.: *Licht der Welt*. Ein Gespräch mit Peter Seewald, Freiburg 2010, S. 146.
22 2011 wurde das Wort „shitstorm" in Deutschland zum Anglizismus des Jahres gewählt, ein Wort für eine neue Hasssprache. Die Jury befand, dass der Begriff „eine Lücke im deutschen Wortschatz" füllt, „die sich durch Veränderungen in der öffentlichen Diskussionskultur aufgetan hat. Diese neue Art des Protestes unterscheidet sich in Art und Ausmaß deutlich von allem, was man in früheren Zeiten auf eine Äußerung oder Handlung erwarten konnte" (*Die Zeit*, 1.3.2012, S. 3).

Anhang

23 Neuerdings geraten die extremsten selbsternannt-katholischen Hetzportale ins Visier des Bundesverfassungsschutzes. Bei der Gelegenheit werden auch die sie umgebenden Netzwerke und Zuträger aus dem kirchlichen Raum Gegenstand der Berichterstattung; vgl. Rudolf Neumaier/ Frederik Obermaier: *Im Namen des Herrn*, *Süddeutsche Zeitung* vom 17./18.11.2012, S. 11.

24 Am 4.2.2011 veröffentlichten katholische Theologinnen und Theologen ein Memorandum, das unter sechs Stichworten (Strukturen der Beteiligung, Gemeinde, Rechtskultur, Gewissensfreiheit, Versöhnung, Gottesdienst) ungelöste Konfliktthemen in der Kirche ansprach. Das Memorandum stellt sich eingangs in den Zusammenhang des Missbrauchsthemas: „Gut ein Jahr ist vergangen, seit am Berliner Canisius-Kolleg Fälle von sexuellem Missbrauch an Kindern und Jugendlichen durch Priester und Ordensleute öffentlich gemacht wurden. Es folgte ein Jahr, das die katholische Kirche in Deutschland in eine beispiellose Krise gestürzt hat. Das Bild, das sich heute zeigt, ist zwiespältig ..." (vgl.: www.memorandum-freiheit.de)

25 Im Zentralkomitee der deutschen Katholiken sind die gewählten Vertreter der Diözesanräte und der katholischen Verbände sowie von Institutionen der Laienvertretung und weitere Persönlichkeiten aus Kirche und Gesellschaft zusammengeschlossen.

26 Vgl.: http://www.focus.de/politik/deutschland/tid-22668/politik-spalten-sich-die-katholiken_aid_635767.html

27 Friedrich Nietzsche: *Die fröhliche Wissenschaft*. Kritische Gesamtausgabe, Bd. V 2, Berlin 1973, S. 344.

28 Vgl. Artikel *Die Frage nach Gott*, *Tagesspiegel* vom 22.6.2008.

29 Vgl. pars pro toto das Interview *Amtskirche steht fest zu ihren Traditionen*, *Deutschlandfunk*, 14.6.2011.

30 „Der katholische Bischof von Rottenburg-Stuttgart, Gebhard Fürst, hat eine Tagung über Sexualität und Kirche in der Akademie des Bistums wegen heftiger Proteste konservativer Kreise abgesagt. Der Bischof befürchte, dass die Veranstaltung innerhalb der Kirche zu ‚Polarisierungen' führe, bestätigte Bistumssprecher Uwe Renz einen Bericht der Frankfurter Rundschau. Der Bischof wollte nicht, dass sich das Klima noch weiter verschlechtere ..." (*Die Welt online*, 19.6.2011).

31 Vgl.: www.dbk.de/themen/gespraechsprozess

32 Theologenmemorandum *Kirche 2011 – Ein notwendiger Aufbruch:* „3. Rechtskultur: Die Anerkennung von Würde und Freiheit jedes Menschen zeigt sich gerade dann, wenn Konflikte fair und mit gegenseitigem Respekt ausgetragen werden. Kirchliches Recht verdient diesen Namen nur, wenn die Gläubigen ihre Rechte tatsächlich geltend machen können. Rechtsschutz und Rechtskultur in der Kirche müssen dringend verbessert werden; ein erster Schritt dazu ist der Aufbau einer kirchlichen Verwaltungsgerichtsbarkeit."

33 Zitiert nach: *Frankfurter Allgemeine Zeitung*, 9.2.2012, S. 3.

34 „Sentire cum ecclesia" = lat. „Mitfühlen mit der Kirche".

35 Vgl. Eckhard Nordhofen: *Tridentinische Messe – ein Streitfall*, Kevelaer 2008.

36 In der Reformpädagogik (Stichwort Odenwaldschule) wird die Asymmetrie programmatisch geleugnet, was nicht verhindert, dass sie auch dort a) weiter existiert und b) missbraucht wird. Vgl. dazu Bernd Ulrich: *Gefährliche Nähe*, Die Zeit, 15.3.2010.

37 Vgl. Benedikt XVI. am 25.9.2011 in Freiburg; Verlautbarungen des Apostolischen Stuhls Nr. 189, hg. vom Sekretariat der Deutschen Bischofskonferenz, S. 149.

38 Eine andere Deutung geht davon aus, dass damit schlicht alle Jünger und Jüngerinnen Jesu gemeint sind.

39 *Lumen gentium* 22.

40 *Lumen gentium* 12.

41 Gabriele Hüdepohl: *Was hat sich an unseren Schulen getan?*, in *Jesuiten* 2012/1, S. 32: „Eine Dimension unserer Schule ist noch wenig bedacht: Das Faktum sexualisierter Gewalt hat auch eine geistliche Dimension. Denn es konfrontiert uns ja u. a. mit der bedrängenden Frage, wo Gott war und ist."

42 Franz Xaver Kaufmann: *Kirchenkrise – wie überlebt das Christentum?*, Freiburg 2010, S. 10.

43 Ursula Raue ist die unabhängige Missbrauchsbeauftragte des Jesuitenordens in Deutschland. Zu ihrem Aufgabenbereich gehörte auch, den Bericht über die Missbrauchsfälle zu erstellen, die 2010 sichtbar wurden.

44 *Tagespost*, 3.2.2010.

45 Zum Begriff der „besonderen Fallhöhe" vgl. Erzbischof Werner Thissen am 2.4.2010 im Interview mit *Die Welt*. Ähnlich Kardinal

Lehmann am 31.3.2010 in der *Frankfurter Allgemeinen Zeitung*: Die Kirche dürfe sich nicht wundern, wenn sie jetzt an den Kriterien gemessen werde, mit denen sie sonst ihre Überzeugungen vertrete. „Die aufgedeckten Missbrauchsfälle wirken wie ein Bumerang."

46 *Lumen gentium* 10; vgl. dazu Medard Kehl: *Die Kirche,* Würzburg 1992, S. 113ff.

47 Johannes Maria Vianney, Pfarrer von Ars (* 1786, † 1859).

48 Schreiben von Papst Benedikt XVI. zum Beginn der Priesterjahres, 16.6.2009.

49 Vgl. hierzu Josef Pieper: *Was heißt „sakral"?,* Stuttgart 1988, S. 42–52.

50 Vgl. dazu Arnold Angenendt: *Die Revolution des geistigen Opfers,* Freiburg 2011, S. 119ff.

51 „Sekte" ist auch ein Terminus aus der Religionswissenschaft und bedeutet einfach „Partei". So war das Christentum anfangs eine „Sekte" innerhalb des Judentums.

52 Der Gründer der „Legionäre Christi" (LC), P. Marcial Maciel, zog sich 2006 in ein Kloster zurück, nachdem sich die Vorwürfe bestätigt hatten, dass er „Seminaristen" (Schüler an den „Kleine Seminarien" genannten Schulen der LC) sexuell missbraucht hatte. Auch Minderjährige waren unter den Opfern. P. Macial starb und hinterließ in mehreren Ländern Frauen mit Kindern, die er gezeugt hatte. Auch sexuelle Gewalt anderer Legionäre gegen „Seminaristen" wurde inzwischen aufgedeckt. Im Herbst 2011 übernahm die „Gemeinschaft der Seligpreisungen" Verantwortung für den Kindesmissbrauch führender Mitglieder ihrer Gemeinschaft. Auch der Gründer, Ephraim Croissant, gab sexuelle Beziehungen zu Mitgliedern der Gemeinschaft zu, darunter zu einer Minderjährigen. Gleichfalls 2011 flog der Gründer der geistlichen Bewegung „Sodalicio de vida Cristiana", der peruanische Priester Germán Doig, auf. Im Zeitraum von 1980 bis 1990 hatte er bei Besinnungstagen sogenannte „Nacktmeditationen" gehalten und mindestens drei junge Männer sexuell missbraucht. Doig verstarb 2001.

53 Mit den Begriffen *forum internum* und *forum externum* wird in der geistlichen Begleitung unterschieden, ob etwas der Schweigepflicht unterliegt oder nicht.

54 Unter „Kollusion" versteht man in der Psychologie ein oft unbe-

Anmerkungen

wusstes Einvernehmen, das heißt ein uneingestandenes, oft aufgrund unbewusster psychischer Motive bzw. Konflikte unbewusst abgestimmtes Zusammenspiel zweier oder mehrerer Personen.

55 P. Gonzalo Len, Kongregation für die Seligsprechungen, in: *Publik Forum* 20/2011, S. 46.

56 München 2010.

57 *Gemeinwohldienste der christlichen Religion*, a. a. O., S. 129–189.

58 Vgl. zur ignatianischen Perspektive auf dieses Thema Klaus Mertes: *Widerspruch aus Loyalität*, Würzburg 2009, S. 49ff.

59 Die exegetischen Argumente dazu sind zu finden bei Norbert Baumert: *Christus – Hochform von Gesetz. Übersetzung und Auslegung des Römerbriefs*, Würzburg 2012, S. 15f.

60 *Lumen gentium* 25.

61 Bischof Geoffrey Robinson: *Macht, Sexualität und katholische Kirche*, Oberursel 2010, S. 164.

62 Apostolisches Schreiben *Ordinatio Sacerdotalis* vom 22.5.1994, Nr. 4.

63 Marie Collins: *The truth will set you free*. Vortrag auf dem Kongress *Unterwegs zu Heilung und Erneuerung* (a. a. O.).

64 „Regens": verantwortlicher Leiter eines Priesterseminars.

65 Pfarrbrief St. Jakob, Windischgarsten, Nr. 137, November 2005, S. 10.

66 Das sechste Gebot des Dekalogs lautet: „Du sollst nicht die Ehe brechen." Im kollektiven katholischen Bewusstsein ist es auf den Diskurs über erlaubten oder unerlaubten Geschlechtsverkehr generell ausgeweitet worden.

67 Léon Bloy: *Briefe an seine Braut*, Leipzig 1979, S. 30.

68 Meine/ unsere ausführlichere Reflexion dieses Seelsorge-Axioms, sofern es gerade auch für pädagogische Beziehungen grundlegend ist, steht in Johannes Siebner/ Klaus Mertes: *Schule ist für Schüler da*, Freiburg 2010.

69 C. S. Lewis: *Pardon, ich bin Christ*, Basel 1977, S. 99.

70 Zur Theologie des Leibes vgl. Johannes Paul II.: *Mulieris dignitatem*. Verlautbarungen des Apostolischen Stuhls Nr. 86, hg. vom Sekretariat der Deutschen Bischofskonferenz. Zur Theologie des Eros vgl. Benedikt XVI.: *Deus caritas est*. Verlautbarungen … Nr. 171.

71 Nr. 11. Das Zitat lautet im Zusammenhang: „Der *Eros* verweist von der Schöpfung her den Menschen auf die Ehe, auf eine Bindung, zu der Einzigkeit und Endgültigkeit gehören. So, nur so erfüllt sich seine innere Weisung. Dem monotheistischen Gottesbild entspricht die monogame Ehe. Die auf einer ausschließlichen und endgültigen Liebe beruhende Ehe wird zur Darstellung des Verhältnisses Gottes zu seinem Volk und umgekehrt: Die Art, wie Gott liebt, wird zum Maßstab menschlicher Liebe. Diese feste Verknüpfung von *Eros* und Ehe in der Bibel findet kaum Parallelen in der außerbiblischen Literatur."

72 Martin Lintner: *Den Eros entgiften,* Innsbruck 2011, S. 47.

73 Vgl. die Sammlung der entsprechenden Zitate bei Geoffrey Robinson: *Macht, Sexualität und katholische Kirche,* Oberursel 2010, S. 178.

74 Ein Sklave soll ein Sklave und ein Freier ein Freier bleiben können – konkret dazu siehe den Philemon-Brief. Der Anfang vom Ende der Vorstellung, dass es so etwas gibt wie Menschen, die „von Natur aus" Sklaven sind.

75 Obwohl diese sich ihrerseits ja meist nicht als Inhaberinnen eines Weiheamtes verstehen.

76 Apostolisches Schreiben *Ordinatio Sacerdotalis* vom 22.5.1994: „Die Priesterweihe, durch welche das von Christus seinen Aposteln anvertraute Amt übertragen wird, ... war in der katholischen Kirche von Anfang an ausschließlich Männern vorbehalten. An dieser Tradition haben auch die Ostkirchen getreu festgehalten. Als die Frage der Ordination von Frauen in der anglikanischen Gemeinschaft aufkam, war Papst Paul VI. darauf bedacht, in Treue zu seinem Amt die apostolische Überlieferung zu schützen und ebenso in der Absicht, ein neues Hindernis auf dem Weg zur Einheit der Christen zu vermeiden, den anglikanischen Brüdern in Erinnerung zu rufen, worin der Standpunkt der katholischen Kirche besteht: ‚Sie hält daran fest, dass es aus prinzipiellen Gründen nicht zulässig ist, Frauen zur Priesterweihe zuzulassen. Zu diesen Gründen gehören: das in der Heiligen Schrift bezeugte Vorbild Christi, der nur Männer zu Aposteln wählte, die konstante Praxis der Kirche, die in der ausschließlichen Wahl von Männern Christus nachahmte, und ihr lebendiges Lehramt, das beharrlich daran festhält, dass der Ausschluss von Frauen vom Priesteramt in Übereinstimmung steht mit Gottes Plan für seine Kirche' (vgl. Paul VI.: Antwortschreiben an Seine Gnaden den Hochwürdigsten

Herrn Dr. F. D. Coggan, Erzbischof von Canterbury, über das Priestertum der Frau, 30. November 1975: *AAS* 68 (1976), 599-600)."

77 Vgl. Klaus Theweleit: *Männerphantasien 1+2*, Frankfurt/M. 2000.

78 Der folgende Bericht ist nach der *Washington Post* zusammengestellt in *Imprimatur* 2/2012, S. 104.

79 *Katechismus der Katholischen Kirche* Nr. 2357.

80 Ebd., Nr. 2358.

81 Vgl. Msgr. Stephen J. Rossetti: *Aus Fehlern lernen*. Vortrag auf dem Kongress *Unterwegs zu Heilung und Erneuerung*, Rom 7.2.2012.

82 Maria K. Moser: *Auf das Opfer kann sich keiner berufen*, in: Stephan Goertz / Herbert Ulonska (Hg.): *Sexuelle Gewalt. Fragen an Kirche und Theologie*, Münster – Berlin 2010, S. 95. Sehr anregend auch für den Zusammenhang mit dem Thema Patriarchat die weitere Ausführung: „Feministische Analysen hingegen betonen, dass sexueller Missbrauch zunächst und in erster Linie ein Problem von (Verfügungs)Gewalt ist, einer Verfügungsgewalt, die sich im Medium der Sexualität vollzieht. In patriarchal geprägten Strukturen sind das Jungen, Mädchen und Frauen. Denn Patriarchat bedeutet nicht platt die Herrschaft aller Männer über alle Frauen. Männlichkeit ist nicht nur symbolisch der Weiblichkeit übergeordnet, sondern auch in sich durch Über- und Unterordnung strukturiert."

83 Es gibt auch die andere Seite, dass gelegentlich die Auffassung vertreten wurde, dass für homosexuelle Priester – im Unterschied zu heterosexuellen Mitbrüdern – das Ehelosigkeitsgelübde nicht Enthaltsamkeit bedeute, weil ja die gleichgeschlechtliche Liebe nicht auf Fruchtbarkeit ausgerichtet sei. Ich halte diese Position für frauenverachtend. Mir selbst hat sie einige Jahre lang den vertrauensvollen Zugang zu homosexuellen Mitbrüdern versperrt. Die Befreiung von diesem Schatten verdanke ich wiederum homosexuellen Mitbrüdern.

84 *Süddeutsche Zeitung*, 19.5.2011.

85 Verlautbarungen des Apostolischen Stuhls Nr. 189, hg. vom Sekretariat der Deutschen Bischofskonferenz, S. 54.

86 Vgl. Teil I; ebd., S. 17.

87 Dieses und die folgenden Zitate entnehme ich Walter Kardinal Kasper: *Katholische Kirche*, Freiburg 2011, S. 254ff.

Anhang

88 Vgl. Walter Kardinal Kasper, a. a. O., S. 236.
89 *Frankfurter Allgemeine Zeitung*, 10.11.2011.
90 Søren Kierkegaard: *Furcht und Zittern*, Problema II: Gibt es eine absolute Pflicht Gott gegenüber?
91 Benedikt XVI. zitierte am 22.9.2011 in Berlin Pius XII: „Die Kirche als ‚Fülle und Ergänzung des Erlösers'".
92 Loisy selbst meinte es nicht so. Er fährt fort: „Die Kirche ist das fortgesetzte Evangelium, die Entwicklung des Christentums ist dem Evangelium weder äußerlich noch fremd." Alfred Loisy: *Evangelium und Kirche*, München 1904, S. 110.
93 Zweites Vatikanisches Konzil, *Lumen gentium* 48.
94 Joseph Ratzinger/ Benedikt XVI.: *Jesus von Nazareth* Bd. I, Freiburg 2007, S. 138ff.
95 Vgl. 1 Kor 9,14; 1 Kor 11,23 u. a.
96 „Fleisch" steht in der biblischen Sprache gegen „Geist" und meint den Inbegriff des Schwachen und Ohnmächtigen im Unterschied zum Inbegriff des Starken, Mächtigen.
97 Vgl. dazu Hans Zinker: *Christentum und Islam*, Düsseldorf 1989, S. 74.
98 Vgl. Erich Weidinger (Hg.): *Die Apokryphen. Verborgene Bücher der Bibel*, Augsburg 1990, S. 446.
99 *Lumen gentium* 8. Eine andere, in dieselbe Richtung tendierende Schlüsselaussage des Konzils: „Die Kirche ist Zeichen und Werkzeug der innigsten Vereinigung mit Gott wie für die Einheit der ganzen Menschheit" (ebd.).
100 *Lexikon für Theologie und Kirche. Das Zweite Vatikanische Konzil* Bd. I, Freiburg 1966, S. 171.
101 Walter Kardinal Kasper, a. a. O., S. 235: „Man kann das subsistit darum als eine Öffnungsklausel beschreiben."
102 Vgl. die Enzykliken *Mystici corporis* (1943) und *Humani generis* (1950).
103 Zitiert nach: *Herder Korrespondenz* 17 (1962/63, S. 85f).
104 *Gaudium et spes* 11.
105 Das Wort *Aggiornamento* wurde von Papst Johannes XXIII. so erfolgreich in die Sprache der Kirche eingeführt, dass es seitdem unübersetzt als Terminus technicus gebraucht wird. Ursprünglich lautet

die Bedeutung des Wortes „Fortführung" oder auch „Überarbeitung". Bei Angelo Giuseppe Roncalli erhielt es einen neuen Akzent: „Hört ihr oft das Wort Aggiornamento? Seht da unsere heilige Kirche, immer jugendlich und bereit, dem verschiedenen Verlauf der Lebensumstände zu folgen mit dem Zweck, anzupassen, zu korrigieren, zu verbessern, anzuspornen" (Eröffnung der venezianischen Synode 1957). Als Papst griff er diese spezifische Bedeutung auf und bezog sie direkt auf das Konzil. So sprach er am 28.6.1961 über das „Aggiornamento der Kirche nach 20 Jahrhunderten" als Hauptaufgabe des Konzils. 1962 präzisierte er, „dass das Konzil Konzil des Aggiornamento sein will, vor allem, was die tiefe Erkenntnis und Liebe der Wahrheit angeht". Es geht also nicht um Anpassung der Wahrheit, sondern um tiefere Erkenntnis der Wahrheit. Schließlich sagt Johannes XXIII. im Februar 1963, „dass das pastorale Anliegen des Aggiornamento der Strukturen ‚in bonum animarum' immer noch unsere größte Bemühung ist". In dieser Formulierung wird das pastorale Anliegen des Konzils deutlich: Es geht um das *bonum animarum* („Heil der Seelen"), das *iuvare animas* („den Seelen helfen"). Der Papst übersieht nicht, dass es eine falsche Bedeutung des Aggiornamento geben kann. So weist er am 9.9.1962 ein Verständnis zurück, „das nur das Leben versüßen oder der Natur schmeicheln will". Ich verstehe das heute so, dass Aggiornamento nicht bedeuten kann, einfach nur einen Harmoniekurs zu steuern, Konfrontation und schmerzliche Entscheidungen oder unbeliebte Positionsbestimmungen zu vermeiden und sich ohne ein Unterscheidungskriterium an den jeweiligen Mainstream anzupassen. Aggiornamento bedeutet auch weit mehr als nur Reform im Sinne einer kriterienfreien Anpassung von Strukturen. Es fordert vielmehr dazu auf, „nach einer neuen Inkulturation der Offenbarung zu suchen in einer Menschheit, die im Umbruch begriffen ist" (*Lexikon für Theologie und Kirche*, 3. Auflage, Bd. I., Artikel *Aggiornamento*).

106 Vgl. *Mitten in der Welt,* Heft 195, Ingolstadt 2011, S. 30f.

107 In seiner Rede vom 22.12.2005 vor dem Kardinalskollegium beschreibt Papst Benedikt XVI., was er unter „Hermeneutik der Diskontinuität" versteht: „Die Hermeneutik der Diskontinuität birgt das Risiko eines Bruches zwischen vorkonziliarer und nachkonziliarer Kirche in sich. Ihre Vertreter behaupten, dass die Konzilstexte als solche noch nicht wirklich den Konzilsgeist ausdrücken. Sie seien das Ergebnis von Kompromissen, die geschlossen wurden, um Einmütigkeit

Anhang

herzustellen ... Mit einem Wort, man solle nicht den Konzilstexten, sondern ihrem Geist folgen." Zu den wichtigen „drei Fragekreisen", in denen das Konzil neue Bestimmungen vornehmen musste (Glaube und moderne Wissenschaft, Staat und Religion, Glaube und Weltreligionen) hat der Begriff der „Diskontinuität" dann allerdings auch einen positiven Klang: „Es ist klar, dass in all diesen Bereichen, die in ihrer Gesamtheit ein und dasselbe Problem darstellen, eine Art Diskontinuität entstehen konnte und dass in gewissem Sinne tatsächlich eine Diskontinuität aufgetreten war."

108 Joh 8,1–11; vgl. dazu Eckhard Nordhofen: *Tridentinische Messe – ein Streitfall*, Kevelaer 2008; Joseph Ratzinger/ Benedikt XVI. drückt denselben Sachverhalt so aus: „Jesus versteht sich selbst als Tora – als das Wort Gottes in Person" (*Jesus von Nazareth* Bd. I, Freiburg 2007, S. 143).

109 Die Texte des Zweiten Vatikanischen Konzils wählen den Begriff *fratres seiuncti*.

110 Vgl. hierzu Geoffrey Robinson: *Macht, Sexualität und katholische Kirche*, Oberursel 2010, S. 188ff.

111 Zu den bekannt gewordenen Säureattentaten auf Frauen, die ihre Männer verlassen haben, zitiert ein Bericht diese Aussage eines Täters: „Wenn du nicht mein bist, sollst du auch niemandem anderen gehören – so sehen es die Männer, die lieben" (*Frankfurter Allgemeine Sonntagszeitung*, 6.3.2011).

112 Vgl. Robinson, a. a. O., S. 110.

113 Hubertus Lutterbach: *Sexuelle Gewalt gegenüber Kindern. Ein Angriff auf die christliche Tradition des Kinderschutzes*, in: Goertz/ Ulonska (Hg.), *Sexuelle Gewalt*, Münster – Berlin 2010, S. 105ff.

114 Gebet in der Feier der Osternacht nach der ersten Lesung.

115 Vgl. *Gaudium et spes* 1.

116 Ignatius an Simão Rodrigues, 1542; aus: Ignatius von Loyola: *Briefe und Unterweisungen*. Deutsche Werkausgabe Bd. I, hg. von Peter Knauer, Würzburg 1996, S. 23.

117 Peter Sloterdijk hat diesen wesentlichen Aspekt religiöser Praxis in seinem Buch *Du musst dein Leben ändern* (Frankfurt/ M. 2009) aufgegriffen.

118 Vgl.: www.friedensgebet-berlin.de

Anmerkungen

119 Vgl. die gängige Formulierung bei Ignatius von Loyola: „Gott suchen und finden in allen Dingen".

120 Vgl. Zweites Vatikanisches Konzil, *Lumen gentium* 11.

121 Vgl. Benedikt XVI.: *Jesus von Nazareth* Bd. II, Freiburg 2011, S. 133: „Aber was war Jesu Letztes Mahl dann eigentlich? Und wie kam es zu der gewiss sehr frühen Auffassung von seinem Pascha-Charakter? Die Antwort von Meier ist verblüffend einfach und in vieler Hinsicht überzeugend: Jesus wusste um seinen bevorstehenden Tod. Er wusste, dass er das Pascha nicht mehr werde essen können. In diesem vollen Wissen lud er die Seinen zu einem Letzten Mahl ganz besonderer Art ein, das keinem bestimmten jüdischen Ritus zugehörte, sondern sein Abschied war, in dem er Neues gab, sich selbst als das wahre Lamm schenkte und damit *sein* Pascha stiftete."

122 Eklatantes Beispiel: „Pius VI. hatte 1791 ... auch die demokratische Staatsidee und die Menschenrechte verworfen. Als Felicité de Lamennais ein Bündnis der Katholiken mit den Liberalen gegen die Restauration von Thron und Altar propagierte und den Papst als Garanten der von Gott verbürgten Freiheit anrief und die Katholiken als geborene Kämpfer für die Menschenrechte ansah, traf ihn 1832 der Bannstrahl Gregors XVI. mit aller Macht. In der Enzyklika *Mirari vos* verdammte der Papst die Gewissensfreiheit als ‚geradezu pestilenzhaften Irrtum'. Pius IX ... verdammte Gewissens-, Presse- und Religionsfreiheit als ‚deliramentum', als ‚Wahnwitz'. Wie anders das Zweite Vatikanische Konzil ..." Hubert Wolf: Vortrag auf der Salzburger Hochschulwoche 2012, in *Süddeutsche Zeitung*, 14./15.8.2012, S. 10.

123 Weitere Beispiele für Bewegungen im „Mittelbau": 1. „Vom 11.–14.6.2012 hielt die ‚Vereinigung katholischer Priester der USA' (Association of U.S. Catholic Priests – AUSCP) an der St.-Leo-Universität, Florida, ihre erste Jahresversammlung ab. Die AUSCP wurde im August 2011 gegründet und hat mittlerweile 600 Mitglieder. Als Vertreter der österreichischen Pfarrerinitiative nahm der Wiener Pfarrer Hans Bensdorp teil ... Die Tätigkeit der österreichischen Pfarrerinitiative wurde mit großem, nicht enden wollendem Beifall bedacht" (*Imprimatur* 6/2012, S. 270). – 2. „In Limburg etwa macht seit Monaten ein Brief von Priestern die Runde, in dem Bischof Tebartz und seinem Generalvikar Franz Josef Kaspar vorgehalten wird, durch intransparente Entscheidungsprozesse eine ‚Atmosphäre lähmender Furcht' zu verbreiten. ‚Wachsende Resignation, Ermüdungserschei-

nungen, zunehmende Krankheitsfälle sowie Rückzugstendenzen unter Priestern, pastoralen Mitarbeiterinnen und Mitarbeitern' seien die Folge" (*Frankfurter Allgemeine Zeitung*, 20.9.2012, S. 4).

124 Vgl. *Frankfurter Allgemeine Zeitung*, 21.2.2013.

125 „Ob es eine solche Pille gibt, ist selbst unter Fachleuten umstritten, weswegen die Bischöfe sich nicht imstande sahen, einzelne Präparate gutzuheißen. Stattdessen wollen sie darauf vertrauen, ‚dass in Einrichtungen in katholischer Trägerschaft die praktische Behandlungsentscheidung auf der Grundlage dieser moraltheologischen Vorgaben erfolgt'" (*FAZ*, ebd.). Im Sinne einer tutioristischen Argumentation (man darf die „Pille danach" nur dann verschreiben, wenn man sich ganz sicher ist, dass sie keine abtreibende Wirkung hat) folgern Kritiker der bischöflichen Entscheidung, dass man die „Pille danach" niemals verschreiben dürfe.

Klaus Mertes

wurde 1954 in einer Diplomatenfamilie in Bonn geboren und hat die ersten elf Lebensjahre in Frankreich und Russland verbracht. Nach dem Abitur am Aloisiuskolleg in Bonn-Bad Godesberg und dem Wehrdienst studierte er Slawistik und Klassische Philologie. 1977 trat er in den Jesuitenorden ein, studierte nach dem Noviziat Philosophie in München und Theologie in Frankfurt am Main und wurde 1986 zum Priester geweiht. Nach weiteren Studien und dem Referendariat ist er seit 1990 als Lehrer für Religion und Latein an Jesuitenschulen tätig, 1993/94 im Rahmen der Ordensausbildung unterbrochen durch ein Jahr in Nordirland.

Von 1994 bis 2011 war er Lehrer und ab 2000 auch Rektor des Canisius-Kollegs in Berlin sowie Rektor von Maria Regina Martyrum, der Kirche zum Gedächtnis der Opfer des Nationalsozialismus. Im Januar 2010 wandte er sich mit einem Brief an die Jahrgänge ehemaliger Schüler des Kollegs, die potenziell von sexuellem Missbrauch durch zwei Patres in den 70er- und 80er-Jahren betroffen waren. Dieser Brief führte zur Sichtbarwerdung eines Skandals von Missbrauch und Vertuschung, der die Kirche weltweit erschüttert und verändert hat und der auch in der Gesellschaft zu einer erhöhten Sensibilität für Missbrauch führte.

Seit Herbst 2011 ist Klaus Mertes Rektor des Jesuitenkollegs Sankt Blasien. Er ist Autor mehrerer Bücher, Chefredakteur der Zeitschrift *Jesuiten*, Mitglied des Zentralkomitees der deutschen Katholiken und Träger des Gustav-Heinemann-Bürgerpreises.